应用技能型院校"十四五"规划课证融通教材
理实一体 课程思政 校企双元合作开发教材

企业内部控制

QIYE NEIBU KONGZHI

王治懿 主编

图书在版编目(CIP)数据

企业内部控制 / 王治懿主编. —上海：立信会计出版社，2023.8(2025.1重印)
ISBN 978-7-5429-7256-9

Ⅰ.①企… Ⅱ.①王… Ⅲ.①企业内部管理 Ⅳ.①F272.3

中国国家版本馆CIP数据核字(2023)第155462号

策划编辑　　孙　勇
责任编辑　　孙　勇　沈奕冰

企业内部控制
QIYE NEIBU KONGZHI

出版发行	立信会计出版社
地　　址	上海市中山西路2230号　　邮政编码　200235
电　　话	(021)64411389　　传　　真　(021)64411325
网　　址	www.lixinaph.com　　电子邮箱　lixinaph2019@126.com
网上书店	http://lixin.jd.com　　http://lxkjcbs.tmall.com
经　　销	各地新华书店
印　　刷	浙江天地海印刷有限公司
开　　本	787毫米×1092毫米　1/16
印　　张	13.75
字　　数	326千字
版　　次	2023年8月第1版
印　　次	2025年1月第2次
书　　号	ISBN 978-7-5429-7256-9/F
定　　价	45.00元

如有印订差错，请与本社联系调换

前　言

内部控制规范体系犹如海上灯塔,为企业实施和完善内部控制提供了指导原则和方法。《企业内部控制基本规范》与《企业内部控制应用指引》《企业内部控制评价指引》《企业内部控制审计指引》三个配套指引的颁布,标志着我国适应企业实际情况、借鉴国际先进经验的企业内部控制规范体系基本形成,内部控制制度建设取得重大突破。

"企业内部控制"课程是会计和财务管理专业的核心课程。随着我国企业改革的深化,大数据、人工智能等现代信息技术的广泛应用,具有内部控制应用能力和风险管理能力的人才深受各行各业青睐。本书紧跟时代发展步伐,对标行业标准,按照高职院校人才培养方案、专业课程标准,融"教""学""做"于一体。

本书由三部分内容构成。第一部分,企业内部控制理论篇,主要介绍内部控制的发展历程和内部控制的基本理论。第二部分,企业内部控制实务篇,从公司层面和业务层面介绍内部控制环境和业务活动的内部控制相关内容。第三部分,企业内部控制评价篇,主要介绍内部控制评价和内部控制审计的相关内容。

在内容编排上,本书追求"引项目之线,穿知识之珠",把培养学生的职业道德、职业素养和创新创业能力融入内容中。本书设置"知识链接""思政园地""学中做""想一想"等板块,融入智慧会计、思政元素,将学科知识、专业技能和思想品德教育等有效结合。读者可以在学习过程中,从企业的一个个具体的管理需求出发,结合实践,深化对内部控制的理解。

本书定位于高职教学,配备了丰富的教学资源,如技能题库、教学课件、课程教学标准、教案等,读者如有需要,可发邮件至 pastwater11@163.com 联系出版社索取。

从整体看,本书主要有如下特色。

1. 编写逻辑科学,注重案例引入

本书以我国《企业内部控制基本规范》和配套指引为逻辑主线,知识体系完整清晰。本书设有"学中做"板块,从内部控制视角分析国内外著名的案例和事件,并借助二维码提供丰富的案例资料,能够满足读者"通用性"和"个性化"的阅读与学习需求。

2. 落实思政育人,突出实务操作

本书紧扣立德树人的育人要求,设置"思政园地"板块,注重引导学生德技兼修。具体而言,本书结合内部控制相关知识、行业标准和市场需求,深度挖掘思政元素并将其自然融入相应章节,旨在帮助读者将企业的内部控制知识、业务知识、职业道德融会贯通,实现知行合一。

3. 对标职业标准,强化习题练习

本书结合"1+X"职业技能等级证书考核标准,精选近年来注册会计师考试等国内重要考试涉及内部控制试题,设置"项目同步知识与技能训练"板块,编写了适量有针对性的课后练习,供读者同步学习使用。

本书由广东科学技术职业学院王治懿主编。在本书编写过程中,编者借鉴和引用了国内外一些学者的研究成果,得到了王军女士的帮助,孙亚楠、王雨桐等参与了相关材料的收集和整理工作,立信会计出版社编辑孙勇和沈奕冰为本书的出版付出了辛勤的劳动,在此表示感谢!

由于编者水平所限,书中可能存在疏漏与不足之处,敬请各位读者朋友批评指正,以便编者不断充实和完善本书。

编　者

2023 年 7 月

目　　录

第一部分　企业内部控制理论篇

项目一　内部控制的发展历程 · 3
　任务一　国外企业内部控制的演进历程 · 5
　任务二　我国企业内部控制的建设历程 · 12
　任务三　我国企业内部控制规范的框架体系 · 17

项目二　内部控制的基本理论 · 24
　任务一　内部控制的概述 · 27
　任务二　内部控制的目标 · 34
　任务三　内部控制的原则 · 38
　任务四　内部控制的要素 · 41

第二部分　企业内部控制实务篇

项目三　企业内部控制环境 · 51
　任务一　组织架构 · 54
　任务二　发展战略 · 58
　任务三　人力资源 · 63
　任务四　社会责任 · 66
　任务五　企业文化 · 71

项目四　企业业务活动的内部控制 · 78
　任务一　企业资金活动内部控制 · 81
　任务二　企业采购业务内部控制 · 96
　任务三　企业资产管理内部控制 · 104
　任务四　企业销售业务内部控制 · 117
　任务五　企业财务报告内部控制 · 123
　任务六　企业研究与开发内部控制 · 129
　任务七　企业工程项目内部控制 · 134

任务八　企业担保业务内部控制 ·············· 144
　　任务九　企业业务外包内部控制 ·············· 150

第三部分　企业内部控制评价篇

项目五　企业内部控制评价 ·············· 165
　　任务一　内部控制评价概述 ·············· 167
　　任务二　内部控制缺陷的认定 ·············· 179
　　任务三　内部控制评价工作底稿与报告 ·············· 183

项目六　企业内部控制审计 ·············· 194
　　任务一　内部控制审计概述 ·············· 196
　　任务二　内部控制审计程序 ·············· 199
　　任务三　内部控制审计报告 ·············· 204

参考文献 ·············· 213

第一部分

企业内部控制理论篇

项目一　内部控制的发展历程

学习目标

一、理论知识目标

1. 了解国外企业内部控制产生与发展的阶段及每一阶段的特点。
2. 掌握我国企业内部控制相关法律法规的发展历程。
3. 掌握我国《企业内部控制基本规范》的框架体系。

二、职业素养目标

1. 能够结合国外企业内部控制的演进历程,用发展的眼光看问题。
2. 能够根据我国企业内部控制法律法规的建设历程,树立正确的社会主义法治理念。

关键概念

内部控制　　　　内部牵制　　　　控制环境　　　　风险评估
信息与沟通　　　监控　　　　　　内部控制基本规范　内部控制应用指引
内部控制评价指引　内部控制审计指引

知识导览

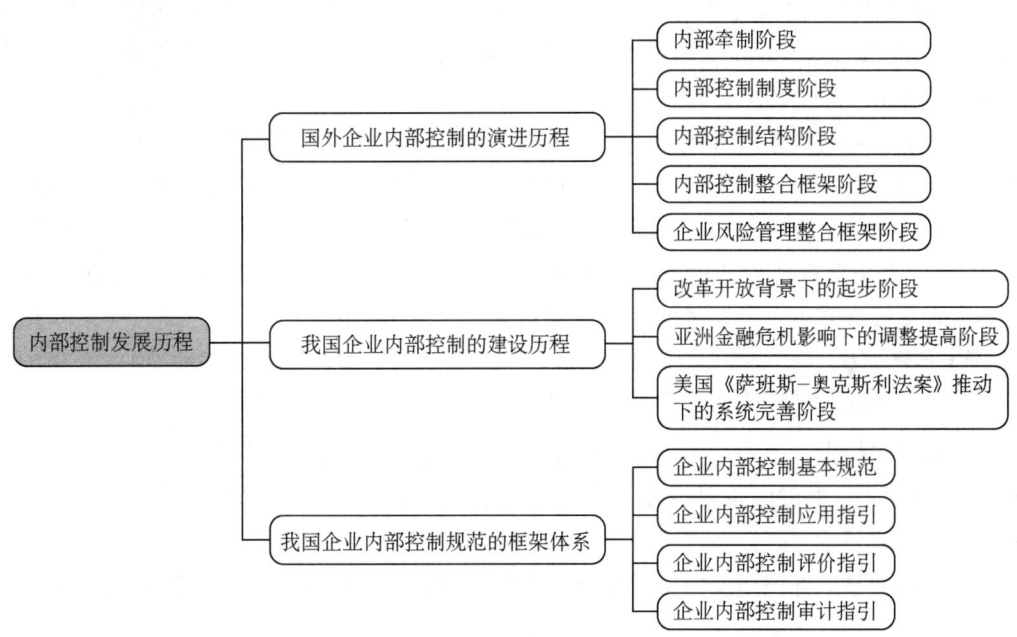

■ 企业内部控制

世通公司

引例　　　　　美国世界通信事件

美国世界通信公司（以下简称世通公司）的前身是创办于1983年的长途电话折扣公司(LDDS)，20世纪90年代以来，该公司利用兼并、收购等手段疯狂扩张，一次次上演"小鱼吃大鱼"和"快鱼吃慢鱼"的戏法，迅速发展为全美第二大长途电话公司、全球第一大互联网供应商。世通公司的超常规发展使其创始人伯纳德·埃贝斯以14亿美元的个人资产名列《福布斯》"世界百名首富排行榜"。

2001年，世通公司高额负债的状况引起美国证券监管机构的关注。同年3月，美国证券交易委员会(SEC)宣布对世通公司过往的兼并事件和公司向CEO伯纳德·埃贝斯提供超过3亿美元的巨额贷款一事进行调查。4月30日，伯纳德·埃贝斯迫于董事会和大股东的强大压力黯然辞职。6月，世通公司新任CEO主持的一次内部审计暴露出更大的丑闻：从2001年开始，世通公司与扩建电信系统工程有关的大量费用没有被作为正常成本入账，而是被作为资本支出处理。这一会计"技巧"为世通公司带来了38亿美元的巨额"利润"。

2002年6月25日，世通公司迫于压力发布声明，承认至少有38亿美元的支出被做了手脚，用来虚增现金流和利润；同时，该公司2001年14亿美元的利润和2002年第一季度1.3亿美元的盈利也属子虚乌有。

假账丑闻给世通公司带来了灭顶之灾。丑闻曝光的第二天，美国证券交易委员会即以民事欺诈罪正式起诉世通公司；正在加拿大出席西方七国首脑会议的美国总统布什怒不可遏，表示要全面调查世通公司一案。与此同时，世通公司股票市值急剧缩水到3.35亿美元；公司信用等级被降为最低级，一年前允诺向世通公司提供25亿美元融资的25家投资银行也相继控告世通公司诈骗25亿美元。

尽管世通公司新的领导层在公开场合表示公司将采取一切办法保证财务状况的稳定，继续为消费者提供高质量的服务，并称公司已通过谈判获得了大约20亿美元的融资，在9到12个月的破产保护期内将努力偿还债务并进行重组，但舆论普遍认为，世通公司存活下来的概率几乎为零。

在虚报巨额利润丑闻被曝光4个星期后，美国东部时间2002年7月21日，世通公司正式向纽约南区地方法院递交了破产保护申请。根据破产申请文件，世通公司截至2002年第一季度的资产总值超过1000亿美元，债务达310亿美元，破产涉及的资金规模是2001年12月申请破产的安然公司的两倍，是2002年1月份环球电讯的4倍，世通公司破产案成为美国有史以来最大规模的企业破产案之一。

资料来源：
世界通信事件带来哪些启示？https://www.zcaijing.com/bfttzfz/176146.html。

内部控制作为企业的一个控制管理系统，是企业管理理论的重要产物，是促进企业发展、建立现代企业制度的重要保障。建立内部控制制度对于提高企业的盈利能力，防范财务风险具有重要意义。

那么什么是内部控制？内部控制在企业的生存和发展中具有什么样的作用？在阐述

内部控制的基本理论与方法之前，我们首先来了解内部控制的产生与发展以及我国现有内部控制规范体系的构成。

任务一　国外企业内部控制的演进历程

在西方，控制（control）一词最早产生于17世纪，其最初含义是"由登记者之外的人对账册进行的核对和检查"。内部控制是组织运营和管理活动发展到一定阶段的产物，是科学管理的必然要求。目前，人们对于内部控制的产生和发展历程的认识大体可以划分为五个阶段：内部牵制阶段、内部控制制度阶段、内部控制结构阶段、内部控制整合框架阶段和企业风险管理整合框架阶段。内部控制概念的演进说明了人们对内部控制其动态性本质的深入认识。

一、内部牵制阶段

内部控制（internal control）源于内部牵制（internal check）。对于企业内部控制而言，20世纪40年代以前是内部牵制阶段，这是内部控制的萌芽阶段。内部牵制是以"查错防弊"为目的，以职务分离和账目核对为手段，以钱、账、物等会计事项为主要控制对象的初级控制措施。

内部牵制的提出主要基于两个设想：其一，两个或两个以上人员或部门无意识地犯同样错误的概率远小于一个人或部门犯同种错误的概率；其二，两个或两个以上人员或部门有意识地串通舞弊的可能性远低于一个人或部门单独舞弊的可能性。因此，内部牵制强调分权和制衡，以抑制由于权力集中而引发的错误或舞弊行为。根据《柯勒会计辞典》的解释，内部牵制是指组织为有效经营，防止错误和其他非法业务发生而制定的业务流程。其主要特点是以任何个人或部门不能单独控制任何一项或一部分业务权力的方式进行组织上的责任分工，每项业务通过正常发挥其他个人或部门的功能进行交叉检查或交叉控制。

由此可见，内部牵制的基本思路是职责分工、会计记账和人员轮换。内部牵制措施主要包括分权牵制、实物牵制、机械牵制和簿记牵制。内部牵制的基本思路和四种措施关系如图1-1所示。

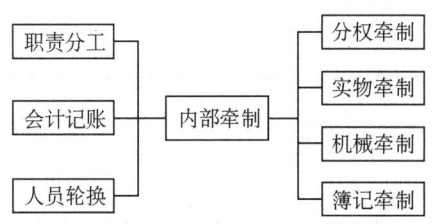

图1-1　内部牵制的基本思路和四种措施关系

1. 分权牵制

分权牵制也叫职责分离,是指企业通过分工和制衡,安排不同的部门和人员完成不同的业务环节,以达到牵制的目的。分权程度越高,牵制效果就越好。但是,分权也要把握适当的度,以免增加成本、影响效率。一般而言,对于那些重要的不相容职务,即如果不分离(由一人担任)可能导致错误或舞弊的职务,企业应予以分离。

2. 实物牵制

实物牵制也叫实物负责制,是指将财产物资的保管责任落实到特定的部门和人员头上,以达到保护这些财产物资安全完整的目的。例如,现金出纳必须对库存现金的短缺承担责任,仓库保管人员必须对库存物资承担责任等。企业通过落实实物保管责任,并辅之以清查盘点、账实核对、考核奖惩等措施,对相关财产物资的安全完整能起到良好的保障作用。

3. 机械牵制

机械牵制也叫技术牵制,是指借助专门的技术手段进行的牵制,其关键是以内部牵制为核心的不相容职务分离原则。例如,企业对需要特定授权方能进入的信息系统界面,通过设置口令和密码等技术手段来防止非法进入等。机械牵制一般可以与特定的授权结合运用。

4. 簿记牵制

簿记牵制也叫会计系统牵制,是指通过簿记内在的控制职能实现的牵制。复式簿记体系对于所有的业务和事项,都要以原始凭证为基础,进行序时和分类记录,这就在账证、账账、账表、账实之间形成了严密的钩稽核对关系,因而可以用它们来实施对业务事项、财产物资等的有效控制。

尽管随着经济社会的发展,内部控制日益超越内部牵制的范畴,但内部牵制的基本理念在内部控制中仍然发挥着重要作用。而这一阶段内部控制的不足之处在于,人们还没有意识到内部控制的整体性,只强调对内部牵制机能的简单运用。

二、内部控制制度阶段

20世纪40年代至70年代,在内部牵制思想的基础上,逐渐形成了内部控制制度(internal control system)的概念。1949年,美国注册会计师协会(AICPA)所属的审计程序委员会首次正式将内部控制定义为:内部控制是企业为了保证财产的安全完整,检查会计资料的准确性和可靠性,提高企业的经营效率以及促进企业贯彻既定的经营方针,所设计的总体规划及所采用的与总体规划相适应的一切方法和措施。该定义明确了内部控制的4个目标,即企业在商业活动中保护资产的安全完整、检查财务数据的准确性和可靠性、提高经营效率和促进遵守既定管理规章。同时,该定义提出从完善内部控制的组织、计划、方法与措施等规章制度来实现内部控制。这一表述也将内部控制扩大到企业内部的各个领域。

1958年,该委员会发布的第29号审计程序公报《独立审计人员评价内部控制的范围》将内部控制分为内部会计控制(internal accounting control)和内部管理控制(internal administrative control)两类。这就是内部控制"制度二分法"的由来。

然而在实际企业业务中,内部会计控制和内部管理控制的界限难以划清。为了明确两者的关系,1972年,AICPA在《审计准则公告第1号——审计准则和程序汇编》中重新阐述了内部管理控制的定义:"内部管理控制包括,但不仅仅只限于组织机构的计划,以及与管理部门授权核准经济业务决策步骤上的有关程序和记录。这种对事项核准的授权活动是管理部门的职责,它直接与管理部门执行该组织的经营目标有关,是对经济业务进行会计控制的起点。"管理控制正式成为内部控制的一个重要组成部分。同时,该定义明确了内部会计控制制度的重要内容包括与保护资产、保证财务记录可信性相关的机构计划、程序和记录。至此,内部控制的含义较以前更为明晰和规范,涵盖范围也更广泛,并引入了内部审计的理念。故内部控制制度阶段也称为"二要素"阶段。

三、内部控制结构阶段

进入20世纪80年代,人们对内部控制的研究重点逐渐从一般含义向具体内容深化。在实践中,注册会计师发现很难明确区分内部会计控制和内部管理控制。与此同时,西方学者也认为区分内部会计控制和内部管理控制对审计师非常重要,且认为这两者不能分割,是相互联系的。于是,1988年,AICPA发布了《审计准则公告第55号》(SAS NO.55),并规定从1990年1月起用它取代1972年发布的《审计准则公告第1号——审计准则和程序汇编》。这份公告首次以"内部控制结构"(internal control structure)的概念代替"内部控制"一词,指出"企业的内部控制结构包括为提供取得企业特定目标的合理保证而建立的各种政策和程序",并明确了内部控制结构由"控制环境、会计系统(会计制度)、控制程序"三个要素组成,将内部控制看作由三要素组成的有机整体。因此,内部控制结构阶段也称为内部控制"三要素"阶段。

1. 控制环境

控制环境,是指对有效建立和实施特定政策与程序有重大影响的各种因素,包括主体中人员的诚信、道德价值观和岗位胜任能力,管理层的理念和经营风格,职权和责任的分配等。控制环境可以归纳为两方面:一是包括企业的管理哲学、控制文化、风险意识、人文素养等的"软环境",其中人的因素至关重要,会影响内部控制的效率和效果;二是包括企业的所有权结构、组织体系、权利分配等在内的"硬环境"。总之,控制环境设定了一个组织的基调,反映了企业管理者和其他人员对控制的态度和行为,影响其员工的控制意识。

2. 会计系统

会计系统,是指为确认、归类、分析、记录和报告各项经济业务,明确资产与负债的经营责任而规定的各种方法,包括确认和记录一切合法的经济业务;对各项经济业务及时和适当地分类,并将分类结果作为编制财务报表的依据;将各项经济业务按照适当的货币价值计价,以便将其列入财务报表;确定经济业务发生的日期,以便按照会计期间进行记录;在财务报表中恰当地表述经济业务,并对有关的内容进行揭示。

3. 控制程序

控制程序,是指企业为保证目标的实现而建立的政策和程序,包括:经济业务和事项的交易授权,以保证交易是管理人员在其授权范围内产生的;明确人员的职责分工,以保证正确记录经济业务活动;资产及记录的限制接触,以保证资产和记录的安全等。

在内部控制结构阶段,内部控制的发展主要体现在两方面:一是内部控制环境被正式纳入内部控制范畴。因为在企业管理实践中,董事会、管理层及其他员工对内部控制的态度和行为,是内部控制体系得以有效建立和运行的基础和保障,人们逐步认识到控制环境应该作为内部控制的一个组成部分。二是不再区分内部会计控制和内部管理控制。因为人们发现内部会计控制和内部管理控制在实践中其实是相互联系、难以分割的。

四、内部控制整合框架阶段

20世纪90年代后,社会进入信息经济时代,信息高速传递为资本流动创造了便利条件,但也给企业带来了更多的经营风险。1992年9月,COSO[①]发布了著名的《内部控制——整合框架》(Internal Control — Integrated Framework,IC-IF),该报告标志着内部控制理论与实践进入了整体框架阶段。随着企业所处的商业及运营环境发生巨大变化,如互联网的广泛使用、商业模式的改变及全球一体化等,COSO于2013年公布了新的IC-IF框架体系。

IC-IF框架体系反映了人们对内部控制更为深刻的认识:第一,内部控制是一个动态过程,应该与企业的经营管理过程相结合,它本身不是目标,而是实现目标的手段;第二,内部控制强调人与环境的关系,实施控制的主体是人员,涉及组织中各个层级的人员;第三,从成本与效益的关系来看,内部控制只能为主体目标的实现提供合理保证,而不是绝对保证;第四,强调风险意识以及信息与沟通的重要作用;第五,内部控制被用来实现三个彼此独立又相互交叉的目标,包括经营目标、财务报告目标和合规目标。其中,经营目标是指内部控制要确保企业经营的效率和有效性;财务报告目标是指内部控制要保证企业财务报告的可靠性;合规目标是指内部控制要遵守相应的法律法规和企业的规章制度。

同时,COSO报告还明确了内部控制的内容。内部控制从原有"三要素的结构"演变为"五要素的框架",即内部控制包括五个相对独立而又相互联系的构成要素:控制环境、风险评估、控制活动、信息与沟通和监控。

1. 控制环境

控制环境是其他构成要素的基础。如前所述,控制环境主要涉及主体内部的文化、价值观、组织结构、管理理念和经营风格等。这些因素将对内部控制的运行和效果产生广泛而深远的影响。

2. 风险评估

风险评估,是指识别和分析与实现经营目标、财务报告目标、合规目标相关的风险,并采取相应的措施加以控制。这一过程包括风险识别和风险分析两个部分。其中,风险识

---

① COSO(Committee of Sponsoring Organizations)是Treadway委员会的发起组织委员会的简称。Treadway委员会即反欺诈财务报告全国委员会(National Commission on Fraudulent Financial Reporting),由于其首任主席的姓名而通常被称为Treadway委员会。该委员会由美国注册会计师协会(AICPA)、美国会计学会(AAA)、国际财务执行官协会(FEI)、美国内部审计师协会(IIA)、美国管理会计师协会(IMA)5个组织于1985年共同发起设立。1987年,Treadway委员会发布一份报告,建议其发起组织沟通协作,整合各种内部控制的概念和定义。

别包括对外部因素(如技术发展、竞争态势、经济形势)和内部因素(如员工素质、公司活动性质、信息系统处理的特点)进行梳理和辨识。风险分析则涉及估计风险的重大程度、风险发生的可能性、确定风险应对策略等。

3. 控制活动

控制活动,是指那些在风险评估的基础上保证管理层的指令得到贯彻执行的政策和程序。控制活动发生在整个组织之中,遍及组织所有的层级和职能,包括审批、授权、验证、调节、经营业绩评价、资产保护,以及职责分离等一系列活动。

4. 信息与沟通

信息必须以某种形式,在某个时段被相关人员识别、获得和沟通。这些信息既有外部的信息,也有内部的信息。信息与沟通,是指企业内部部门及员工之间必须有效沟通、交流与内部控制相关的信息。通常而言,信息与沟通包括确认记录有效的经济业务、采用恰当的货币价值计量、在财务报告中恰当列报和披露。沟通的目的主要是让员工了解其职责,了解其在工作中如何与他人相联系,明确自身在内部控制系统中所扮演的角色和应承担的责任。沟通的方式一般有政策手册、财务报告手册、备查簿、口头交流等。

5. 监控①

监控,是指评价内部控制的设计与执行的情况,评估内部控制体系在一定时期内的运行质量的过程,包括日常监控活动和专项评价监控。它可以通过持续监控活动、个别评价或两者的结合来实现。"监控"要素处于整合框架的顶部,意味着整个内部控制过程都要受到监控。

内部控制的三类目标和五个构成要素之间有着直接的关系。目标是主体努力争取实现的,构成要素则代表着要实现这些目标需要什么。每个构成要素都贯穿并适用于所有三类目标,五个构成要素与每类目标都有关联。内部控制与整个主体或其某一组成部分(如业务单元或业务活动)相关。基于2013年框架,内部控制的目标、要素、主体共同构成一个立方体的三个维面,如图1-2所示。

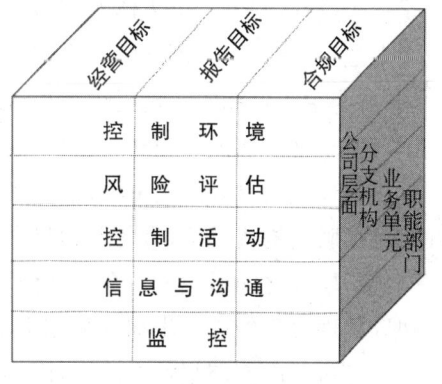

图1-2 2013年IC-IF框架结构

五、企业风险管理整合框架阶段

自1992年发布以来,《内部控制——整合框架》在业内备受推崇,在全球得到广泛推广和应用。而随着许多世界名企财务报告欺诈丑闻不断爆出,理论界和实务界纷纷对该框架提出了修改建议,认为该框架对风险认识不足,使内部控制无法与风险管理相结合。特别是美国安然公司和美国世界通信公司财务丑闻所催生的《萨班斯-奥克斯利法案》(以

---

① 国外用的是"monitoring"一词,国内有人将之翻译为"监督",也有人将之翻译为"监控"。依据翻译习惯和国内制度文件,在内部控制整合框架阶段,表述为"监控";在风险管理整合框架阶段,表述为"监督"或"内部监督"。

下简称 SOX 法案)更是凸显了企业风险管理的必要性和紧迫性。

> **知识链接**
>
> ### 《萨班斯-奥克斯利法案》
>
> 《萨班斯-奥克斯利法案》是 2002 年 6 月 18 日美国国会参议院银行委员会通过的，由奥克斯利和参议院银行委员会主席萨班斯联合提出的会计改革法案——《2002 上市公司会计改革与投资者保护法案》。这一法案在美国国会参众两院投票表决通过后，由时任总统布什在 2002 年 7 月 30 日签署成为正式法律。
>
> 该法案的主要内容有：设立独立的上市公司会计监管委员会，负责监管执行上市公司审计的会计师事务所，加强执行审计的会计师事务所的独立性，强化公司治理结构并明确公司的财务报告责任，大幅度增强公司的财务披露义务；增加经费拨款，强化美国证券交易委员会(SEC)的预算及职能。其中的 404 条款则规定：所有在美上市企业都要建立内部控制体系，其中包括控制环境、风险评估、控制活动、信息与沟通以及监督 5 个部分。法案对企业建立的内部控制活动的记录作了许多详细而严格的细节上的规定。

2004 年 9 月，COSO 发布了《企业风险管理——整合框架》(*Enterprise Risk Management—Integrated Framework*，简称 ERM 框架)。该框架指出，"全面风险管理是一个过程，它由一个主体的董事会、管理层和其他人员实施，应用于战略制定并贯穿于企业之中，旨在识别可能影响主体的潜在事项、管理风险，以使其在该主体的风险容量之内，并为主体目标的实现提供合理保证"。

基于这一认识，COSO 提出了战略目标、经营目标、报告目标和合规目标四类目标，包括内部环境、目标设定、事项识别、风险评估、风险应对、控制活动、信息与沟通和监控八个相互关联的构成要素，且各要素贯穿在企业的管理过程之中。企业风险管理的目标、要素与组织层级之间形成了一个相互作用、紧密相连的有机统一体系；同时，ERM 框架对企业风险管理要素的进一步细分和充实，使内部控制与风险管理日益呈现出融合趋势。

相对于内部控制整合框架，ERM 框架的创新及特点在于以下几个方面。

1. 从观念上看，提出了一个新的观念——风险组合观

企业风险管理要求企业管理层以风险组合的观念看待风险，对相关的风险进行识别并采取措施将企业所承担的风险控制在风险偏好的范围内。对企业的各部门而言，其风险可能在各自的风险容忍度范围内，但从企业总体来看，总风险仍可能超过企业总体的风险偏好范围。因此，应从企业整体的风险组合的角度来看待风险。

2. 从概念上看，提出了两个新概念——风险偏好和风险容忍度

从广义上看，风险偏好是指企业在实现其目标的过程中愿意接受的风险的数量。企业的风险偏好与企业的战略目标直接相关，企业在制定战略时，应考虑将该战略与企业管理层的风险偏好结合起来。风险容忍度是指企业在风险偏好的基础上设定的在目标实现

过程中对偏离的可接受程度和可容忍限度。

3. 从目标上看,增加了一个更具层次的目标——战略目标

ERM框架指出,企业风险管理应贯穿于战略目标的制定、分解和执行全过程,从而为战略目标的实现提供合理保证。报告目标范畴的扩大表现在其不仅限于与公开披露的财务报表相关,而且覆盖了企业内部和外部的、财务和非财务的报告目标。

4. 从内容上看,增加了目标设定、事项识别和风险应对三个管理要素

风险评估与新增的目标设定、事项识别与风险应对四个要素环环相扣,共同构成了风险管理的完整过程,体现了"始终将企业风险作为控制的核心"。此外,ERM框架对原有要素也进行了深化和拓展,如将原有的"控制环境"改为"内部环境",更加直接地关注风险是如何影响企业风险文化的。

总的来讲,ERM框架强调在整个企业范围内识别和管理风险的重要性;强调风险管理框架必须和内部控制框架相一致,把内部控制目标和要素整合到企业全面风险管理过程中。ERM框架更完整、更有效,覆盖了内部控制整合框架,是对内部控制整合框架的扩展和延伸,具体如图1-3所示。

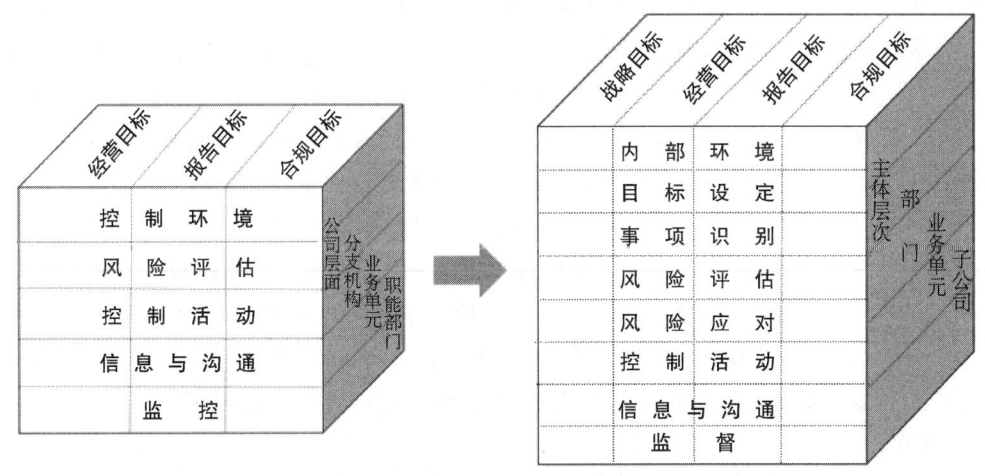

图1-3 内部控制整合框架与企业风险管理整合框架

需要注意的是,在企业管理实践中,内部控制是基础,离开良好的内部控制系统,风险管理也只能是空中楼阁。

> **思政园地**
>
> 国外企业内部控制的演进是一定时期经济与社会发展的需求在思想观念和实务层面的聚焦和反映。首先,企业内部控制是一个变化发展的过程,人们对于企业内部控制的认识也伴随各国经济社会的演变进程而不断深化与完善;其次,明确企业内部控制目前所处的发展阶段和在企业管理中的价值;最后,坚持与时俱进,在企业管理实践中丰富和发展内部控制,培养守正创新精神。

■ 企业内部控制

英国巴林银行的崩塌

巴林银行

巴林银行视频

英国巴林银行(Barings Bank)创建于1763年,由于经营灵活、富于创新,巴林银行很快就在国际金融领域获得了巨大的成功。20世纪初,巴林银行荣幸地获得了一个特殊客户:英国皇室。由于巴林银行的卓越贡献,巴林家族先后获得了5个世袭的爵位,奠定了巴林银行显赫地位的基础。然而就是这样一个有着悠久历史的银行,被年仅28岁的交易员尼克·里森于1995年赔了个精光。

1992年,巴林银行总部派尼克·里森到新加坡分行成立期货与期权交易部门。到新加坡不久,里森开立了"88888"账户,开户表格上注明"新加坡巴林期货公司的误差账户",只能用于冲销错账,而里森却用此账户进行交易,此账户逐渐成为里森赔钱的"隐蔽所"。后来,由于里森对日本股市的错误判断,1994年7月,"88888"号账户的损失已达到5 000万英镑。

巴林银行在1994年年底发现资产负债表上显示5 000万英镑的差额后,仍然没有警惕其内部管控的松散及疏忽。在发现问题至巴林银行倒闭的2个月时间里,有很多巴林银行的高级及资深人员曾对此问题加以关注,巴林银行总部的审计部门对此也正式加以调查。但是这些调查人员都被里森极轻易地蒙骗过去了。里森对这一时期的描述为:"对于没有人来制止我的这件事,我觉得不可思议。总部的人应该知道我的数字都是假的,我每天向总部要求的现金数额是不对的,但他们仍旧支付这些钱。"

1995年1月,日本经济呈现复苏势头,里森看好日本股市,分别在东京和大阪等地买进大量期货合同,希望在日经指数上升时赚取大额利润。1995年1月17日,突发的日本神户大地震打击了日本股市的回升势头,股价持续下跌。巴林银行因此损失的金额高达14亿美元,这几乎是巴林银行当时的所有资产。这座曾经辉煌的金融大厦就此倒塌,最后被荷兰某集团以1英镑象征性地收购了,这意味着巴林银行彻底倒闭。

案例来源:
龚杰,方时雄.企业内部控制——理论、方法与案例[M].杭州:浙江大学出版社,2005.

案例中的巴林银行倒闭事件,从表面上看是交易员的违规操作所致。而隐藏在其背后的内部控制的缺位才是倒闭的根本原因。

问题与任务:
(1) 从内部控制的角度探讨巴林银行倒闭原因。
(2) 你能从巴林银行的案例中得到什么经验和教训?
(3) 请思考,我国金融企业应该如何加强内部控制制度的建设?

项目一
任务二

任务二 我国企业内部控制的建设历程

在我国,对内部控制研究的重视开始于20世纪80年代。与西方国家不同,我国企业内部控制的建设发展历程主要体现在政府、证券监督管理机构和行业监管机构等出台的相关政策、法规和指引上。改革开放以来,我国的企业内部控制法规建设经历了不同的阶段,我国走过了具有中国特色的内部控制法规建设历程。

一、改革开放背景下的起步阶段

在改革开放初期,我国经历了内部控制的缺失时期。在以"放权让利"为重点的改革中,企业经营自主性空前提高。改革释放出巨大的生产力,使政府和企业将注意力集中在调动员工积极性和企业利润的增长上,管理层没有进行企业内部控制的意识,也无暇制定内部控制制度。

随着我国经济模式向市场经济转变,内部控制逐渐走进管理层的视野。我国对企业内部控制的规定始于1985年1月颁布的《中华人民共和国会计法》(以下简称《会计法》)。其中规定:"会计机构内部应当建立稽核制度。出纳人员不得兼管稽核、会计档案保管和收入、费用、债权债务账目的登记工作。"1985年《会计法》对会计稽核所作出的规定,是我国首次在法律中对内部牵制提出的明确要求。随着改革的深入,为适应企业会计工作的需要、加强会计基础工作、建立规范的会计工作秩序,1996年6月,财政部颁发了《会计基础工作规范》,对会计基础工作的管理、会计机构和会计人员、会计职业道德、会计核算、会计监督、单位内部会计管理制度建设等问题作出了全面规范。其中,对会计监督的要求可以算是我国早期的企业内部控制。

1996年12月,中国注册会计师协会发布了第二批《中国注册会计师独立审计准则》。其中有关内部控制的描述和要求,既是注册会计师执业基准的一部分,又是对企业内部控制工作的间接要求,提高了我国企业对内部控制的关注程度,促进了我国企业内部控制制度的初步建设。

1997年5月,我国第一个针对内部控制的行政规定——《加强金融机构内部控制的指导原则》出台,要求金融机构建立健全有效的内部控制运行机制。金融机构的内部控制指导原则先于非金融机构企业的内部控制要求出台,表明我国对金融机构内部控制的要求高于对非金融机构企业的要求。该指导原则为我国金融机构的内部控制制度建设和发展奠定了基础。

二、亚洲金融危机影响下的调整提高阶段

1997年6月,亚洲金融危机爆发,泰国、菲律宾、马来西亚、印尼、韩国、日本、俄罗斯等国家和中国香港金融业陆续遭受重创,欧美各国的股市和汇市也产生大幅波动,直到1999年,金融危机波及的各国才逐渐摆脱困境。在亚洲金融危机的背景下,我国借鉴各国和地区在金融危机中的经验教训,积极推进企业管理制度改革和会计监督制度建设。

1999年6月,证监会颁布的《关于上市公司做好各项资产减值准备等有关事项的通知》对资产减值的内部控制作了要求,在一定程度上起到了防范企业资产损失风险的作用。

1999年10月,修订的《会计法》颁布,首次将"会计监督"写入法律中,在我国内部控

制制度建设历程中是一个重大的突破。

2000年4月,证监会发布了《关于加强期货经纪公司内部控制的指导原则》,该原则对期货经纪公司内部控制的目标和原则、具体要求以及监督等方面作出了指导,以消除期货经纪公司中内部控制的薄弱环节。

2000年11月,证监会发布了《公开发行证券的公司信息披露编报规则》,要求公开发行证券的商业银行、保险公司、证券公司建立健全内部控制制度,并在招股说明书正文中说明内部控制制度的"三性"——完整性、合理性、有效性,同时要求注册会计师对被审计单位的内部控制制度及风险管理的"三性"进行评价和报告。

2001年1月,取代1996年《中华人民共和国国家审计基本准则》的新审计基本准则发布实施。要求注册会计师从制度基础审计的角度审查企业的内部控制,注册会计师对企业内部控制的审查从对企业内部控制的评价发展到对内部控制制度进行测试,对企业内部控制制度的测试成为审计的重要内容。

2001年1月,证监会发布了《证券公司内部控制指引》,要求所有的证券公司建立和完善内部控制机制与内部控制制度。该指引是对《加强金融机构内部控制的指导原则》的补充,对证券公司建立健全内部控制制度有着重大意义。

2001年6月至12月,财政部发布了《内部会计控制基本规范(试行)》和《内部会计控制基本规范——货币资金(试行)》等一系列法律法规。这些法律法规的出台对中国企业接受内部控制概念起到了一定的积极作用。

2002年2月,中国注册会计师协会发布了《内部控制审核指导意见》,该意见对内部控制审核进行了界定,并界定了被审核单位和注册会计师的责任,明确了内部控制审核业务的工作要求。

2004年12月,中国人民银行发布了《商业银行内部控制评价试行办法》,用以指导商业银行的内部控制评价。该办法是对《商业银行内部控制指引》的补充,使我国商业银行内部控制制度体系更加完整。

三、美国《萨班斯-奥克斯利法案》推动下的系统完善阶段

在SOX法案的推动下,我国的内部控制制度建设的步伐明显加快,相关的法规和文告密集出台,并且逐渐形成了内部控制制度的组织配套和保障机制。

2005年10月,国务院批转了证监会发布的《关于提高上市公司质量意见》,要求上市公司对内部控制制度的完整性、合理性及其实施的有效性进行定期检查和评估,同时要通过外部审计对公司的内部控制制度以及公司的自我评估报告进行核实评价,并披露相关信息。

2006年1月,保监会发布了《寿险公司内部控制评价办法(试行)》,并在附件中提供了《寿险公司内部控制评估表——法人机构》和《寿险公司内部控制评估表——分支机构》。评价办法对寿险公司的内部控制评价作出详尽要求,并对内部控制缺陷作出定义。

2006年2月,财政部发布《中国注册会计师审计准则第1211号了解被审计单位及其环境并评估重大错报风险》,对内部控制的内涵和要素作出了详细的说明。

2006年5月，证监会发布的《首次公开发行股票并上市管理办法》规定："发行人的内部控制在所有重大方面是有效的，并由注册会计师出具了无保留结论的内部控制鉴证报告。"

2006年6月，国务院国资委发布了《中央企业全面风险管理指引》、证监会出台了《证券公司融资融券业务试点内部控制指引》，对融资融券业务管理、各类费率的公示等方面的内部控制进行了指导。

2006年7月，由财政部、国资委、证监会、审计署和银监会、保监会联合发起成立了企业内部控制标准委员会。在监管部门、大中型企业、行业组织和科研院所等机构领导和专家的积极参与和大力支持下，我国企业内部控制标准体系的机制保障和组织配套形成了。

2008年5月，财政部等五部委联合发布了《企业内部控制基本规范》（以下简称《基本规范》）。《基本规范》自2009年7月1日起在上市公司范围内施行。国家鼓励非上市的大中型企业也执行《基本规范》。《基本规范》要求："执行本规范的上市公司应当对本公司内部控制的有效性进行自我评价，披露年度自我评价报告，并可聘请具有证券、期货业务资格的会计师事务所对内部控制的有效性进行审计。"《基本规范》的出台标志着我国企业内部控制制度的建设迈上了新的台阶。

2010年4月，财政部等五部委联合出台了《企业内部控制配套指引》，包括《企业内部控制应用指引》18项、《企业内部控制评价指引》和《企业内部控制审计指引》。应用指引包括有关业务活动控制的实务指南，增加了对内部环境、风险评估、信息沟通、内部监督等控制要素的操作性指引，涵盖了企业的组织架构、发展战略、人力资源、销售业务、工程项目、担保业务、业务外包、合同管理等具体业务中内部控制的应用，以指导企业进行财务报告、内部信息传递和信息系统等方面的内部控制行为。《企业内部控制评价指引》对企业内部控制评价的内容、程序、内部控制缺陷的认定和内部控制评价报告都进行了清晰的阐述，为企业内部控制评价提供了详尽的依据。《企业内部控制审计指引》对注册会计师执行企业内部控制审计业务进行了规范，并给出了内部控制审计报告的参考格式，使我国注册会计师对企业内部控制进行审计时有章可循。该配套指引和《基本规范》，标志着适应我国企业实际情况、融合国际内部控制先进经验、具有中国特色的内部控制规范体系已基本建成。

【想一想】 如何协调好内部控制与风险管理的关系？

答：《企业内部控制基本规范》及其配套指引，充分吸收了全面风险管理的理念和方法，强调内部控制与风险管理的统一。内部控制的目标就是防范和控制风险、促进企业实现发展战略，风险管理的目标也是促进企业实现发展战略，两者都要求企业将风险控制在可承受范围之内。因此，内部控制与风险管理两者不是对立的，而是协调统一的整体。

在实际工作中，一些企业的内部控制和风险管理工作由不同机构负责。对此，企业可以对有关机构和业务进行整合，从工作内容、目标、要求以及具体工作执行的方法、程序等方面，将内部控制建设和风险管理工作有机结合起来，用以避免职能交叉、资源浪费、重复劳动，降低企业管理成本，提高工作效率和效果。

> **思政园地**
>
> 掌握我国企业内部控制法律法规的建设历程,强化社会主义法治理念,体会求真务实品质的重要性。

中国人寿内部控制建设的"舍"与"得"

国际金融危机让很多企业在风险管理上交了"学费"。在后危机时代,企业可谓是"一朝被蛇咬,十年怕井绳",不得不提高风险意识。借鉴国内外诸多航母级企业的经验,强化内部控制建设似乎是制胜法宝。

中国人寿是位居全球上市寿险公司市值榜首的"世界500强"企业。其企业管理者曾给内控建设定下基调:"要建'百年老店',要树百年基业,就必须按照最高的标准、最严的要求建设内控。没有制度的有效保障,很难达到预设目标。"

陌生的SOX404、近乎苛刻的要求、前无古人的摸索,迫使中国人寿不得不聘请经验丰富的外部专家提供咨询和培训,抽调骨干人员组建团队;不得不为了进行有效的流程梳理和设置关键控制点,投入大量的人力成本、差旅费、培训费这些可以计量的成本,这些成本和大量难以量化的投入一起,让公司上下经历了一次内部控制的"洗礼"。他们借此契机对公司的规章制度、实务规范、关键风险控制点进行了系统梳理,进一步顺了公司的流程。

2007年,中国人寿的SOX404遵循工作获得美国证券交易委员会等外部监管机构、外部审计师的全面认可。中国人寿发现,对内部控制的投入很可能是一笔不错的"投资"。经过了"高投入"的SOX404遵循项目阶段,内部控制建设其实才仅仅走出了合规性的第一步。从控制范围上讲,也才仅仅覆盖了对财务报告公允性的控制。而中国人寿的目标已经不再是简单的合规,而是全面的质量控制。自2008年起,中国人寿便已开始遵循《企业内部控制基本规范》,并对外出具其内控自我评估报告,这为中国人寿进一步贯彻执行更为细致而深入的《企业内部控制配套指引》提供了良好的平台和基础。

商场上,讲求效益。内部管理也一样,投入之后,效益何在?SOX404遵循工作虽然很艰难,中国人寿也进行了大量的投入,但是作为第一家在美国上市的中国金融企业,除了要出色地完成合规工作,维护国家形象并得到美国市场的认可,还肩负着"老大哥"的责任,要为后来的中国企业趟开路子、积累经验。

事实证明,经过此番SOX404遵循"洗礼"的中国人寿获得了各方一致认可,积累了宝贵经验,更重要的是通过这一工作,内部控制和风险管理理念的种子在企业得以生根发芽。从中国人寿自身来看,近6年的内部控制体系建设进一步确保了其财务报告的公允性,更进一步提升了公司的经营管理水平。中国人寿通过这些年来的内部控制工作,逐渐形成了全员参与的内部控制文化,进一步提升了制度执行力和公司经营管理水平,提升了公司的品牌形象。

案例来源:

于丽.舍得之间话内控[N].中国会计报,2010-07-16(006).

问题与任务：
(1) 梳理中国人寿的内部控制建设体现出的我国内部控制体系建设的特点。
(2) 总结中国人寿的内部控制制度建设主要围绕哪些方面，取得了什么成效。
(3) 谈谈中国人寿的内部控制制度建设的"舍与得"给你带来的启示。

任务三　我国企业内部控制规范的框架体系

我国企业内部控制标准是一个完备的体系，包括基本规范和基本指引两个层次。基本指引分为应用指引、评价指引和审计指引三种类型。整个内部控制标准体系以企业为实施主体，以政府监督和社会评价为保障。

我国企业内部控制规范框架体系如图1-4所示，其中，《企业内部控制基本规范》是内部控制体系的最高层次，起统驭作用。《企业内部控制应用指引》是对企业按照内部控制原则和内部控制五要素建立健全本企业内部控制所提供的指引，在配套指引乃至整个内部控制规范体系中占据主体地位。《企业内部控制评价指引》是为企业管理层对本企业内部控制有效性进行自我评价提供的指引。《企业内部控制审计指引》是注册会计师和会计师事务所执行内部控制审计业务的执业准则。三者之间既相互独立，又相互联系，形成一个有机整体。

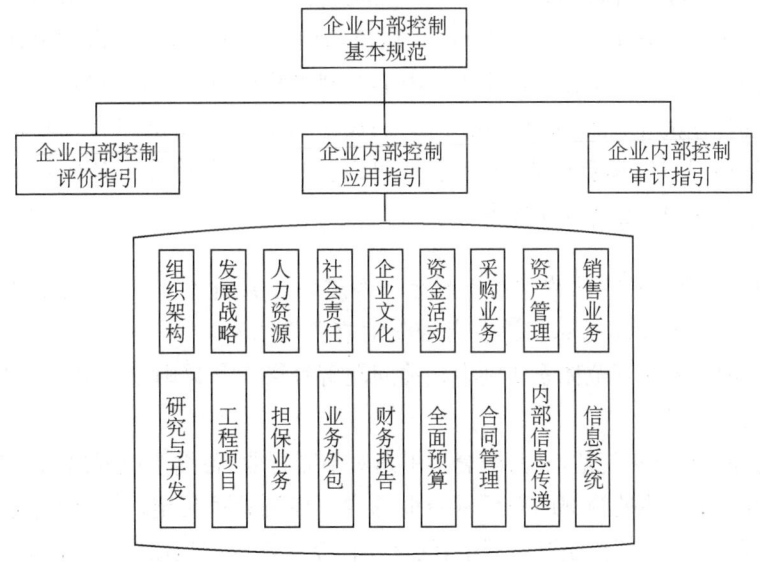

图1-4　我国企业内部控制规范框架体系

一、《企业内部控制基本规范》

2008年6月，由财政部等五部委联合发布的《基本规范》被誉为"中国的萨班斯-奥克斯利法案"。它强调内部控制的"过程观"，它描述了建立与实施内部控制体系必须建立的框架结构，规定了内部控制的定义、目标、原则、要素等基本要求，是制定应用指引、评价指引、审计指引和企业内部控制制度的基本依据。它是内部控制体系的最高层次，起统驭作用。《基本规范》共七章五十条，分为总则、内部环境、风险评估、控制活动、信息与沟通、内部监督和附则。其核心内容可以概括为五个目标、五项原则和五个要素。《基本规范》规定了内部控制目标的五个方面，即合理保证企业经营管理合法合规，合理保证企业资产安全，合理保证企业财务报告及相关信息真实完整，提高经营效率和效果，促进企业实现发展战略。《基本规范》第四条规定了企业建立与实施内部控制的五项原则：一是全面性原则；二是重要性原则；三是制衡性原则；四是适应性原则；五是成本效益原则。《基本规范》第五条规定了内部控制的五个要素，即内部环境、风险评估、控制活动、信息与沟通和内部监督。

《基本规范》取得了以下重大突破。

(1) 科学界定内部控制的内涵，强调内部控制是由企业董事会、监事会、经理层和全体员工实施的、旨在实现控制目标的过程，有利于树立全面、全员、全过程控制的理念。

(2) 准确定位内部控制的目标，要求企业在保证经营管理合法合规、资产安全、财务报告及相关信息真实完整、提高经营效率和效果的基础上，着力促进企业实现发展战略。

(3) 合理确定内部控制的原则，要求企业在建立和实施内部控制全过程中贯彻全面性原则、重要性原则、制衡性原则、适应性原则和成本效益原则。

(4) 统筹构建内部控制的要素，有机融合世界主要经济体加强内部控制的做法和经验，构建了以内部环境为重要基础、以风险评估为重要环节、以控制活动为重要手段、以信息与沟通为重要条件、以内部监督为重要保证，相互联系、相互促进的五要素内部控制框架。

(5) 开创性地建立了以企业为主体、以政府监管为保障、以中介机构审计为重要组成部分的内部控制实施机制，要求企业实行内部控制自我评价制度，并将各责任单位和全体员工实施内部控制的情况纳入绩效考评体系；国务院有关监管部门有权对企业建立并实施内部控制的情况进行监督检查；明确企业可以依法委托会计师事务所对本企业内部控制的有效性进行审计，出具审计报告。

【想一想】企业按照企业内部控制规范体系建设与实施内部控制，是否还需要遵守我国行业主管部门和市场监管部门对内部控制的有关要求？

答：《企业内部控制规范体系实施中相关问题解释第1号》(财会〔2012〕3号)文件中，就此问题作了如下解释。

《企业内部控制基本规范》及其配套指引是对不同行业、各类企业提出的一般性要求，具有普适性。行业主管或监管部门对所辖企业的内部控制管理规定，是不同行业内部控制的特殊要求，也是《企业内部控制基本规范》的重要补充。企业应当按照《企业内部控制基本规范》及其配套指引规定和行业管理、市场监管的要求，建设与实施内部控制。

二、《企业内部控制应用指引》

《企业内部控制应用指引》由三大类组成，即内部环境类指引、控制活动类指引、控制手段类指引。这三类指引基本涵盖了企业资金流、实物流、人力流和信息流等各项业务和事项。

(一) 内部环境类指引

内部环境是企业实施内部控制的基础，支配着企业全体员工的内控意识，影响着全体员工实施控制活动和履行控制责任的态度、认识和行为,因此,内部环境类指引具有基础性地位,它们影响构成企业的基本条件,对企业的经营与发展起到不可或缺的作用。内部环境类指引包括组织架构、发展战略、人力资源、社会责任和企业文化5项指引。

(二)控制活动类指引

控制活动类指引在改进和完善内部环境控制的同时,还对各项具体业务活动实施相应的控制,此类指引包括资金活动、采购业务、资产管理、销售业务、研究与开发、工程项目、担保业务、业务外包和财务报告9项指引。

(三)控制手段类指引

控制手段类指引具有"工具"性质,往往涉及企业整体业务或管理,包括全面预算、合同管理、内部信息传递和信息系统4项指引。

三、《企业内部控制评价指引》

内部控制评价,是指企业董事会和管理层对内部控制有效性进行全面评价、形成评价结论、出具评价报告、提供专业规范与指导的过程。在企业内部控制实务中,内部控制评价是极为重要的环节,它与日常监督共同构成了对内部控制制度本身的控制。内部控制应用规范在企业的执行运用情况如何,是否还存在缺陷,如何改进以确保内部控制的有效运行,客观上需要进行有效的评价。《企业内部控制评价指引》包括评价的原则和组织、评价的内容和标准、评价的程序和方法、缺陷认定和评价报告等。根据指引规定,企业应当对与实现整体内控目标相关的控制环境、风险评估、控制活动、信息与沟通、监控等内部控制要素进行全面系统、有针对性的评价。企业对于内部控制评价报告中列示的问题,应当采取适当的措施进行改进,并追究相关人员的责任。

四、《企业内部控制审计指引》

内部控制审计,是指会计师事务所接受委托,对特定基准日企业内部控制设计与运行的有效性进行审计。它是企业内部控制规范体系实施中引入的强制性要求,既有利于促进企业健全内部控制体系,又能增强企业财务报告的可靠性。《企业内部控制审计指引》主要内容包括审计责任划分、审计范围、整合审计、计划审计工作、实施审计工作、评价控制缺陷、出具审计报告及记录审计工作。

> **思政园地**
>
> 基于我国企业管理情境、国外优秀管理经验,在正确认识内部控制的基础上,我国已经构建起一个完备的企业内部控制标准体系。由此我们发现,认识对实践具有能动的反作用。正确的认识和科学的理论对人的实践活动有巨大的指导作用;而错误的认识对人的实践活动有阻碍作用,会把人的实践活动引向歧途。这就要求我们对企业内部控制标准体系树立正确的认识,让科学的理论和正确的认知在企业管理中发挥指导作用。

安然事件

安然公司(Enron)于1985年由美国休斯敦天然气公司和北方内陆天然气公司合并而成,公司总部设在美国得克萨斯州的休斯敦,公司首任董事长兼首席执行官为肯尼斯·雷,他既是安然公司的主要创立者,也是安然公司创造神话和产生危机过程中的关键人物。

1990年到2000年,安然公司的销售收入从59亿美元上升到了1008亿美元,净利润从2.02亿美元上升到9.79亿美元,其股票成为众多证券评级机构的推荐对象和众多投资者的追捧对象。2000年8月,安然公司股票攀升至历史最高水平,每股高达90.56美元,同年,安然公司名列《财富》杂志"美国500强"中的第7,是美国乃至世界最大的能源交易商。在其最辉煌的年代,其掌控着美国20%的电力、天然气交易。安然公司不仅是天然气、电力行业的巨擘,还是涉足电信、投资、纸业、木材和保险业的大户。

直到破产前,公司营运业务覆盖全球40个国家和地区,共有雇员2.1万人,资产额高达620亿美元。安然公司一直鼓吹自己是"全球领先企业",业务包括能源批发与零售、宽带、能源运输及金融交易,连续4年获得"美国最具创新精神的公司"称号。

然而,这个能源帝国的倒塌却源于一位投资者吉姆·切欧斯的质疑。2001年,吉姆·切欧斯公开对安然公司的盈利模式表示了怀疑。他指出,虽然安然公司的业务看起来很辉煌,但实际上赚不到什么钱,也没有人能够说清安然公司是怎么赚钱的。吉姆·切欧斯还注意到有些文件涉及了安然公司背后的合伙公司,这些公司和安然之间有着说不清的幕后交易,而安然公司的首席执行官却一直在抛出手中的安然股票,同时不断宣称安然公司的股票会从当时的70美元左右升至126美元。但是按照美国法律规定,公司董事会成员如果没有离开董事会,就不能抛出手中持有的公司股票。到了2001年8月中旬,人们对于安然公司的疑问越来越多,并最终导致其股价下跌。2001年12月2日,安然公司正式向法院申请破产保护,破产清单中所列资产高达498亿美元,它成为美国历史上最大的破产企业。

"安然事件"就像多米诺骨牌一样,引起了一系列企业倒闭的连锁反应。安然公司破产后,一批有影响的企业舞弊案相继暴露出来,诸多大企业也被爆出存在财务违规行为,引发了一系列美国企业破产风暴。自安然公司申请破产后,美国又有几家大企业宣布申请破产保护:2002年1月22日,美国第二大零售商凯马特因资不抵债而申请破产保护,该公司资产总额达170亿美元;2002年1月28日,美国环球电讯公司由于债台高筑,向纽约破产法院申请破产保护,该公司在破产申请文件中列出的资产为224亿美元;2002年7月21日,美国第二大长途电话公司美国世界通信公司宣布申请破产保护,从而以1070多亿美元的资产超越安然公司,创造了美国最新的破产案纪录。

根据美国参议院成立的调查委员会提供的报告,导致安然公司董事会失灵和公司破产的原因有六个方面:受托责任的失败,高风险会计政策,利益冲突,大量未披露的公司表外经营活动,行政人员的高报酬计划,董事会缺乏独立性。

问题与任务：
查阅相关的背景资料,结合内部控制体系的相关知识,分析安然公司破产的原因。

 项目回顾

通过本项目的学习,我们已经了解了内部控制的产生与发展历程中的不同阶段,以及每个阶段的特点;相比内部控制整合框架阶段,企业风险管理整合框架阶段具有进步性;掌握了 ERM 框架的最新变化;结合我国的内部控制相关法律法规的发展历程,学习了我国颁布的《企业内部控制基本规范》的框架体系。

 项目同步知识与技能训练

一、单项选择题

1. COSO 的《内部控制——整合框架》于（　　）发布,该报告是内控发展历程中一重要里程碑。
   A. 20 世纪 80 年代　　B. 1992 年　　C. 2002 年　　D. 2004 年

2. 内部控制结构阶段又称内控三要素阶段,其中三要素不包括（　　）要素。
   A. 控制环境　　B. 风险评估　　C. 会计系统　　D. 控制程序

3. 内部控制的基本概念是从早期（　　）思想的基础上逐步发展起来的。
   A. 科学管理　　B. 内部牵制　　C. 内部审计　　D. 管理控制

4. （　　）是指借助专门的技术手段进行的牵制,是典型的事前控制法,其核心是以内部牵制为核心的不相容职务分离原则。
   A. 技术牵制　　B. 分权牵制　　C. 实物牵制　　D. 簿记牵制

5. （　　）规定了内部控制的定义、目标、原则和要素,是制定配套指引的基本依据,在内部控制标准体系中起统驭作用。
   A. 企业内部控制应用指引　　　　B. 企业内部控制评价指引
   C. 企业内部控制基本规范　　　　D. 企业内部控制审计指引

6. （　　）是对企业按照内部控制原则和内部控制五要素建立健全本企业内部控制所提出的指引,在配套指引乃至整个内部控制规范体系中占据主体地位。
   A.《企业内部控制应用指引》　　B.《企业内部控制评价指引》
   C.《企业内部控制基本规范》　　D.《企业内部控制审计指引》

7. （　　）是为企业管理层对本企业内部控制有效性进行自我评价提供的指引。
   A.《企业内部控制评价指引》　　B.《企业内部控制应用指引》
   C.《企业内部控制基本规范》　　D.《企业内部控制审计指引》

8. COSO 企业风险管理框架的最高层次的目标是（　　）。
   A. 经营目标　　B. 战略目标　　C. 合规目标　　D. 财务报告目标

9. 一天夜里,A 企业的铁路专用车辆运进一批原材料,但无人通知相关人员卸货,第二

天货物又被原封运走,这一内部控制失范行为与内部控制中的(　　)要素最相关。

  A. 内部环境　　　　B. 控制活动　　　　C. 信息与沟通　　　　D. 监督

10. 在2007年某银行盗窃案中,办案人员发现该银行管理员之间钥匙、密码的交接混乱,库房钥匙登记簿与实际情况不符,这些内部控制失范行为与内部控制中的(　　)要素最相关。

  A. 内部环境　　　　B. 风险评估　　　　C. 控制活动　　　　D. 监督

二、多项选择题

1. 内部牵制的主要措施有(　　)。

  A. 分权牵制　　　　B. 实物牵制　　　　C. 机械牵制　　　　D. 簿记牵制

2. 下列关于企业内部控制目标的表述中,正确的有(　　)。

  A. 企业经营管理合法合规　　　　　　B. 追求利润最大化
  C. 财务报告及相关信息真实完整　　　D. 促进企业实现发展战略

3. 下列关于我国《企业内部控制基本规范》的说法中,正确的有(　　)。

  A. 内部控制的目标是合理保证企业经营管理合法合规、合理保证企业资产安全、合理保证企业财务报告及相关信息真实完整,提高经营效率和效果,促进企业实现发展战略

  B. 建立了以企业为主体、以政府监管为保障、以中介机构审计为重要组成部分的内部控制实施机制,要求企业实行内部控制自我评价制度

  C. 强调内部控制的"过程观",它描述了建立与实施内部控制体系必须建立的框架结构

  D. 是内部控制体系的最高层次,起统驭作用

4. 相对于《内部控制——整合框架》,企业风险管理框架的创新在于(　　)。

  A. 提出了一个新的观念——风险组合观
  B. 提出了两个新概念——风险偏好和风险容忍度
  C. 增加了一个更具层次的目标——战略目标
  D. 增加了目标设定、事项识别和风险应对三个管理要素

5. 财政部发布的《企业内部控制应用指引》可以划分为(　　),基本涵盖了企业资金流、实物流、人力流和信息流等各项业务和事项。

  A. 内部环境类指引　　　　　　B. 控制活动类指引
  C. 控制手段类指引　　　　　　D. 控制结构类指引

三、判断题

1. 内部控制系统阶段是内控发展的第一阶段。　　　　　　　　　　　　　　　　(　　)

2. 内部控制整合框架阶段明确了内部控制的五个构成要素,这五个要素分别为控制手段、风险评估、控制活动、信息与沟通和监督。　　　　　　　　　　　　　(　　)

3. 合规目标是《企业风险管理框架》新提出来的内部控制目标。　　　　　　　　(　　)

4. 内部控制应用指引、评价指引、审计指引之间既相互独立,又相互联系,形成了一个有机整体。　　　　　　　　　　　　　　　　　　　　　　　　　　　　　(　　)

5. 风险偏好和风险容忍度是在内部控制整合框架中提出来的。（   ）
6. 目前我国企业内部控制规范的框架体系是由《企业内部控制基本规范》《企业内部控制评价指引》和《企业内部控制审计指引》组成的。（   ）
7. 组织架构、发展战略、人力资源属于内部环境应用指引的内容,合同管理、内部信息传递和信息系统属于控制手段类指引的内容。（   ）
8. 内部控制是一个动态过程,应该与企业的经营管理过程相结合,它不是目标本身,而是实现目标的手段。（   ）
9. 《企业内部控制评价指引》主要内容包括：实施内部控制评价应遵循的原则、内部控制评价的内容、内部控制评价的程序、内部控制缺陷的认定以及内部控制评价报告。

（   ）
10. 《企业内部控制应用指引》是对企业按照内部控制原则和要素建立、健全本企业内部控制所提供的指引,在配套指引及至整个内部控制规范体系中占主体地位。（   ）

四、案例分析题

2011年3月15日,据央视曝光,尽管双汇公司宣称"十八道检验、十八个放心",但按照双汇公司的规定,"十八道检验"并不包括"瘦肉精"检测,尿检等检测程序也形同虚设。此前,河南孟州等地添加"瘦肉精"养殖的有毒生猪顺利卖到双汇集团旗下公司。该公司市场部负责产品质量投诉及媒体宣传的工作人员则向记者回应说,原料在入厂前都会经过官方检验,央视所曝光的"瘦肉精"事件,公司正在进行调查核实。

与此同时,农业部第一时间责成河南、江苏农牧部门严肃查办,严格整改,切实加强监管,并立即派出督察组赶赴河南督导查处工作。农业部还表示,将在彻查的基础上,责成有关地方和部门对相关责任人员进行严肃处理,并随后向社会公布结果。

受此影响,15日下午,双汇旗下上市公司双汇发展股票跌停,并宣布停牌。17日晚间,双汇集团再次发表公开声明：要求涉事子公司召回在市场上流通的产品,并在政府有关部门的监管下进行处理。据了解,截至3月17日,已经控制涉案人员14人,其中养猪场负责人7人、生猪经纪人6人、济源双汇采购员1人。对于双汇发展的投资者来说,不幸只是刚刚开始,复盘后的双汇发展更是连续两天跌停。

双汇公司被推到风口浪尖之上,作为国内规模最大的肉制品企业,"瘦肉精"事件令双汇公司声誉大受影响,公司面临着空前的危机。

要求：

请结合该案例,试分析内部控制对企业的重要性,并阐释内部控制的现实意义。

项目二　内部控制的基本理论

学习目标

一、理论知识目标

1. 了解内部控制的含义、分类和方法。
2. 理解内部控制的主要作用。
3. 掌握内部控制原则、要素及目标。

二、职业素养目标

1. 能够结合企业内部控制的作用,培养诚信为本、操守为重的职业道德。
2. 能够根据企业内部控制要素,树立正确的价值观,培养底线思维能力。
3. 能够结合企业内部控制原则,确立坚持准则、求真务实的做事态度。

关键概念

内部控制	不相容职务分离	成本效益原则	重要性原则
制衡性原则	适应性原则	全面性原则	内部环境
风险评估	内部监督		

知识导览

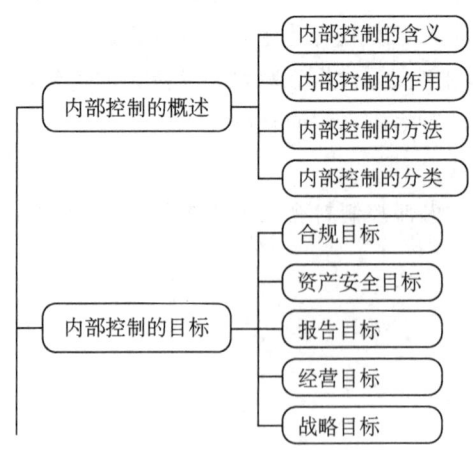

项目二 内部控制的基本理论

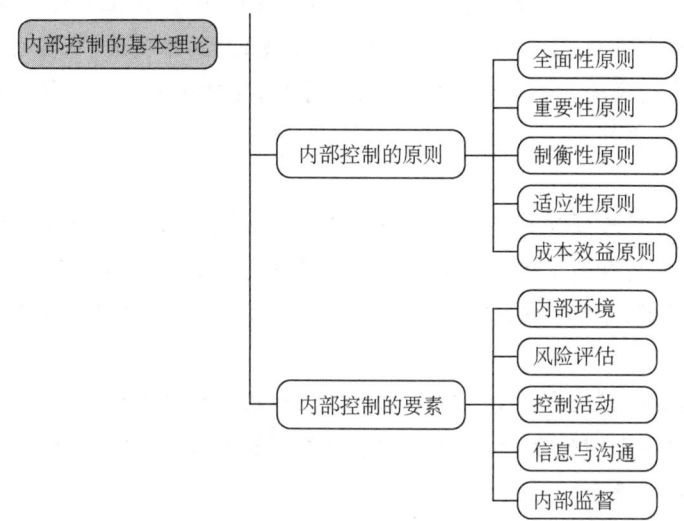

 引例　　　　　　　　　中信泰富巨亏事件

中信泰富有限公司(以下简称中信泰富)1990年在中国香港注册成立,总部位于中国香港,是一家综合控股的上市公司,也是恒生指数的成份股,属于蓝筹股。中信泰富业务内容以基础建设为主,包括投资物业、基础建设(如桥、路和隧道)、航空及电讯业务。此外,因为其大股东是国企中信集团,中信泰富也被视为红筹股。由于红加蓝就是紫色,一些分析师把中信泰富戏称为"紫筹股"。

中信泰富

案情始末

中信泰富在澳大利亚西部经营着一个铁矿石项目,公司需要用澳元购买各种设备和供应品。为了对冲澳元升值风险(当时,澳元兑美元处于强势上涨的趋势),从2007年起,中信泰富开始购买澳元的累计外汇期权合约,进行外汇衍生品的投资。2008年10月20日,中信泰富发布公告称,因澳元大幅贬值,已经确认155亿港元亏损。截至2008年10月29日,由于澳元的进一步贬值,该合约亏损已接近200亿港元。2008年12月5日,中信泰富股价收于5.80港元,仅一个多月内其市值缩水超过210亿港元。就中信泰富投资外汇造成重大亏损,并涉嫌信息披露延迟一事,香港证监会对其展开了调查。

原因分析

内部控制是一种为合理保证单位经营活动的效益性、财务报告的可靠性和法律法规的遵循性,而自行检查、制约和调整内部业务活动的自律系统,其贯穿于企业经营活动的全部过程,包括控制环境、风险评估、控制活动、信息与沟通、监督等要素,并受企业董事会、管理层及其他人员影响。

一、控制环境

第一,公司董事会的职能虚化,授权审批存在缺陷。据中信泰富审核委员会的调查结果,财务董事张立宪违反集团对冲风险政策,在主席荣智健对合同毫不知情的情况下,越权签订未经审批的外汇合同。

第二，重大决策缺乏科学性、民主性。中信泰富的财务董事张立宪在签订合约时，违反了"重大决策、重大事项、重大人事任免、大额资金支付"集体决策、联签的制度。张立宪没有考虑可能产生的风险，导致重大决策缺乏科学性；他作出的重大决策没有经过集体的讨论与研究，缺乏民主性。

二、风险评估

第一，中信泰富风险管控目标设定错位。中信泰富签订澳元期权合约的最终目的是避险，但此合约的实质却违背了其风险管控的目标设定。从合约内容可以看出，此合约早已超出企业可容忍的风险范围，其根本目标是利用杠杆效应，从中获取高额利润，谋取暴利。

第二，中信泰富的风险意识低。财务董事张立宪在签订重大合约前，既没有对企业可容忍的风险水平进行合理的分析，也没有对该合同可能带来的风险进行科学的识别，还没有请外部法律顾问查看合同详情。

三、控制活动

企业对于重大的业务和事项，应当实行集体决策审批或联签制度，任何个人不得单独进行决策或者擅自改变集体决策。中信泰富巨亏问题在于财务董事未遵守公司政策，公司本已设立的双重审批制度也未能阻止事件发生，说明中信泰富已有的内控环节形同虚设，欠缺对高管人员的约束制度。

四、信息与沟通

中信泰富在信息披露方面存在很严重的问题：一是财务总监周志贤未尽其职责，没有将此交易提请董事局主席关注；二是信息对外披露不及时；三是会计信息记录未得到充分体现。

五、内部监督

中信泰富的内部监督机制未能发挥作用。一是内部监督人员失职。在整个事件的发生过程中，内部监督人员没有起到丝毫的作用，既没有发现该合约本身的不合理性，也没有将该交易上报给董事会或类似机构。二是内部监督流于形式。首先，从中信泰富的组织结构可以看出，高层管理人员的权力过大，导致其内部监督机制对集团的高层起不到任何监督作用，内部监督部门被架空，内部监督人员的权力有限，不能约束管理层。其次，中信泰富把内部监督的重点放在了定期检查及报告方面，却没有持续监督的过程，在问题发生后不能及时发现问题、解决问题。最后，内部监督人员没有参与公司的重大决策。

中信泰富没有合理估计风险，没有有效监督权力，在信息披露上严重违规，最终导致内部控制系统漏洞百出，这是其巨额亏损产生的根本原因。那么究竟什么是内部控制？企业建立和实施内部控制要达到的目标是什么？内部控制需要遵循哪些原则？内部控制的五大要素是什么？本项目将逐一解答以上问题。

任务一 内部控制的概述

一、内部控制的含义

内部控制第一次作为专业术语出现是在1936年美国会计师协会文告中。我国2008年制定的《企业内部控制基本规范》指出:"内部控制,是由企业董事会、监事会、经理层和全体员工实施的、旨在实现控制目标的过程。"我们在理解内部控制的含义时,可以从以下四个方面进行。

(一) 内部控制是一种全员控制

内部控制涉及企业各个经营环节、流程和岗位。因此,内部控制需要企业全员参与,多方配合,人人尽责。企业的各级管理层和全体员工都应当树立现代内部控制理念,强化风险意识,主动参与内部控制的建立与实施,并承担相应的岗位责任。就企业内部控制的实施主体而言:一是董事会,二是监事会,三是经理层,四是全体员工。董事会是加强企业内部控制的第一责任主体,负责内部控制的建立、健全和有效实施;监事会对董事会建立及实施内部控制进行监督;经理层对企业的经营管理活动负责,在内部控制中承担重要责任;全体员工都应在实施内部控制的过程中各司其职并发挥积极作用。

【想一想】实施《企业内部控制基本规范》及其配套指引的企业,是否需要设置专门的内部控制机构?

答:一般情况下,企业应当成立专门机构负责组织协调内部控制的建立、实施及日常工作。根据《企业内部控制基本规范》的规定,企业董事会负责内部控制的建立、健全和有效实施。为便于董事会履行好企业内部控制规范体系的设计、建立、运行与改进方面的职责,董事会应当指定专门委员会负责指导内部控制建设与实施工作。

少数受制于岗位编制、专业人员等条件,目前尚不具备成立专门的内部控制管理机构的企业,可暂将内部控制管理职能划归现有机构。随着企业内部控制建设的持续深入和相关条件的不断成熟,企业可以考虑成立专门机构,并应保证有足够的资源支持和协调内部控制工作的开展,确保内部控制工作的相对独立性。

(二) 内部控制是一种全过程控制

内部控制是一个动态的过程,是渗透到企业各项活动的一系列行为,不可把内部控制简单理解为"制度"。从时间顺序上看,内部控制包括事前控制、事中控制和事后控制;从内容上看,内部控制包括制度设计、制度执行与监督评价,它们共同构成了一个完整的内部控制体系。内部控制的全过程控制通常以流程为主要手段,流程设计的合理性往往会直接影响整个内部控制工作的效率和效果。因此,企业要有效地实现全程控制,就必须优化与整合企业内部控制流程。

(三) 内部控制是一种全面控制

基于企业经营管理的需要,内部控制的覆盖范围应该足够广泛,涵盖企业所有的业务和事项,并且能够体现多重控制目标。《企业内部控制基本规范》规定,内部控制的目标是合理保证企业经营管理合法合规,合理保证企业资产安全,合理保证企业财务报告及相关信息真实完整,提高经营效率和效果,促进企业实现发展战略。也就是说,内部控制不仅是一种防弊纠错的机制,还是一种经营管理方法和工具。

(四) 内部控制只是合理保证

需要注意的是,内部控制只能为控制目标的实现提供"合理保证"。企业目标的实现除了受到企业自身因素的限制,还会受到外部环境的影响。另外,内部控制本身也存在一定的局限性。例如,难以控制联合舞弊。内部控制的一个重要工具是不相容职务分离控制,而如果企业内部不相容职务的人员相互串通舞弊,那么内部控制将失去作用。又如,内部控制也有成本。内部控制的全过程控制是有成本的,内部控制的目的在于助力企业的价值创造,因此,企业需要权衡实施内部控制的成本与预期效益。再如,内部控制难以抑制滥用职权。内部控制的另一个重要工具是授权审批控制,一旦发生职权滥用,内部控制也就形同虚设了。此外,不同企业人员素养参差不齐,内部控制终究是由人来建立与实施的,如果企业相关人员的专业素养未能达到内部控制的基本要求,也将影响内部控制的成效。上述因素使内部控制不可能为企业控制目标的实现提供一种"绝对保证"。

> **拓展阅读**
>
> #### 内部控制学与其他学科之间的关系
>
> 内部控制学本身是一门综合性很强的学科。一方面,内部控制涉及企业生产经营活动的所有环节和领域,不仅能对生产活动、销售活动、投资活动、筹资活动等进行控制,而且能对人力资源管理、战略目标设定、组织结构设置等活动进行控制。另一方面,内部控制的主体包括企业的全体人员,涉及所有部门,上至董事长,下至一般员工,都与内部控制有关。因此,内部控制就如一张大网,把企业的所有活动、所有人、所有部门全部囊括其中。
>
> 内部控制学是现代多门学科之间相互交融、分化和综合的结果,与会计学、审计学、风险管理学、战略管理学等学科之间有着纵向或横向的联系,这些学科或是给内部控制提供理论基础、方法支持,或是提供前沿发展方向。例如,会计学对内部控制学的发展有很大的促进作用,复式借贷记账法就可以称为基于"内控思想"的一种实践创造,会计学一方面为内部控制提供了可靠的财务信息支持,另一方面也为其提供了多样化的控制方法和手段。在管理会计出现之前,内部控制没有完善的预算控制制度,控制手段还是比较传统的资产实物控制、人员控制、授权批准控制等。而管理会计则把控制职能和会计信息有机地结合在了一起,使内部控制手段更加丰富。目前的管理学科体系中,还没有一门学科像内部控制学这样具有如此宽的管理幅度和管理边界。

二、内部控制的作用

我国社会主义市场经济正在蓬勃发展,企业的现代化管理十分需要内部控制。内部控制的作用和影响会随着企业管理的需求和实践的变化不断扩展。目前,它在管理实践中主要有以下作用。

(一)提高会计信息资料的及时性、正确性和可靠性

企业建立内部控制系统可以提高会计信息的及时性、正确性和可靠性。企业决策层要想在瞬息万变的市场竞争中有效地管理和经营企业,就必须及时且全面地掌握各类信息,以确保决策的科学性和正确性,并通过控制手段提高所获信息的正确性和可靠性。

(二)保证生产和经营活动的顺利进行

内部控制系统通过确定职责分工,严格控制各种手续、制度、工艺流程、审批程序、监督手段等方法,可以有效地促进企业生产和经营活动顺利进行,纠错防弊,保证实现企业的经营目标。

(三)保护企业财产物资的安全完整

财产物资是企业生产经营活动顺畅开展的物质基础。内部控制可以通过适当的方法对企业货币资金的收入、支出、结余及各项财产物资的采购、验收、保管、销售等活动进行有效控制,防止贪污、盗窃、滥用等不法行为,保证财产物资的安全与完整。

(四)保证企业既定方针的贯彻执行

一方面,企业决策层要在国家的方针、政策的指引下,在遵守国家法规纪律的前提下制定管理经营方针、政策、制度;另一方面,内部控制可以通过规章制度、审核批准、监督检查等手段促使全体职工执行国家的方针、政策,认真贯彻企业的既定方针。

(五)为审计工作提供良好基础

审计监督必须以真实可靠的会计信息为依据,检查错误,揭露弊端,有效评价。企业只有具备了完备的内部控制制度,才能保证信息的准确、资料的真实,并为审计工作提供良好的基础。

实施内部控制可以有效地防止各项资源的浪费和错弊的产生,提高企业的风险防御能力,提升生产、经营和管理水平,助力企业实现发展战略。

【想一想】如何协调好内部控制与其他管理体系的关系?

答:《企业内部控制规范体系实施中相关问题解释第1号》(财会〔2012〕3号)文件,就此问题作了如下解释。

内部控制贯穿于整个企业管理过程,与其他管理体系相辅相成、密不可分,是企业管理的重要组成部分。企业现有管理体系的设计、运行以及审核认证需要遵循已经发布的国家标准或现行行业标准。

在实际工作中,个别企业的内部控制体系建设与管理体系运行发生冲突,原因可能是企业采用的方式方法出现了偏差,如简单照搬内部控制应用指引的规定,没有考虑企业的实际情况,为控制而控制,导致控制设计不合理,出现控制过度或控制冗余;也可能是企业经营管理部门对内部控制的重要性认识不足,不愿意受到更多的牵制和监督,从而以影响经营效率和目标为借口,拒绝必要的内部控制;等等。对此,企业应当立足管理现状,全面

梳理各项管理制度和管理体系,从管理体制、机制以及落实各级责任等方面,将内部控制的要求融入各项管理体系中,形成内部控制的长效机制,使内部控制真正为经营管理服务;应当从总体目标出发,通过培训教育提高企业经营管理人员对内部控制的理解和认识,将内部控制的要求纳入绩效考核体系以加强执行;可以利用信息技术固化业务流程,提高业务处理效率和信息共享水平,从而尽可能减少内部控制与其他经营管理体系的冲突。

三、内部控制的方法

内部控制的基本方法主要有不相容职务分离控制、授权审批控制、会计系统控制、财产保护控制、预算控制、运营分析控制、绩效考评控制等。

(一) 不相容职务分离控制

不相容职务,是指那些如果由一个人担任可能发生错误和舞弊行为,且这个人能掩盖其错误和舞弊行为的职务。不相容职务一般包括:授权批准与业务经办、业务经办与会计记录、会计记录与财产保管、业务经办与稽核检查、授权批准与监督检查等。对于不相容的职务,如果不实行相互分离的措施,就容易发生舞弊等行为。

(二) 授权审批控制

授权审批控制,是指单位在办理各项经济业务时,必须经过规定程序的授权批准。授权审批体系包括授权审批的范围、层次、程序、责任。授权审批形式通常有常规授权和特别授权之分。单位对于重大业务和事项,应当实行集体决策审批或者联签制度,任何个人不得单独进行决策或者擅自改变集体意见。

> **知识链接**
>
> **常规授权和特别授权**
>
> 常规授权,是指企业在日常经营管理活动中按照既定的职责和程序进行的授权,用以规范经济业务的权力、条件和有关责任者,其时效性一般较长。特别授权是企业在特殊情况、特定条件下对办理例外的非常规性交易事项的权力、条件和责任的应急性授权。企业需要建立授权审批体系,严格控制特别授权。

(三) 会计系统控制

会计系统控制,是指通过会计的核算和监督系统所进行的控制,是企业内部控制的核心。会计作为一个信息系统,对内能够向管理层提供经营管理的诸多信息,对外可以向投资者、债权人、政府监管机构等提供用于决策的信息。会计系统控制主要是通过对会计主体所发生的各项能用货币计量的经济业务进行记录、归集、分类、编报等进行的。

(四) 财产保护控制

财产保护控制主要包括财产记录和实物保管、定期盘点和账实核对、限制接近等。财产记录和实物保管是指妥善保管涉及资产的各种文件资料,避免记录受损、被盗、被毁;定期盘点和账实核对是指定期对实物资产进行盘点,并将盘点结果与会计记录进行比较,分析差异原因和查明责任等;限制接近是指严格限制未经授权的人员直接接触资产,只有经过批准的人员才能接触该资产。

(五) 预算控制

预算控制的内容涵盖了企业经营活动的全过程,企业通过预算的编制和检查预算的执行情况,可以比较和分析企业内部各业务单位未完成预算的原因,并对未完成预算的不良后果采取改进措施,确保各项预算的严格执行。

(六) 运营分析控制

运营分析控制要求企业建立运营情况分析制度。企业管理层应当综合运用生产、购销、投融资、财务等方面的信息,通过因素分析、对比分析、趋势分析等方法,定期开展运营情况分析,发现存在的问题,及时查明原因并加以改进。

(七) 绩效考评控制

绩效考评控制要求企业科学设置考核指标体系,对内部各职能部门和全体员工的业绩进行定期考核和客观评价,并将考评结果作为确定员工薪酬、职务晋升、评优降级、调岗和辞退等的依据。

除以上 7 种,常用的内部控制方法还有内部报告控制、复核控制、人员素质控制等。

四、内部控制的分类

对内部控制作分类是为了更好地在企业管理中实施内部控制。根据企业组织架构、控制对象、控制依据、控制地位、控制时序及控制范围等,可以对内部控制进行分类。

(一) 根据企业组织架构分类

根据企业组织架构分类,内部控制可以分为治理控制、管理控制和作业控制。

(1) 治理控制是内部控制的最高层次,侧重于企业战略和风险控制,主要是董事会和高层领导人员的职责,他们通过适当配置所有权,建立合适的委托代理关系,保证企业投资者和其他利益相关者的利益能够得到有效维护。

(2) 管理控制是内部控制的第二层次,直接影响企业利润目标的实现,主要是企业经营层的职责,是管理者影响组织其他成员以落实组织战略的过程。企业在制定战略目标后,就需要将战略目标逐步细化和层层分解,将其落实到企业内部的各个业务单位,评价和监控各生产经营活动的进展情况,使业务活动在正确的轨道上开展。

(3) 作业控制是内部控制的第三层次,是基层的控制,主要是企业各种具体岗位的职责,侧重于某项具体业务或者某项具体任务的完成,能有效减少企业不必要的损失,使企业价值得到提升。

(二) 根据控制对象分类

根据控制对象分类,内部控制可分为人事控制、财务控制、会计控制、生产控制等。

(1) 人事控制,是指通过人员的录用、调动、考评、晋升、培训、解聘、辞退等形式来保证企业目标的实现和利益的维护。

（2）财务控制，是指通过编制和执行财务预算，对企业的财务资源及其利用状态进行控制，包括资本结构控制、债权债务控制、财务风险控制、存货控制、现金流控制、成本费用控制和利润控制。财务控制的目的是保证企业经营的安全性、效率性和营利性。

（3）我国现行《会计法》是企业实施内部会计控制的法律依据。会计控制，是指对企业会计信息系统的控制，其目的是保证企业会计信息的真实完整。

（4）生产控制，是指对企业产品制造过程的控制，其内容有生产工艺和流程安排，投产批量决策，人员、设备、物资调度等。生产控制的目的是保证企业生产部门按时、按质、按量地加工出合格产品，并保证生产的均衡性和配套性。

按照控制对象分类，内部控制还可以分为材料采购控制、营销控制、质量控制等。

（三）根据控制依据分类

根据控制依据分类，内部控制可以分为制度控制和预算控制。

（1）制度控制，是指企业通过制定内部控制制度和有关规章，并以此为依据约束企业和各责任中心财务收支的一种控制形式。制度控制具有规范性、自律性、防护性和强制性的特征，用于保护企业的财产，检查企业会计信息的准确性和可靠性，从而提高经营效率，促使有关人员遵循既定的管理方针。

（2）预算控制，是指以全面预算为依据，对预算主体的财务收支活动进行监管、协调的一种控制形式。预算表明了其执行主体的责任和目标，规定了预算执行主体的行为。预算控制具有目标性、约束性和激励性的特征，涉及企业管理的方方面面。

（四）根据控制地位分类

根据控制地位分类，内部控制可以分为主导性控制和补偿性控制。

（1）主导性控制，是指为实现某项控制目标而首先实施的控制。例如，对会计凭证连续编号可以保证所有业务活动都得到记录和反映，目标是保证业务记录的完整性，防止错弊的发生。但如果主导性控制存在缺陷，不能正常运行，就必须有其他的补偿性控制措施进行补充。

（2）补偿性控制，是指能够全部或部分弥补主导性控制缺陷的控制。例如，如果凭证没有连续编号，有些业务活动就可能得不到记录。这时，实施凭证、账证、账账之间的严格核对，就可以基本上保证业务记录的完整性。

（五）根据控制时序分类

根据控制时序分类，内部控制可以分为事前控制、事中控制和事后控制。

（1）事前控制也称原因控制，是指企业为防止财务资源在质量上发生偏差，在行为发生之前所实施的控制，如授权审批制度，其内容主要包括成本企划、标准制定、预算编制和规章制度的制定与颁布等。

（2）事中控制也称过程控制，是指对企业财务收支活动发生过程中所进行的控制，如监督财务预算的执行过程、对各项收入的去向和支出的用途进行监督、对产品生产过程中发生的成本进行限额约束。事中控制的主要内容有偏差揭示、差异分析和采取措施等。

（3）事后控制也称结果控制，是指对企业财务收支活动的结果所进行的考核及相应的惩罚，侧重分析原因、考核评价和落实奖惩，能为管理者提供制定未来计划标准的依据。

内部控制的作用大小与企业的预算、目标、制度的制定和落实，与事先的设想、规划和控制点的分布与安排有着密切的关系。

（六）根据控制范围分类

根据控制范围分类，内部控制可以分为战略控制和经营控制。

（1）战略控制，是指对企业经营范围、经营模式、组织架构、激励制度、重要人事调动和长期投资所进行的控制，具有全局性、长期性的特点。

（2）经营控制，是指对企业日常经营行为所进行的控制，其特点是局部性、短期性，如广告宣传、品种和价格调整、物流调度等。

> **思政园地**
>
> 马克思主义哲学方法论是指导中国特色社会主义实践的重要法宝，是人们认识世界、改造世界的根本方法，是普遍适用于各具体社会科学并起指导作用的范畴、原则、理论、方法和手段的总和。实施企业内部控制是企业实现各管理目标的需要，回答的是"怎么办"的问题。这就需要内部控制以解决问题为导向，对企业管理阶段、管理任务和目标、控制工具等进行分析研究、系统总结，形成一般性的原则，并以此来指导企业的管理实践。

三鹿集团"毒奶粉"事件

河北省石家庄市三鹿集团股份有限公司（以下简称三鹿集团）作为国家重点龙头企业，曾是国内奶粉生产三大巨头之一。2008年9月11日，三鹿婴幼儿配方奶粉掺杂致毒化学物三聚氰胺的事件曝光，三鹿集团迅速破产，并引发一场"中国奶业的大地震"。三鹿集团破产的原因可以从以下五个方面来分析。

（1）从企业内部环境中的股权结构上看，三鹿集团的第一大股东拥有56%的控股权，第二大股东持有43%的股权，其余1%的零散股份由小股东持有。三鹿集团大股东三鹿乳业公司推行的是员工持股，即由经营者持大股，其96%左右的股份由900多名老职工拥有，因此，三鹿集团实际的股权结构相当分散。以董事长田文华为代表的强势管理层，使三鹿集团陷入内部人控制的局面。

（2）从管理层对风险的态度上看，三鹿集团的风险管理意识淡薄。对乳品企业来说，最重要的风险点无疑是原料奶的质量。我国乳品加工主要采用原奶采购模式，即"奶农—奶站—乳企"模式。这种模式的显著缺点是乳企无法直接、全面地控制奶农和奶站，缺乏具体的管理和监督。在激烈的原奶争夺战中，三鹿集团急功近利的思想导致其放松了对采购环节风险的管控，质量检验控制的弱化最终酿成了毒奶粉事件。

（3）从三鹿集团官方对事件的反应上看，三鹿集团在知情的情况下，继续生产和销售"毒奶粉"，导致事态扩大。事情暴露后，三鹿集团采取对媒体隐瞒和否认的做法，从坚决否认到推卸责任，再到被迫道歉，直至事件到了无法隐瞒的时候，才开始全面召回产品。

（4）从与外界的沟通上看，在整个事件中，三鹿没有积极主动地向社会披露信息、把企业的诚意公之于众，没有积极主动地收集、处理和传递相关信息，也没有及时向政府相关部门报告情况，而是选择了长期隐瞒问题。

（5）从监督手段上看，三鹿集团驻站员的监督检查是集团日常监督中重要的一环，而三鹿集团未能将驻站员的监督检查落实到位，使其流于形式，缺乏对奶站经营者的有效监督。

从表面上看三鹿"毒奶粉"事件源于奶源地收购环节出了问题，但仔细探究便能够发现，真正的原因是其内部控制出现了重大问题。股权结构问题反映了企业内部环境不合理；风险管理不力说明风险评估机制不健全；事故发生后反应滞后和突发事件的应急处理不及时是控制活动不到位的表现；未向上级部门及时报告和对外披露相关信息反映了其信息与沟通机制的失灵；监督手段落实不到位说明了其内部监督的力度不够。

案例来源：

方红星，池国华. 内部控制[M]. 4版. 大连：东北财经大学出版社，2019.

问题与任务：

（1）结合三鹿"毒奶粉"事件，如果你是企业管理者，如何作好内部控制的分类？

（2）结合内部控制方法，谈谈从三鹿"毒奶粉"事件中得到的教训和启示。

任务二　内部控制的目标

项目二
任务二

我国《企业内部控制基本规范》规定，内部控制的目标是合理保证企业经营管理合法合规（合规目标），合理保证企业资产安全（资产安全目标），合理保证企业财务报告及相关信息真实完整（报告目标），提高经营效率和效果（经营目标），促进企业实现发展战略（战略目标）。确立控制目标并逐层分解目标是控制的开始，内部控制的所有方法、程序和措施无一不是围绕着目标而展开的。

内部控制的五个目标不是彼此孤立的，而是相互联系的，它们共同构成了一个完整的内部控制目标体系，如图2-1所示。由于所处的控制层级不同，各个目标在整个目标体系中的地位和作用也存在着差异。其中，战略目标是最高目标，是与企业使命相联系的终极目标；经营目标是对战略目标的细化、分解与落实，是战略目标的短期化与具体化，是内部控制的核心目标；资产安全目标是实现经营目标的物质前提；报告目标是经营目标的成果体现与反映；合规目标是实现经营目标的有效保证。

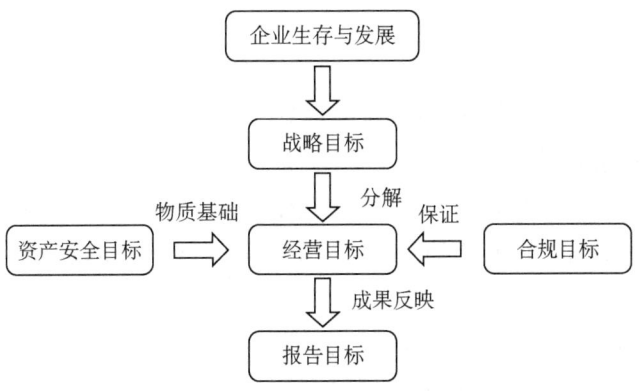

图 2-1 内部控制五目标体系

一、合规目标

合规目标,是指内部控制要合理保证企业在国家法律法规允许的范围内开展经营活动,是内部控制的基础性目标,是企业实现其他内控目标的保证。企业的终极目标是生存、发展和获利,合法合规是企业生存和发展的客观前提,也是企业持续经营的基础。

内部控制是存在于企业内部的一种制度安排,企业可以将法律法规的内在要求嵌入内部控制活动和业务流程之中,从最基础的业务活动上将违法违规的风险降低到最小限度,从而合理保证企业经营管理活动的合法性和合规性。

二、资产安全目标

资产安全目标主要是防止资产损失,保护资产的安全与完整,这是企业开展经营活动的基本要求。资产安全目标有两个层次:一是确保资产在使用价值上的完整性,主要是指防止货币资金和实物资产被挪用、转移、侵占、盗窃,防止无形资产被侵权、侵占等;二是确保资产在价值量上的完整性,主要是指防止资产被低价出售,损害企业利益。同时要充分提高资产使用率,提升资产管理水平,防止资产价值出现减损。

内部控制的基本思想在于制衡,为了实现合理保证资产安全的控制目标,保护企业的资产不被非法侵蚀或占用,企业需要广泛运用职责分离、分权牵制等体现制衡要求的控制措施。

> **知识链接**
>
> **制衡思想**
>
> 制衡,是指两方或两方以上形成一种相互制约,但保持相对平衡的状态。因为有了制衡,一方面两个人同时犯同一错误的概率大大减少,另一方面不法分子实施犯罪计划、贪污舞弊的难度加大了。有人认为,制衡最开始源于我国的商鞅,他说:"法者,国之权衡也。"制衡性原则要求企业完成某项工作必须经过互不隶属的两个或两个以上的岗位和环节,同时还要求履行内部控制监督职责的机构或人员具有良好的独立性。

三、报告目标

报告目标，是指内部控制要合理保证企业提供真实可靠的财务信息及相关信息。财务报告及相关信息反映了企业的经营业绩，以及企业的价值增值过程，揭示了企业的过去和现状，并可用于预测企业的未来发展，是企业的内外部利益相关者作决策的重要依据。此外，财务报告及相关信息的披露情况还可以影响企业的社会形象、市场地位及企业的未来价值。

企业要确保财务报告及相关信息的真实完整，一方面应按照企业会计准则的相关要求如实地核算经济业务、编制财务报告，满足会计信息的一般质量要求；另一方面则应通过内部控制制度的设计，防止提供虚假会计信息。

四、经营目标

企业存在的根本目的在于获利，而企业能否获利往往直接取决于经营的效率和效果。提高经营的效率和效果是内部控制要达到的最直接的目标。内部控制是科学化的管理方法和业务流程，防范风险是其根本目的。企业应该围绕提高经营的效率和效果来设计、运行制度并进行适时的调整，使企业在低风险的环境中稳健持续地经营。

企业要实现经营目标，一是要精简组织，明确权责，使各业务环节密切配合，充分有效地使用资源；二是要优化与整合内部控制的业务流程，消除内控盲点，最大限度地提升执行效率；三是要建立良好的信息与沟通体系，使各相关信息及时有效地在企业各管理层级和业务环节之间流动，提升决策和反应效率；四是要建立有效的内部考核机制，并将考核结果落实到奖惩机制中，起到激励部门和员工的作用，从而提升工作的效率及效果。

五、战略目标

促进企业实现发展战略是内部控制的最高目标，也是终极目标。"战略"一词原为军事用语，是指对战争全局的筹划和指挥。进入20世纪中期以后，人们将战略思想运用于企业的经营管理之中。战略与企业目标相关联，是管理者为实现企业价值最大化而针对环境作出的一种反应和选择。企业战略是企业为了适应未来环境的变化，从长远利益出发，寻求长期生存和稳定发展而制定的总体性和长远性的谋划与方略。

企业制定战略目标首先要充分考虑外部环境和内部条件的变化。因为经营目标是战略目标的短期化与具体化，所以，企业要立足于经营目标，着力于经营效率和效果的提高。其次还应依据既定的目标实施资源分配，并围绕目标的实现程度和实现水平实行绩效考核。这样，企业才能提高核心竞争力，从而促进企业发展战略的实现。

> **思政园地**
>
> 我们在学习和工作中应该树立大局意识和全局意识，并能够认识到事物是发展变化的，一切事物都处在永不停息的运动、变化和发展之中，企业的发展也是如此。企业

要实现战略目标,就需要企业管理者统筹全局,以发展的眼光看问题,坚定发展方向,明确企业处于怎样的阶段和地位,及时作出战略调整;企业管理者要能够坚持与时俱进,科学设置战略目标、合理调配企业各项资源、公正公平考核,只有这样才能适应企业的发展和变化,促进发展战略的实现。

知识链接

企业竞争战略从传统走向数字化

从竞争范围来看,传统竞争以企业的产品为边界,不同企业往往基于具备同样功能的产品展开针锋相对的竞争,如百事可乐与可口可乐的竞争。而进入数字化时代以后,数字技术打破了产品和业务的边界,企业的业务不再仅仅基于产品,同时基于能力的输出。也就是,影响企业竞争范围的因素从产品边界转变为能力边界。从竞争路径来看,传统竞争注重企业的核心竞争力,企业竞争战略偏重于静态的分析规划。企业一般采用 PEST、SWOT 和波特五力竞争模型等分析工具识别自身的核心竞争力,发现行业机遇,进而组织战略实施。而在数字化时代,移动互联网、智能终端、物联网等技术,使企业可以即时获取市场信息,这就要求企业具备动态竞争力,企业的战略设计重心从分析规划转变为反应塑造。企业应首先运用数字技术获得信息感知,然后快速展开行动,通过行动取得的反馈进行迭代修正,持续进行改善。

乐视网资金链断裂危机

2016年11月,乐视网爆发了前所未有的资金链断裂危机,其股票一度停牌一个月有余;2017年1月23日,在经历了3个多月的停牌后乐视网重新复牌,其股价从15.33元跌到4.01元,董事长贾跃亭质押比例高达99.54%的股权彻底爆仓;2017年3月3日,乐视网股价暴跌8%,贾跃亭质押的股票陷入平仓危机。2017年3月30日,乐视网公告,融创入股乐视网的150亿元资金,已支付125.53亿元。此后,乐视网便再未公告披露融创支付资金进展情况。2017年4月17日,乐视网停牌,其旗下品牌易道的创始人声明乐视网挪用资金。2017年7月7日,贾跃亭辞职,公司的五大重量级高管也陆续辞职,乐视网股价一路下跌,面临退市风险。乐视网自2010年8月在我国创业板上市,其业务版图不断扩张,除了涉及视频、手机、电视等产业,又投入大量资金于体育及汽车制造业上。然而体育及汽车制造行业都是经营周期长、投资规模大、复杂程度高的行业,乐视网缺乏核心技术及相关技术与管理人员,投资近百亿元于汽车制造行业,却未取得预想成效。对汽车制造业的盲目投资是造成公司财务危机的最重要原因。

乐视网危机的背后是企业内部控制的失效。

资料来源:

康舒瑶.基于风险评估的上市公司内部控制研究——以乐视网为例[J].江苏商论,2018(9):109-111.

问题与任务：

（1）内部控制包含哪些目标？这些目标之间存在什么关系？

（2）结合上述案例，请你分析乐视网未能实现内部控制的哪些目标？

任务三　内部控制的原则

企业要使内部控制达到既定目标，实现内部控制的有效性，就需要在内部控制的建立和实施过程中遵循一定的原则。《企业内部控制基本规范》明确了以下五个内部控制的原则。

一、全面性原则

内部控制应该是全程控制、全员控制和全面控制。内部控制应当贯穿决策、执行和监督的全过程，覆盖企业及其所属单位的各种业务和事项。内部控制在层次上应该涵盖企业董事会、管理层和全体员工，在对象上应该覆盖各项业务和管理活动，在流程上应该渗透到决策、执行、监督、反馈等各个环节，避免内部控制盲点。

企业在设计内部控制制度时，应关注制度的严谨性和完善性，讲究控制实效，把握控制要点，全面、准确地对企业经营的全过程作出有效的控制。管理者应该针对各要素及各业务活动领域，在综合考虑自身的行业背景、经营规模、业务特点等基础上制定出相对全面的企业内部控制制度。内部控制制度应能实现对组织各层级中的所有岗位进行全员管控。组织中的每个岗位既是内控的责任单元，又是接受内控体系监控的控制节点。企业设计内部控制制度时，还应考虑各流程中的风险控制点，以及各控制要素、控制过程之间的相互关联，使各业务循环或部门的子控制系统有机地构成一个科学、合理的企业管理系统，保证企业经营活动在预定的轨道上进行。

二、重要性原则

内部控制应当在全面控制的基础上突出重点，关注重要业务、高风险领域、关键成本费用项目、关键业务环节、重要的要素或资源等，对这些关键控制点采取更为严格的控制措施，并对关键控制点投入更多的人力、物力和财力，着力防范重大风险。一个有效的内部控制系统能够体现"突出重点，兼顾一般"，能够防止意外事件或不良后果的产生，能够及时发现和揭示已经产生的差错、舞弊和其他不规范行为，以及能够确保及时采取适当的纠正措施。

> **知识链接**
>
> **"三重一大"制度**
>
> "三重一大"制度是重要性原则的充分体现。"三重一大"，是指"重大决策、重大项目

安排、重要人事任免及大额资金支付业务"。《企业内部控制应用指引第1号——组织架构》第五条规定,企业的重大决策、重大项目安排、重要人事任免及大额资金支付业务等,应当按照规定的权限和程序实行集体决策审批或者联签制度。任何个人不得单独进行决策或者擅自改变集体决策意见。重大决策、重大项目安排、重要人事任免及大额资金支付业务的具体标准由企业自行确定。

重大决策事项,是指企业贯彻执行党和国家的路线方针政策、法律法规和上级重要决定的重大措施,主要包括企业党的建设和安全稳定的重大决策,企业发展战略、破产、改制、兼并重组、资产调整、产权转让对外投资、利益调配、机构调整等方面的重大决策以及其他重大决策事项。

重大项目安排事项,是指对企业资产规模、资本结构、盈利能力及生产装备技术状况等产生重要影响的项目的设立和安排,主要包括年度投资计划,融资、担保项目,期权、期货等金融衍生业务,重要设备和技术引进,采购大宗物资和购买服务,重大工程建设项目,以及其他重大项目安排事项。

重要人事任免事项,是指企业直接管理的领导人员及其他经营管理人员的职务调整事项,主要包括企业中层以上经营管理人员和下属企业、单位领导班子成员的任免、聘用、解除聘用和后备人选的确定,向控股和参股企业委派股东代表,推荐董事会成员、监事会成员、经理和财务负责人,以及其他重要人事任免事项。

大额资金支付业务事项,是指超过由企业或者履行国有资产出资人职责的机构所规定的企业领导人员有权调动、使用的资金限额的资金调动和使用,主要包括年度预算内大额度资金调动和使用,超预算的资金调动和使用,对外大额捐赠、赞助,以及其他大额度资金运作事项。

企业应当健全议事规则,明确"三重一大"事项的决策规则和程序,完善群众参与、专家咨询和集体决策相结合的决策机制。要坚持务实高效,保证决策的科学性;充分发扬民主,广泛听取意见,保证决策的民主性;遵守国家法律法规和有关政策,保证决策合法合规。

资料来源:
(1) 财政部,证监会,审计署,等.企业内部控制应用指引第1号至第18号。
(2) 方红星,池国华.内部控制[M].4版.大连:东北财经大学出版社,2019.

三、制衡性原则

相互制衡是建立和实施内部控制的核心理念,体现为不相容机构、岗位或人员的相互分离和制约。内部控制应当在治理机构、机构设置及权责分配、业务流程等方面相互制约、相互监督,同时兼顾运营效率。在横向关系上,一项业务至少要经过彼此独立的两个或多个部门或人员,以使该部门或人员的工作能够接受另一部门或人员的检查或制约;在纵向关系上,一项业务至少要经过互不隶属的两个或两个以上的岗位和环节,以便使上下级互相监督。

四、适应性原则

适应性原则的思想来源于"权变"理论,权变,是指权宜应变。权变理论认为,企业要依据环境和内外条件随机应变,灵活地采取相应的、适当的管理方法。根据权变理论,建立内部控制不可能一劳永逸,而应当与企业经营规模、业务范围、竞争状况和风险水平等相适应,并随着情况的变化适时地对内部控制加以调整和完善。内控制度还要考虑国家在一定时期的经济发展水平和宏观调控政策。

> **思政园地**
>
> 内部控制是动态平衡的,它需要与时俱进,一些新的理论、新的方法、新的事物的出现或将导致内部控制制度发生改变。这就要求企业内部控制的基本结构在保持相对稳定的同时保有一定的灵活性,在考虑各种可能的情况而拟订各种应对变化的抉择方案的同时,留有一定的余地,以便未来修订和补充。

五、成本效益原则

企业建立内部控制应当权衡实施成本与预期效益,以适当的成本实现有效控制。内部控制的成本主要有以下三个方面的内容:一是内部控制的设计成本,包括自行设计和外包设计成本;二是内部控制的实施成本,包括评价和监督人员的工资,实施内部控制影响了运营效率带来的机会成本,以及将内部控制制度嵌入信息系统后的信息系统的运行和维护成本;三是内部控制的鉴证成本,一般是聘请注册会计师实施内部控制审计的鉴证费用。因此,企业应控制实行内部控制花费的成本和由此而产生的经济效益之间的比例。

成本效益原则有两个要义:一是在保证内部控制制度有效性的前提下,努力降低内部控制的成本,提高控制效率;二是合理确定内部控制带来的经济效益,企业要充分考虑内部控制带来的未来收益,并与其成本进行对比。因此,企业一定要杜绝"短视行为",立足长远,科学规划合适的方法,实现有效控制。

【想一想】 如何权衡内部控制的实施成本与预期效益?

答:《企业内部控制规范体系实施中相关问题解释第 1 号》(财会〔2012〕3 号)文件,就此问题作了如下解释。

企业按照《企业内部控制基本规范》及其配套指引的要求建设与实施内部控制,必然需要支付一定的成本,可能会发生内部控制制度和流程的设计与实施费用、聘请专业机构提供咨询服务费用、建立融入内部控制要求的信息系统费用、聘请会计师事务所开展内部控制审计费用,等等。建设与实施内部控制应当从提高企业长期效益出发,从促进企业可持续发展出发,将内部控制作为一项常规性工作,贯穿于企业管理之中,加大投入。同时,应当按照重要性原则,关注重要业务事项和高风险领域,抓住关键风险控制点。集团性企业可以采取分类试点、逐步推广的方式,选择下属不同类型的企业试点,形成范本,减少重复建设。

聘请会计师事务所开展内部控制审计是建设与实施内部控制的重要环节,是检验内部控制有效性的重要手段和有力保证。内部控制审计费用是企业实施内部控制规范体系应当承担的成本,企业应安排相应经费确保审计工作的及时、有效开展。内部控制审计是一项区别于财务报告审计的独立业务,企业应就该项业务与会计师事务所签订单独的业务约定书。同时,企业也应权衡审计成本与审计效益,在业务约定书中明确有关费用标准,并对会计师事务所审计资源的投入和审计质量提出明确要求。

> **思政园地**
>
> 原则,是指处理问题的准绳和规则。"欲知平直,则必准绳;欲知方圆,则必规矩"这是2015年1月13日习近平总书记在中共第十八届中央纪律检查委员会第五次全体会议上的讲话中引用过的。在企业内部控制中,企业全员应该自觉接受来自主体之外的规矩准则,严守纪律,坚持准则,求真务实。这也是我们企业管理成功的法宝。

任务四 内部控制的要素

内部控制的要素及其构成方式,决定着内部控制的内容与形式。《企业内部控制基本规范》第五条规定了内部控制的五要素,即内部环境、风险评估、控制活动、信息与沟通和内部监督。内部控制基于企业现有的内部环境,对企业经营活动风险,包括公司层面的风险和业务流程层面的风险进行评估,确定相应的风险应对策略,并针对风险评估识别的风险点采取相应的控制措施;在实施控制活动的同时建立相应的信息收集和沟通机制,对企业经营活动相关的内部信息和外部信息进行收集、加工、整理,及时将它们反馈至企业内部控制相关的各方,并同时实施日常监督和专项监督,以提高控制措施实施的有效性,从而实现内部控制的目标。

项目二
任务四

内部控制的五要素之间并不是相互割裂、毫无关系的,而是相互支持、紧密联系的。内部环境在底部,属于内部控制的基础,决定着内部控制其他要素能否有效运行;内部监督在顶部,是针对内部控制其他要素和对内部控制的质量进行评价的过程;风险评估是采取控制活动的根据,它对企业存在的风险进行分析,从而确定相应的风险应对策略,及时采取控制措施,有效控制风险;信息与沟通在这五要素中处于一个承上启下、沟通内外的关键地位。风险评估、控制活动和内部监督的实施需要以信息与沟通结果为依据,它们的结果也需要通过信息与沟通渠道来反映。这样,内部控制各因素保持紧密联系,内部控制框架体系才是一个有机的整体。

一、内部环境

内部环境又称控制环境,是指对内部控制政策、程序的制定、执行产生影响的各种因素的总和。内部环境在企业内部控制的建立与实施中发挥着基础性作用,对内部控制其他要素产生重要影响,决定着内部控制其他要素能否有效运行。内部环境应充分体现企业业务模式、经营管理的特点及内部控制的要求,并应与企业自身的规模、发展阶段相适应。内部环境一般包括组织架构、发展战略、人力资源、企业文化和社会责任等方面。企业内部控制环境将在本书的项目三中作具体论述。

二、风险评估

风险,是指一个潜在事项的发生对目标实现产生的影响。风险评估是企业及时识别、系统分析经营活动中与实现内部控制目标相关的风险,合理确定风险应对策略,是实施内部控制的重要环节。企业管理层必须制定与生产、销售、财务等业务相关的目标,全面、系统、持续地收集相关信息,结合实际情况,建立辨认、分析和管理相关风险的机制,以了解企业所面临的来自内部和外部的各种不同风险,及时进行风险评估。企业在评估了相关风险的可能性和后果,以及成本效益之后,应采取相应的控制措施将风险控制在可承受的范围之内。

三、控制活动

控制活动,是指结合具体业务和事项,运用相应的控制政策和程序(或称控制措施)去实施控制。控制方法一般包括:不相容职务分离控制、授权审批控制、会计系统控制、财产保护控制、预算控制、运营分析控制、绩效考评控制等。与此同时,《企业内部控制基本规范》规定,企业应当建立重大风险预警机制和突发事件应急处理机制,明确风险预警标准,对可能发生的重大风险或突发事件,制定应急预案,明确责任人员、规范处置程序,确保突发事件得到及时妥善处理。

四、信息与沟通

信息与沟通,是指企业及时、准确地收集、传递与内部控制相关的信息,确保信息在企业内部、企业与外部之间进行有效沟通。它是实施内部控制的重要条件,其主要环节有:确认、计量、记录有效的经济业务;在财务报告中恰当揭示财务状况、经营成果和现金流量;保证管理层与单位内部、外部的顺畅沟通,包括与股东、债权人、监管部门、注册会计师、供应商等的沟通。信息与沟通的方式是灵活多样的,但无论哪种方式,都应当保证信息的真实性、及时性和有用性。

五、内部监督

内部监督(即监控),是指企业对内部控制建立与实施情况进行监督检查,评价内部控制的有效性,如发现内部控制缺陷,应当及时加以改进。内部监督包括日常监督和专项监督,它是实施内部控制的重要保证,是对内部控制的控制。企业应明确授权的监督机构的职责权限,规范内部监督程序、方法和要求。监督机构对监督情况应当形成书面报告,并在报告中揭示内部控制的重要缺陷。内部监督形成的报告应当有畅通的报告渠道,确保发现的重要问题能及时送达董事会、监事会和经理层;同时,企业应当建立内部控制缺陷纠正、改进机制,充分发挥内部监督效力。

> **思政园地**
>
> 2019年3月19日,习近平总书记主持召开中央全面深化改革委员会第七次会议,会议强调,要增强风险意识、强化底线思维,要把困难估计得更充分一些,把解决问题的措施想得更周全一些,把各项工作做得更扎实一些。底线思维的根本要求就是防范风险。企业决策层要重点防范全局性风险;企业执行层主要防范重点领域的风险,做到守土负责。底线思维是一种担当思维,是一种积极主动的思维方式。我们在工作中一方面要守住底线,牢固树立法律红线不能触碰、法律底线不能逾越的观念;另一方面,又要保持不懈奋斗的精神,积极寻求规避系统性风险、化解复杂矛盾、谋求创新发展的路径和方法,确保在风险可控范围内实现企业的发展目标。

中海集团釜山公司的内控缺失

中国海运(集团)总公司(以下简称中海集团)成立于1997年7月,总部设在上海,是中央直接领导和管理的重要国有骨干企业之一,是以航运业为主业的跨国经营、跨行业、跨地区、跨所有制的特大型综合性企业集团,旗下有中海集运、中海发展、中海海盛三家上市公司。中海集团设有北美、欧洲、中国香港、东南亚、韩国、西亚六个控股公司和日本株式会社、澳大利亚代理有限公司,境外产业涉及90多家分公司、代理、代表处,营销网点总计超过300个。年货物运输完成量超过3.3亿吨、950万TEU(Twenty Equivalent Unit,是以长度为20英尺的集装箱为国际计量单位,也称国际标准箱单位,通常用来表示船舶装载集装箱的能力,也是集装箱和港口吞吐量的重要统计、换算单位),在国家能源和进出口贸易中发挥了重要的运输支持和保障作用。

不幸的是,中海集团内部控制上的欠缺与薄弱,酿成了一桩中国航运界罕见的财务丑闻。2008年1月31日,中海集团接报,驻韩国釜山公司有大约4 000万美元(约合人民币3亿元)的巨额运费收入及部分投资款,被公司内部人员非法截留转移并分成100多次逐步挪出公司账户,主要涉案人员——中海集团韩国控股公司的财务部负责人兼审计李克江在逃,该事件俗称"资金门"。此案发生以后,国资委迅即向包括中海集团、中远集团、五矿集团等多家在海外设有分子公司的大型中央企业发出通报,责成其强化内部控制,消除资金失控的隐患。

本案发生的根本原因在于内部控制失效,具体表现如下:

(1)内部环境。中海集团自2006年6月起,就曾将所获得的银行短期贷款近25亿元人民币违规进行股票投资。此事2007年被查出后,中海集团受到银监会通报批评,国资委也在当年对公司作出予以降分处理的通报。釜山公司"资金门"的再现,昭示着中海集团管理层在内部控制态度上的漫不经心。从治理结构看,中海集团所有驻海外公司的财务体制是控股公司掌控下属企业的全部财务和资金结算。权力的极度膨胀与自由放任，意味着海外公司得以游离于中海集团的视线边缘，为资金失控埋下了巨大隐患。

（2）风险评估。航运公司的主营业务收入是运费收入，而行业内的收费标准各有不同，大额的现金流动是行业特点之一。例如，从天津到釜山再到芝加哥，一个长40英尺的集装箱柜的运费为3 300~3 700美元，每次交易的现金流也很大。分公司人员通过提高费用，或者把产品低价（运货价）售给客户，然后从客户处收取好处的方式贪污公款。如果有人分100多次转移资金，而又缺少仔细审查，的确很容易被忽略。该公司对这一重要风险点缺乏必要的识别、分析与评估。

（3）控制活动。以最典型的控制活动——不相容职务分离为例，釜山公司案的焦点人物李克江，既为中海集团韩国控股公司的财务部负责人，又身兼审计之职。自我复核和检查可谓犯了内部控制的大忌。从行业经验来看，釜山公司"资金门"也不可能是李克江一人所为，而是有其他财务人员或者外部供应商的配合。此类事件的发生，亦暴露出中海集团对海外分公司资金结算体制风险的控制不足。

（4）信息与沟通。中海集团全面介入自查，是在釜山公司涉案人员转移大量资金得逞之后才开始的，但此时巨额损失已然酿成。尚处于第一次"资金门"余悸中的中海集团，本应培养出在最短时间内针对事件的起因、可能趋向及影响作出预测，并迅速作出反应的能力。遗憾的是，从这种"慢半拍"式的信息与沟通中可以看出，中海集团没能在此方面作出实质性的改进。

（5）内部监督。像中海集团这样的大集团在海外设立的公司，如果是全资子公司，通常都采取独立核算制度。全资子公司只需要向集团报年账或者总账，不需要报明细账，有些公司甚至连现金流都不用向总部汇报。如果没有涉及上市公司，总部一般也不会对海外分公司进行定期内部审计，这就导致了海外公司存在做假账的可能性，如虚报费用、把发票金额开大、和供应商内外勾结。中海集团的内部控制之所以偏离了正确的轨道，与其缺乏常规性的、相对独立的财务审计和监管制度是密不可分的。

釜山公司案例表明，我国大型中央企业在纷纷选择"走出去"战略的同时，在监管海外分公司的财务安全这一问题上，与国际大公司相比还缺乏足够的经验。如何保障海外业务的顺利发展，已成为刻不容缓的重大课题。我们注意到，釜山公司"资金门"发生以后，中海集团围绕内部控制五要素的缺陷，作了大量有针对性的改进工作。

第一，为了改善内部环境，中海集团于2008年4月正式成立集团风险控制和管理委员会，由集团总裁李绍德亲自担任委员会主任，内部控制受到管理层的重视，并被提到公司治理的高度。

第二，为了改善风险评估，中海集团将集团企管部作为风险控制和管理的牵头和职能部门。在集团风险控制和管理委员会下设工作小组，工作小组的主要职责是根据集团风险控制和管理委员会确定的方针、政策和任务，具体协调、处理企业经营发展和日常管理中有关风险控制和管理的事项，组织落实风险控制和管理有关事项。

第三，为了改善控制活动，中海集团着手建设具有中海特色的风险控制和管理体系，重点抓好对重大风险、重大事件的管理和对重要流程的控制，加强安全管理、资金风险防控、应收账款催收、商务风险防范、企业法律制度建设、信息化建设、人才建设和企业稳定等八项工作。

第四，为了改善信息与沟通，中海集团强调风险控制和管理信息系统的建设，作好编报企业风险控制和管理报告的准备。

第五，为了改善内部监督，中海集团按照业务分管原则，在集团风险控制和管理委员会下设工作小组，由工作小组实施对集团下属单位风险控制和管理事项的监督指导。同时，开展对集团近百家海外分公司和代理、办事处的大检查，主要针对资金往来，尤其是应收账款是否及时到账等日常运营资金流状况，显著加大了检查监督的力度。

资料来源：
刘华.中海集团釜山公司内部控制案例分析[J].财政监督,2008(12).

问题与任务：

(1) 结合中海集团内部控制缺失的表现，总结企业在内部控制的建设和实施过程中需要注意哪些问题？

(2) 结合中海集团围绕内部控制五要素的缺陷所作的改进工作，谈谈你心中良好的内部控制体系是怎样的。

通过本项目的学习，我们能够理解内部控制的定义；能够了解内部控制的全员控制与董事会在内部控制的实施过程中的领导作用之间的关系；能够理解内部控制的目标及其相互之间的关系；能够掌握内部控制需要遵循的原则；能够理解内部控制的五要素及其相互之间的关系。

 项目同步知识与技能训练

一、单项选择题

1. 企业内部控制的五个要素不包括(　　)。
   A. 内部环境　　　　　　　　B. 道德与法治
   C. 内部监督　　　　　　　　D. 控制活动

2. 企业内部控制的目标不包括(　　)。
   A. 企业利益最大化　　　　　B. 企业经营合法合规
   C. 实现企业发展战略　　　　D. 企业资产安全完整

3. 《企业内部控制基本规范》中的重要性原则是指(　　)。
   A. 该事项频繁出现
   B. 该事项影响到关键管理层人员
   C. 该事项涉及法律和法规问题
   D. 该事项额度大且涉及高风险领域

4. 通过实施内部控制,能( )实现控制目标。
   A. 一般保证　　　B. 合理保证　　　C. 绝对保证　　　D. 普遍保证

5. 对内部控制是一种全员控制,下列各项中,理解错误的是( )。
   A. 内部控制强调全员参与,人人有责
   B. 全员被动地遵守内部控制的规定
   C. 全员以主人翁的姿态积极参与内部控制的建立与实施,并主动承担相应的责任
   D. 企业的各级管理层和全体员工都应当树立现代管理理念,强化风险意识

6. ( )涵盖了单位经营活动的全过程,单位通过预算的编制和检查预算的执行情况,可以比较、分析内部各部门未完成预算的原因,并对未完成预算的不良后果采取改进措施,确保各项预算的严格执行。
   A. 预算控制　　　　　　　　　　　B. 不相容职务分离控制
   C. 财产保护控制　　　　　　　　　D. 会计系统控制

7. ( ),是指内部控制要合理保证企业在国家法律和法规允许的范围内开展经营活动,是内部控制的基础性目标,是实现其他内控目标的保证。
   A. 合规目标　　　B. 战略目标　　　C. 经营目标　　　D. 资产安全目标

8. 内部控制是科学化的管理方法和业务流程,其根本目的是( )。
   A. 利益最大化　　　　　　　　　　B. 防范风险
   C. 保证资产安全完整　　　　　　　D. 保证财务报告真实有效

9. 内部控制应当贯穿决策、执行和监督的全过程,覆盖企业及所属单位的各种业务和事项。内部控制在层次上应该涵盖企业董事会、管理层和全体员工,在对象上应该覆盖各项业务和管理活动,在流程上应该渗透到决策、执行、监督、反馈等各个环节,避免内部控制盲点。以上表述体现了内部控制的( )。
   A. 重要性原则　　B. 适应性原则　　C. 全面性原则　　D. 制衡性原则

10. ( ),是指企业及时、准确地收集、传递与内部控制相关的信息,确保信息在企业内部、企业与外部之间进行有效沟通,是实施内部控制的重要条件。
    A. 内部监督　　　B. 风险识别　　　C. 控制活动　　　D. 信息与沟通

二、多项选择题

1. 下列说法中,正确的有( )。
   A. 内部控制的设计和运行受制于成本效益原则
   B. 内部控制可能因有关人员相互勾结、内外串通而失败
   C. 内部控制可能因经营环境、业务性质的改变而削弱或失败
   D. 即使是设计完善的内部控制,也可能因有关人员的疏忽、误解和判断错误而失败

2. 下列关于内部控制含义的理解中,表述正确的有( )。
   A. 内部控制是一种全员控制　　　　B. 内部控制提供一种绝对保证
   C. 内部控制是一种全过程控制　　　D. 内部控制是一种部分控制

3. 内部控制在企业管理实践中的作用主要有( )。
   A. 提高会计信息资料的正确性和可靠性　B. 保证生产和经营活动的顺利进行

C. 保护企业财产的安全完整　　　　D. 保证企业既定方针的贯彻执行

E. 为审计工作提供良好基础

4. 不相容职务,是指那些如果由一个人担任可能发生错误和舞弊行为,且这个人可能掩盖其错误和舞弊行为的职务。不相容职务一般包括(　　　)。

A. 授权批准与业务经办　　　　　　B. 业务经办与会计记录

C. 会计记录与财产保管　　　　　　D. 授权批准与监督检查

5. 《企业内部控制基本规范》明确了内部控制的(　　　)等原则,以使内部控制达到既定目标,实现内部控制的有效性。

A. 全面性原则　　　　　　　　　　B. 重要性原则

C. 制衡性原则　　　　　　　　　　D. 适应性原则

E. 成本效益原则

三、判断题

1. 完善内部环境是企业实现内部控制有效性的保障,有效的内部控制又将促进内部环境的不断完善。　　　　　　　　　　　　　　　　　　　　　　　　　(　　)
2. 企业建立内部控制应权衡实施成本和预期效益,以适当的成本实现有效的控制。(　　)
3. 不相容职务一般包括:授权批准与业务经办、业务经办与会计记录、会计记录与财产保管、业务经办与稽核检查、授权批准与监督检查等。　　　　　　　(　　)
4. 《企业内部控制基本规范》第44条规定,内部监督分为日常监督和专项监督。(　　)
5. 企业对于所有业务和事项,都应当实行集体决策审批或者联签制度,任何个人不得擅自改变集体决策或自行决策。　　　　　　　　　　　　　　　　　　(　　)
6. 企业有了内部控制就能为内部控制目标的实现提供绝对保障。　　　　　　(　　)
7. 中央在国企推行的"三重一大"制度中的"三重"不包括重大政策变更。　　(　　)
8. 内部控制的目标是彼此独立的,并没有实质性的联系。　　　　　　　　　(　　)
9. 内部控制的覆盖范围广泛,涵盖企业所有的业务和事项,包含每个层级和环节。(　　)
10. 内部控制的"全员控制"与董事会、监事会和经理层在内部控制的建设和实施过程中的领导作用是矛盾的。　　　　　　　　　　　　　　　　　　　　　　(　　)

四、案例分析题

××公司信息部门负责信息收集、传递及信息化建设,该信息部门制定了有关信息资源管理制度,明确各部门信息收集和传递的职责及权限,确定商业秘密范围,以加强信息管理。其主要内容包括以下方面。

(1) 财务报告、经营分析、业务表现等信息的沟通。

(2) 行政管理和人力资源政策等信息的沟通。

(3) 保密信息与沟通,包括确定保密信息的等级。

(4) 审计信息沟通。

(5) 雇员提供的信息。

(6) 报告信息。

(7) 专业信息及从客户、供应商、经营伙伴、投资者处获得的信息。

(8) 管理层与董事会及职能部门间的沟通。

(9) 与客户、供应商、律师、股东、监管者、外部审计师的沟通。

(10) 明确审计、内部控制、财务等部门在反舞弊机制建设中的作用。

要求：

结合以上案例资料，请回答：

(1) 内部控制的要素包括哪些？请逐一解释。

(2) 该案例中体现了内部控制的哪个要素？该要素在五个内部控制要素中的地位和作用是什么？

企业内部控制实务篇

项目三　企业内部控制环境

学习目标

一、理论知识目标
1. 掌握企业内部控制环境指引——组织架构。
2. 掌握企业内部控制环境指引——发展战略。
3. 掌握企业内部控制环境指引——人力资源。
4. 掌握企业内部控制环境指引——企业文化。
5. 掌握企业内部控制环境指引——社会责任。

二、职业素养目标
1. 能够根据企业内部控制环境指引，分析人力资源管理需要关注的问题与控制措施。
2. 能够根据企业内部控制环境指引，分析企业文化构建的作用。

关键概念

组织架构　　　发展战略　　　人力资源　　　社会责任　　　企业文化

知识导览

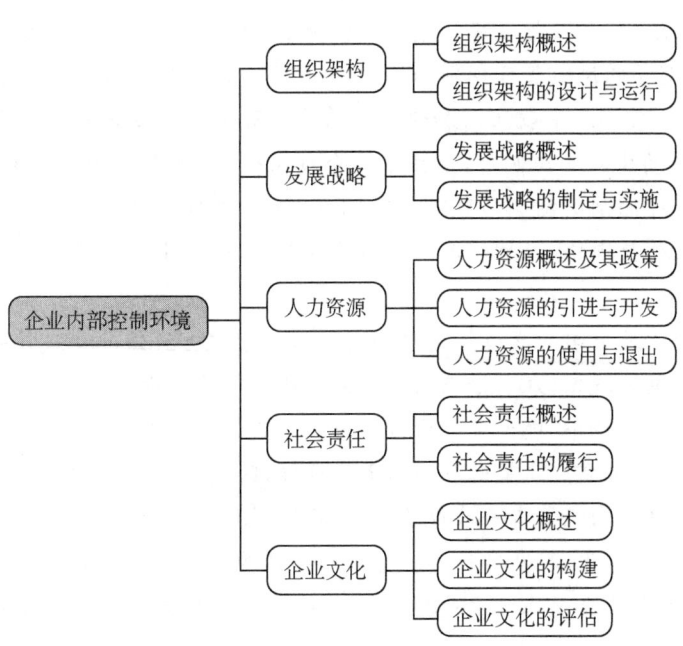

中航油

引例　　中国航油(新加坡)公司内部控制案例

中国航油(新加坡)股份有限公司(以下简称中航油新加坡公司)成立于1993年,是中央直属大型国企中国航空油料控股公司(以下简称集团公司)的海外子公司,2001年在新加坡交易所主板上市,成为中国首家利用海外自有资产在国外上市的中资企业。在总裁陈久霖的带领下,中航油新加坡公司从一个濒临破产的贸易型企业发展成工贸结合的实体企业,业务从单一进口航油采购扩展到国际石油贸易,净资产从1997年起步时的21.9万美元增长为2003年的1亿多美元,总资产近30亿美元,一时成为资本市场的明星。中航油新加坡公司的发展被新加坡国立大学选为MBA的教学案例,陈久霖被《世界经济论坛》评选为"亚洲经济新领袖"。但2004年以来,风云突变,中航油新加坡公司在高风险的石油衍生品期权交易中蒙受巨额亏损而破产,成为继巴林银行破产以来最大的投机丑闻。

2004年第一季度油价攀升,公司潜亏580万美元,陈久霖期望油价能回跌,决定延期交割合同,交易量也随之增加。第二季度随着油价持续升高,公司账面亏损额增加到3 000万美元左右,陈久霖决定再延后到2005年和2006年交割合同,交易量再次增加。2004年10月份油价再创新高,而公司的交易盘口已达5 200万桶。为了补加交易商追加的保证金,公司耗尽2 600万美元的营运资本、1.2亿美元的银行贷款和6 800万美元的应收账款资金,账面亏损高达1.8亿美元,另需支付8 000万美元的额外保证金,资金周转出现严重问题。10月10日,公司向集团公司首次呈报交易和账面亏损。10月20日,公司获得集团公司提前配售15%的股票所得的1.08亿美元资金贷款。至12月1日,亏损达5.5亿美元,为此公司向新加坡证券交易所申请停牌,并向当地法院申请破产保护。

2005年3月,新加坡普华永道会计师事务所提交了第一期调查报告,认为中航油新加坡公司的巨额亏损由诸多因素造成,主要包括:2003年第四季度对未来油价走势的错误判断;公司未能根据行业标准评估期权组合价值;缺乏推行基本的对期权投机的风险管理措施;对期权交易的风险管理规则和控制,管理层也没有做好执行的准备等。

从控制环境方面看,中航油新加坡公司聘请国际著名的安永会计师事务所制定了国际石油公司通行的风险管理制度,建立了包含股东会、董事会、管理层、风险管理委员会、内部审计委员会等的制衡制度和风险防范制度,还受到新加坡证监会的严格监管。但在"强人治理"的文化氛围中,内控制度的威力荡然无存,这是中航油事件发生的根本原因。

1. 内部控制

在中航油新加坡公司的股权结构中,集团公司一股独大,公司股东会中没有对集团公司决策有约束力的大股东,众多分散的小股东只是为了获取投资收益,对重大决策基本没有话语权。公司董事会中,绝大多数董事是中航油新加坡公司和集团公司的高管,而独立董事被边缘化,构不成重大决策的制约因素。这样,股东会、董事会和管理层三者合一,决策和执行最终发展成由经营者一人说了算,市场规则和内部制度对公司失效,公司决策与运作过程神秘化、保密化,独断专行,决策流程化、日常化。公司总裁陈久霖兼集团公司副总经理,中航油新加坡公司基本上是其一个人的"天下",陈久霖从新加坡雇了当地人担任财务经理，只听他一个人的，坚决不用集团公司派出的财务经理，原拟任财务经理被陈久霖以外语不好为由，调至旅游公司任经理，另一位财务经理则被安排为公司总裁助理。集团公司派去的党委书记在新加坡两年多，一直不知道陈久霖从事场外期货投机交易。

2. 法治观念

2004年10月10日，中航油新加坡公司向集团公司报告期货交易将会产生重大损失，中航油新加坡公司、集团公司和董事会没有向独立董事、外部审计师、新加坡证券交易所和社会机构投资者及小股东披露这一重大信息，反而在11月12日公布的第三季度财务报告中仍然谎称盈利。集团公司在10月20日将持有的中航油新加坡公司75%股份中的15%向50多个机构投资者配售，将所获得的1.08亿美元资金以资助收购为名，挪用作为中航油新加坡公司的期货保证金。对投资者不真实披露信息、隐瞒真相、涉嫌欺诈，这些行为严重违反了新加坡公司法和有关上市公司的法律规定。

3. 管理者素质

管理者素质不仅仅是指知识与技能，还包括职业操守、道德观、价值观、世界观等各方面，直接影响企业的行为，进而影响企业内部控制的效率和效果。陈久霖有很多弱点，最明显的就是赌性重，他花了太多的时间和精力在投机交易的博弈上，把现货交易看得淡如水，而这正是期货市场上最忌讳的。他还盲目自大，作为一个将净资产从21.9万美元迅速扩张到过亿美元的企业总裁，他确有过人之处，但是盲目自大却导致了他盲动，不尊重市场规律，不肯承认并纠正错误。陈久霖说过："如果再给我5亿美元，我就翻身了。"这番话表明，陈久霖还不明白自己及中航油新加坡公司栽倒的根源。

4. 另类企业文化

中航油新加坡公司这一事件暴露出国企外部监管不力、内部治理结构不健全，尤其是董事会虚置、国企管理人过分集权等严重问题。这使现代企业得以存续的国际公认与公用的游戏规则流于形式，公司即使形式上建立了法人治理结构，实质上仍由"一把手"说了算。中航油新加坡公司视公司治理结构为摆设的另类企业文化，为试图通过境外上市方式改善国有企业治理结构的改良设想提供了一个反面案例。

资料来源：

刘华. 中航油新加坡公司内部控制案例分析[J]. 上海市经济管理干部学院学报, 2008(03): 16-20.

由于任何企业的内部控制都是在特定的控制环境中实施的，是和特定的控制环境相适应的，因此，内部控制系统功能发挥的过程就是内部控制系统与控制环境相互作用的过程，控制环境不但直接影响内部控制的建设，还直接决定内部控制实施的效果，影响内部控制目标的实现。所以，要加强和完善内部控制，首先应该优化内部环境。

正如COSO报告指出的，控制环境是一种氛围和条件，它奠定了公司的内部控制结构，决定了组织的控制基调，影响了整个组织内所有人员的控制意识和控制行为。我国《企业内部控制配套指引》中的内部环境应用类指引指出，内部环境是企业实施内部控制的基础，支配着企业全体员工的内控意识，影响着全体员工实施控制活动和履行控制责任的态度、认识和行为。内部环境应用类指引有5项，包括组织架构、发展战略、人力资源、社会责任和企业文化等指引。

任务一　组织架构

一、组织架构概述

1. 组织架构的含义

《企业内部控制应用指引第 1 号——组织架构》指出,组织架构,是指企业按照国家有关法律法规、股东(大)会决议、企业章程,结合本企业实际,明确董事会、监事会、经理层和企业内部各层级机构设置、职责权限、人员编制、工作程序和相关要求的制度安排。

2. 组织架构的本质

关于组织架构的本质,可从治理结构和内部机构两个层面理解。

(1) 治理结构。治理结构即企业治理层面的组织架构,也称法人治理结构。它是企业成为可以与外部主体发生各项经济关系的法人所必备的组织基础,具体是指企业根据相关的法律法规,设置不同层次、不同功能的法律实体及其相关的法人治理结构,从而使企业能够在法律许可的框架下拥有特定权利、履行相应义务,以保障各利益相关方(包括企业所有者及其他所有利益相关者,如雇员、顾客、供应商等)的基本权益。

(2) 内部机构。内部机构是企业内部机构层面的组织架构。企业应当根据发展战略、业务发展需要和控制要求,选择适合本企业的内部组织机构类型,分别设置不同层次的管理人员及由各专业人员组成的管理团队,针对各项业务功能行使决策、计划、执行、监督、评价的权利并承担相应的义务,从而为业务顺利开展进而实现企业发展战略提供组织机构的支撑平台。

3. 组织架构的重要性

现代企业为了促进企业实现发展战略,优化治理结构、管理体制和运行机制,建立现代企业制度,就必须把建立和完善组织架构放在首位。

(1) 建立和完善组织架构可以促进企业建立现代企业制度。现代企业制度是以完善的企业法人制度为基础,以有限责任制度为保证,以公司制企业为主要形式,以产权清晰、权责明确、政企分开、管理科学为条件的现代企业制度。可见,现代企业制度的核心是组织架构问题;也可以说,建立现代企业制度必须从组织架构开始。

(2) 建立和完善组织架构可以有效防范和化解各种舞弊风险。串谋舞弊是企业经营发展过程中难以避免的一颗"毒瘤",也是内部控制建设的难点之一。引例中的中航油新加坡公司期权交易巨亏案就是一个典型。

(3) 建立和完善组织架构可以为强化企业内部控制建设提供重要支撑。组织架构是企业内部环境的有机组成部分,也是企业开展风险评估、实施控制活动、促进信息沟通、强化内部监督的基础设施和平台载体。一个科学高效、分工制衡的组织架构,可以使企业自上而下地对风险进行识别和分析,进而采取控制措施予以应对;可以促进信息在企业内部各层级之间、企业与外部利益相关者之间及时、准确、顺畅地传递;可以提升内部监督的力度和效能。

二、组织架构的设计与运行

1. 组织架构设计与运行中的主要风险

组织架构指引着力解决企业组织架构设计和运行问题,核心是如何加强企业组织架构方面的风险管控。企业组织架构方面存在的主要风险可以从治理结构和内部机构两个层面分析。

(1) 从治理结构层面看,主要风险在于:治理结构形同虚设,缺乏科学决策、良性运行的机制和执行力,可能导致企业经营失败,难以实现发展战略。具体表现为:①股东(大)会是否规范而有效地召开,股东是否可以通过股东(大)会行使自己的权利;②企业与控股股东是否在资产、财务、人员方面实现相互独立,企业与控股股东的关联交易是否贯彻平等、公开、自愿的原则;③对与控股股东相关的信息是否根据规定及时完整地披露;④企业是否对中小股东权益采取了必要的保护措施,使中小股东能够和大股东同等条件参加股东(大)会,获得与大股东一致的信息,并行使相应的权利;⑤董事会是否独立于经理层和大股东,董事会及其审计委员会中是否有适当数量的独立董事存在且能有效发挥作用;⑥董事对于自身的权利和责任是否有明确的认知,并且有足够的知识、经验和时间来勤勉、诚信、尽责地履行职责;⑦董事会是否能够保证企业建立并实施有效的内部控制,审批企业发展战略和重大决策并定期检查、评价其执行情况,明确设立企业可接受的风险承受度,并督促经理层对内部控制有效性进行监督和评价;⑧监事会的构成是否能够保证其独立性,监事能力是否与相关领域相匹配;⑨监事会是否能够规范而有效地运行,能否监督董事会、经理层正确履行职责并纠正损害企业利益的行为;⑩对经理层的权力是否存在必要的监督和约束机制。

(2) 从内部机构层面看,主要风险在于:内部机构设计不科学,权责分配不合理,可能导致机构重叠、职能交叉或缺失、推诿扯皮、运行效率低下。具体表现为:①企业是否考虑经营业务的性质,按照适当集中或分散的管理方式设置内部组织机构;②企业是否对内部组织机构设置、各职能部门的职责权限、组织的运行流程等有明确的书面说明和规定,是否存在关键职能缺位或职能交叉的现象;③企业内部组织机构是否支持发展战略的实施,并根据环境变化及时作出调整;④企业内部组织机构的设计与运行是否适应信息与沟通的要求,有利于信息的上传下达和在各层级、各业务活动间的传递,有利于为员工提供履行职权所需的信息;⑤关键岗位员工是否对自身权责有明确的认识,有足够的胜任能力去履行权责,是否建立了关键岗位员工轮换制度和强制休假制度;⑥企业是否对董事、监事、高级管理人员及全体员工的权限有明确的制度规定,对授权情况是否有正式的记录;⑦企业是否对岗位职责进行了恰当的描述和说明,是否存在不相容职务未分离的情况;⑧企业是否对权限的设置和履行情况进行了审核和监督,对于越权或权限缺位的行为是否及时予以纠正和处理。

2. 组织架构的设计

企业在设计组织架构时,必须考虑内部控制的要求,合理确定治理层及内部各部门之间的权力和责任,并建立恰当的报告关系。既要保证企业高效运营,又要适应内部控制环境的需要进行相应的调整和变革。企业组织架构的设计可以从治理结构设计和内部机构设计两个层面展开。

1) 治理结构的设计

企业治理结构涉及股东(大)会、董事会、监事会和经理层。企业应当根据国家有关法律法规的规定,按照决策机构、执行机构和监督机构相互独立、权责明确、相互制衡的原则,明确董事会、监事会和经理层的职责权限、任职条件、议事规则和工作程序等。从内部控制建设角度看,新设企业或转制企业如果一开始就在治理结构设计方面存在缺陷,则必然会对企业以后的长远发展造成严重损害。

治理结构的原则有保护股东权利原则和股东平等原则。股东权利即股权,是股东基于向公司投资而享有的对公司的各种权利。公司治理结构就是建立在尊重股东权利和股东自治的基础之上的。股东平等原则是指公司在基于股东资格而发生的法律关系中,不得在股东间实行不合理的不平等待遇,并应按股东所持有的股份性质和数额实行平等待遇的原则。

> **知识链接**
>
> ### 治理结构的模式
>
> 不同国家由于政治、经济、法律制度、文化信仰和其他条件的不同,特别是外在环境和挑战不同,构建的具体公司治理结构也各有特点,主要有单层制模式和双层制模式。
>
> 单层制模式。以美国为代表的单层制公司治理模式是以董事会控制与监督为主导的制度。其最大特点是股东(大)会下只设董事会,不设监事会,董事会既是业务执行机构又是监督机构。
>
> 双层制模式又分为垂直式双层制模式和水平式双层制模式。垂直式双层制模式以德国为代表,其公司机关由股东(大)会、监事会和董事会组成,三者为上下级关系:股东(大)会下设监事会,监事会向股东会负责并报告工作;监事会下设董事会,董事会向监事会负责并报告工作。水平式双层制模式以日本股份公司为代表,其监事会与董事会是平行机构,董事会同时负责公司经营决策和监督职责,这也使监事会制度徒有虚名。

2) 内部机构的设计

内部机构的设计是组织架构设计的关键环节。只有切合企业经营业务特点和内部控制要求的内部机构,才能为实现企业发展目标发挥积极促进作用。内部机构的设计应符合四个原则,即依据法律法规原则、战略适配原则、管理控制原则、稳定性与适应性相结合原则。

一是依据法律法规原则。企业应当根据国家有关法律法规和企业章程,建立规范的公司治理结构和议事规则,明确决策、执行、监督等方面的职责权限,形成科学有效的职责分工和制衡机制。

二是战略适配原则。组织架构随企业的战略目标而定,战略目标决定组织架构,组织架构是实现企业战略目标的有机载体和工具。企业的战略目标会随着外部环境等影响因素的变化而变化,这就要求组织架构必须根据企业战略目标的变化进行及时的调整,做到组织架构与业务发展相适应,任职者与岗位相适应。

三是管理控制原则。实现有效的管理控制,必须做到有效管理幅度与管理层次相结合。管理幅度是指一名管理者能够直接领导、指挥和监督的下属人数。管理幅度越大,人际间关系越复杂,因此,即使再有能力的管理者由于能力和精力所限,其管理幅度一定也是有限的。

四是稳定性与适应性相结合原则。一方面,企业的内部机构是保证企业正常运行的重要机制,其变动将引起人员、分工、职责、协调等各个方面的调整,将会对企业内人员的情绪、工作习惯、工作效率都带来影响,且人员需要一段时间的适应期,所以相应机构设置的稳定性是组织运行稳定的需要。另一方面,企业应保持一定的适应性,这要求各部门、各员工都可以根据内外环境的变化进行灵活的调整和变动,同时,内部机构应该保持一定的适应性以减少变革所产生的震荡。所以,企业领导的责任就是把内部机构的稳定性与适应性恰当地结合起来,使企业不至于因为一成不变而僵化,也不至于因为经常变动而缺乏业绩。

3. 组织架构的运行

企业应当根据组织架构的设计规范,对现有治理结构和内部机构设置进行全面梳理,确保本企业治理结构、内部机构设置和运行机制等符合现代企业制度要求。

(1) 治理结构的梳理

企业梳理治理结构,应当重点关注董事、监事、经理及其他高级管理人员的任职资格和履职情况,以及董事会、监事会和经理层的运行效果。如果治理结构存在问题,应当采取有效措施加以改进。就任职资格而言,企业要着重关注行为能力、道德诚信、经营管理素质、任职程序等方面。就履职情况而言,企业要着重关注合规、业绩以及履行忠实、勤勉义务等方面。就董事会、监事会和经理层的运行效果而言,企业要着重关注这几个方面:董事会是否定期或不定期召集股东(大)会并向股东(大)会报告;是否严格认真地执行了股东(大)会的所有决议;是否合理地聘任或解聘经理及其他高级人员等。监事会是否按照规定对董事、高级管理人员行为进行监督;在发现违反相关法律法规或损害公司利益时,是否能够对其提出罢免建议或制止纠正其行为等。经理层是否认真有效地组织实施董事会决议;是否认真有效地组织实施董事会制定的年度生产经营计划和投资方案;是否能够完成董事会确定的生产经营计划和绩效目标等。

(2) 内部机构设置的梳理

企业梳理内部机构设置,应当重点关注内部机构设置的合理性和运行的高效性等。从设置的合理性角度看,如果内部机构设置和运行中存在职能交叉、缺失或运行效率低下问题,应当及时解决。具体而言,企业应关注内部机构设置是否适应内外部环境的变化;

是否以发展目标为导向;是否满足专业化的分工和协作要求,有助于企业提高劳动生产率;是否明确界定各机构和岗位的权利和责任,不存在权责交叉重叠,不存在只有权利而没有相对应的责任和义务的情况等。从运行的高效性角度梳理,企业应重点关注:内部各机构的职责分工是否针对市场环境的变化作出及时调整。当企业面临重要事件或重大危机时,各机构间表现出的职责分工协调性可以较好地检验内部机构运行的效率。此外,企业还应关注权力制衡的效率评估,包括机构权力是否过大或存在监督漏洞;机构权力是否被架空;机构内部或各机构之间是否存在权力失衡等。关于梳理内部机构运行的高效性,企业还应关注内部机构运行是否有利于保证信息的及时、顺畅流通,是否在各机构间达到快捷沟通的目的。评估内部机构运行中的信息沟通效率,一般包括信息在内部机构间的流通是否通畅、信息在现有组织架构下流通是否及时、信息在组织架构中的流通是否有助于提高组织效率。

企业在对治理结构和内部机构设置进行全面梳理的基础上,还应当定期对组织架构设计和运行的效率与效果进行综合评价,其目的在于发现可能存在的缺陷并及时优化调整,使公司的组织架构始终处于高效运行的状态。

思政园地

企业应当根据发展战略、业务需要和控制要求,遵循企业的发展规律,选择适合本企业的内部组织机构类型。这就要求我们在工作中要做到具体问题具体分析。具体问题具体分析是马克思主义的一个重要原则和活的灵魂,是人们正确认识事物的基础,也是我们在一切工作中必须严格遵守的基本方法。

 学中做

引例中的中航油新加坡公司期货巨亏案例中,内部控制环境问题是导致其巨亏的根本原因。

问题与任务:

(1) 结合中航油新加坡公司期货巨亏案例,就企业组织架构的设计谈谈你的理解。

(2) 查阅《关于进一步推进国有企业贯彻落实"三重一大"决策制度的意见》,讨论如何有效避免"一把手"权力过大现象。

任务二 发展战略

一、发展战略概述

1. 发展战略的含义

《企业内部控制应用指引第 2 号——发展战略》指出,发展战略是企业在对现实状况

和未来趋势进行综合分析和科学预测的基础上,制定并实施的长远发展目标与战略规划。在现代商业背景下,战略提供了一套合理而科学的方法和工具,用于分析和管理企业与其所处环境之间的关系,它是实现和引导企业发挥潜力、实现企业目标、应对日益复杂和不断变化的外部环境的核心概念。企业战略包括发展战略、竞争战略、营销战略、品牌战略、融资战略、技术开发战略、人才开发战略、资源开发战略等。企业发展战略是企业各种战略的总战略。也就是说,企业发展战略比其他企业战略针对的问题更加全面,是统帅其他企业战略的总战略。

2. 发展战略的重要性

企业制定科学合理的发展战略,具有以下重要意义:

(1) 发展战略可以为企业找准市场定位。市场定位就是在激烈的市场竞争环境中找准位置。企业定位准了,才能赢得市场,才能获得竞争优势,才能不断发展壮大。发展战略要着力解决的正是企业发展过程中所面临的这些全局性、长期性的问题。

(2) 发展战略是企业执行层的行动指南。发展战略指明了企业的发展方向、目标与实施路径,描绘了企业未来经营方向和目标纲领,是企业发展的蓝图,关系着企业的长远生存与发展。

(3) 发展战略是内部控制的最高目标。发展战略为企业内部控制指明了方向,内部控制为企业实现发展战略提供了可靠保障。

二、发展战略的制定与实施

1. 发展战略制定与实施中的主要风险

企业作为市场经济的主体,要想求得长期生存和持续发展,关键在于制定并有效实施适应外部环境变化和自身实际情况的发展战略。企业制定与实施发展战略至少应当关注下列风险:一是缺乏明确的发展战略或发展战略实施不到位,可能导致企业盲目发展,难以形成竞争优势,丧失发展机遇和动力;二是发展战略过于激进,脱离企业实际能力或偏离主业,可能导致企业过度扩张,甚至经营失败;三是发展战略因主观原因频繁变动,可能导致资源浪费,甚至危及企业的生存和持续发展。

2. 发展战略的制定

制定发展战略是企业实现健康可持续发展的起点。发展战略应用指引就上述重要风险有针对性地提出了应对措施。

一是,要求企业健全组织机构,在董事会下设立战略委员会,或指定相关机构负责发展战略管理工作。战略委员会对董事会负责,战略委员会主席应当由董事长担任,委员包括董事长和其他董事,委员应当具有较强的综合素质和实践经验。战略委员会的主要职责是对公司的长期发展规划、经营目标、发展方针进行研究并提出建议,对公司所涉及的产品战略、市场战略、营销战略、研发战略、人才战略等经营战略进行研究并提出建议,对公司重大战略性投资、融资方案、重大资本运作、资产经营项目进行研究并提出建议。

二是,明确要求企业在充分调查研究、科学分析预测和广泛征求意见的基础上制定发展目标。企业在制定目标过程中,应综合考虑宏观经济政策、国内外市场需求变化、技术发展趋势、行业及竞争对手状况、可利用资源水平和自身优势与劣势等影响因素。外部环境是制定发展战略的重要影响因素,包括企业所处的宏观环境(宏观环境分析图如图3-1所示)、行业环境及竞争对手、经营环境等。企业分析自身面临的外部环境,应当着重分析环境的变化和发展趋势及其对企业战略的重要影响。同时评估有哪些机会可以挖掘,以及企业可能面临哪些威胁。内部资源是企业发展战略的重要制约条件,包括企业资源、企业能力、核心竞争力等各种有形和无形资源。企业分析自身拥有的内部资源和能力,应当着重分析这些资源和能力使企业在同行业中处于何种地位,与竞争对手相比,企业有哪些优势和劣势。

宏观环境分析			
经济环境因素	政治和法律环境因素	社会和文化环境因素	技术环境因素
·社会经济结构 ·经济发展水平 ·经济体制和经济政策 ·经济的当前状态 ·其他一般经济条件	·政治行为 ·法律、法规 ·政局稳定状况 ·路线方针政策 ·国际政治法律因素 ·各政治利益集团	·人口因素 ·社会流动性和社会各阶层对企业的期望 ·消费者心理 ·文化传统 ·价值观	·技术水平 ·技术力量 ·新技术的发展

图3-1 宏观环境分析图

三是,强调战略规划应当根据发展目标制定,明确发展的阶段性和发展程度,确定每个发展阶段的具体目标、工作任务和实施路径。发展战略可以分为发展目标和战略规划两个层次。

(1) 发展目标。发展目标是企业发展战略的核心和基本内容,是对企业使命的具体化,表明企业在未来一段时期内所要努力的方向和达到的水平。发展目标通常包括盈利能力、生产效率、市场竞争地位、技术领先程度、生产规模、组织结构、人力资源、用户服务、社会责任等方面。企业在编制发展目标时应突出主业,将其做精做强,不断增强核心竞争力,同时也不能过于激进,不能盲目追逐市场热点,不能脱离企业实际,否则可能导致企业过度扩张或经营失败。

(2) 战略规划。战略规划是企业为了实现发展目标而制定的具体规划,表明企业在每个发展阶段的具体目标、工作任务和实施路径。企业确定发展目标后,就要考虑使用何种手段、采取何种措施、运用何种方法来达到目标,即编制战略规划。

四是,董事会应该严格审议战略委员会提交的发展战略方案,之后再报经股东(大)会批准实施。董事会要着力关注发展战略的全局性、长期性和可行性,具体包括:①发展战略是否符合国家行业发展规划和产业政策;②发展战略是否符合国家经济结构战略性调整方向;③发展战略是否突出主业,是否有助于提升企业核心竞争力;④发展战略是否具有可操作性;⑤发展战略是否客观全面地对未来商业机会和风险进行分析预测;⑥发展战略是否有相应的人力、财务、信息等资源保障等。

3. 发展战略的实施

科学制定发展战略是一个复杂的过程,实施发展战略更是一个系统工程。为将发展战略描绘的蓝图转变为现实,企业应当加强对发展战略实施的统一领导,制定详细的年度工作规划,通过编制全面预算,将年度目标进行分解、落实,确保企业发展目标的实现。此外,还要加强对发展战略的宣传培训,通过组织结构调整、人员安排、薪酬调整、财务安排、管理变革等配套措施,保证发展战略的顺利实施。具体而言,有如下四点。

一是企业应当根据发展战略,制定年度工作计划,编制全面预算,将年度目标分解、落实,同时,完善发展战略管理制度,确保发展战略有效实施。企业长期计划是企业整体的长期框架,但是出于经营目的,有必要将长期计划转化为一系列与部门相关的、为期一年的短期计划。企业需要站在更高的战略视角来制定业务计划,通常包括目标描述、核心内容(包括各种业务问题和分析)、财务状况概述等。这一过程会出现各种问题,需要具体的解决方案。

二是企业应当重视发展战略的宣传工作,通过内部各层级会议和教育培训等有效方式,将发展战略及其分解落实情况传递到内部各管理层级和全体员工。企业应当跟内部各管理层级和全体员工进行有效沟通,促进战略认同。有效沟通可以促使企业员工就企业的战略目标、战略计划、战略实施及各个部门、各个岗位所应承担的责任等形成共识,自觉将企业目标和个人目标统一起来,激发员工执行战略的积极性、主动性和创造性,从而增强企业的凝聚力、向心力和战略执行力,以保证企业发展战略目标的实现。

三是战略委员会应当加强对发展战略实施情况的监控,定期收集和分析相关信息,对于明显偏离发展战略的情况,应当及时报告。战略委员会的职权范围主要包括:提出公司战略发展的构想,组织审查、检讨公司的战略发展方向,审议公司的战略规划,适时提出战略调整计划;审议公司的中长期发展战略和目标,监控战略的执行;制定公司的战略评价标准、战略评价程序及评价周期;确保公司收集和提供战略信息资料的连续性和完整性。

四是如果经济形势、产业政策、技术进步、行业状况,以及不可抗力等因素发生重大变化,企业确需对发展战略作出调整时,企业应当按照规定权限和程序调整发展战略。发展战略调整的影响因素可能有以下几种:①环境的变化。可能是竞争者业务的变化、法律的变化、社会行为和态度的变化、经济的变化等。②技术和工作方法方面的变化。③产品和服务方面的变化。可能由于消费者需求、竞争者行为、新技术的出现等所导致。④管理及工作关系的变化。例如,领导风格与员工工作方式的改变,以及教育培训方面的改变。⑤组织结构和规模的变化。可能包括设立新的部门、更多的授权或集权、计划方式的改变、管理信息的提供和控制的执行等。⑥并购后的变化。未来的管理层希望改善现有结构并将公司整合到新的母公司结构和体系中,这包括名称和标志的变化,也包括组织结构、企业文化、工作角色、员工数量和管理体系等的更深刻的变化。

> **思政园地**
>
> 尊重客观规律和发挥主观能动性是辩证统一的。客观规律是事物内部所固有的、本质的、稳定的联系,它是人们正确发挥主观能动性的前提。主观能动性是指人们在实践基础上能动地认识世界和改造世界的能力和作用。在企业内部控制中,为了实现发

展战略,一方面,企业需要正确地认识自身所处的发展阶段,在充分调查研究、科学分析预测和广泛征求意见的基础上制定发展目标。发展战略的制定和实施都必须合乎客观规律,必须按照客观规律办事。另一方面,企业需要充分发挥主观能动性,通过充分调动企业人员的积极性、主动性和创造性,从而增强企业的凝聚力、向心力和战略执行力,以保证企业发展战略目标的实现,并促进企业经营的健康长久发展。

英特尔公司使命的改变

在某些情况下,公司所在的环境会发生巨大的变化,这些变化往往会改变公司的前景,这些情况要求公司对自己的发展方向和战略方向进行大幅度的修订,英特尔公司的总裁安德鲁·格罗夫把这种情况叫作战略转折点。

格罗夫和英特尔公司在20世纪80年代中期遇到了一次战略转折点。当时,制造计算机存储芯片是英特尔公司的主要业务,而日本的制造商想要占领存储芯片市场,因此将它们的产品价格相对于英特尔及其他芯片生产商的产品价格降低了10%。每一次英特尔公司作出回应之后,日本制造商则继续降低10%。为了对付日本竞争对手的这种挑衅性的定价策略,英特尔公司研究出了很多战略选择:建立巨大的存储芯片生产工厂,以对抗日本制造商的成本优势;投资研究与开发,设计出更加高级的存储芯片;撤退到日本制造商并不感兴趣的小市场上去。最后格罗夫认为,所有这些战略选择都不能为公司带来很好的前景,最好的长期解决方案是放弃存储芯片业务——尽管这块业务占英特尔公司收入的70%。然后,格罗夫将英特尔公司的全部生产能力用于为个人计算机开发更强大的微处理器(英特尔公司早在20世纪70年代的早期就已经开发出来了一种微处理器,由于微处理器市场竞争很激烈,生产能力过剩,所以英特尔公司才将公司的资源集中在存储芯片上)。

从存储芯片业务撤退,使英特尔公司在1986年承担了1.73亿美元的账面价值注销,并全力以赴参与微处理器业务。格罗夫所作的这项大胆的决策实际上给英特尔公司带来了一个新的战略使命:成为个人计算机行业微处理器最主要的供应商,成为推动个人计算机技术前进的一个无可争辩的领导者,使个人计算机成为公司和家庭应用的核心。因微处理器业务的成功转型,英特尔公司成为美国1996年盈利最大的5家公司之一。

问题与任务:

(1) 查阅相关资料,回答英特尔公司以前的使命是什么?它为什么要进行战略改变?

(2) 英特尔公司的竞争对手主要采用何种竞争策略?英特尔公司是如何应对的?

任务三　人力资源

一、人力资源概述及其政策

1. 人力资源的含义

现代企业竞争的关键在于人力资源的竞争。根据《企业内部控制应用指引第3号——人力资源》的定义，人力资源是指企业组织生产经营活动而录(任)用的各种人员，包括董事、监事、高级管理人员和全体员工。其本质是企业组织中各种人员所具有的脑力和体力的总和。人力资源对实现企业发展战略起到重要的智力支持作用。实现人力资源的合理配置，可以全面提升企业核心竞争力。

2. 人力资源政策

人力资源政策是企业为实现其人力资源管理目标而制定的有关人力资源的获取、开发、保持和利用的政策规定，通常涉及员工的聘用、培训、辞退与辞职，员工的薪酬、考核、晋升与奖惩，关键岗位员工的强制休假制度和定期岗位轮换制度等，旨在为企业提供合适的人才、建立良好的员工关系、保持员工的积极性和忠诚度，从而提高企业的竞争力，促进企业的长期发展。

3. 人力资源管理的重要性

(1) 良好的人力资源管理制度和机制是增强企业活力的内在源泉。

(2) 良好的人力资源管理制度和机制是提升企业核心竞争力的重要基础。"百年老店"经久不衰的根本原因大多在于具有良好的人力资源管理制度。

(3) 良好的人力资源管理制度和机制是实现企业发展战略的根本动力。企业发展战略决定了人力资源政策；反过来，良好的人力资源政策又对企业发展具有积极的促进作用。

4. 人力资源管理的主要问题

人力资源管理一般包括引进、开发、使用和退出四个方面。企业在人力资源管理的过程中至少应当关注下列风险：一是人力资源缺乏或过剩、结构不合理、开发机制不健全，可能导致企业发展战略难以实现；二是人力资源激励约束制度不合理、关键岗位人员管理不完善，可能导致人才流失、经营效率低下或关键技术、商业秘密和国家机密泄露；三是人力资源退出机制不当，可能导致法律诉讼或企业声誉受损。

二、人力资源的引进与开发

在内部控制方面，企业人力资源的引进和开发主要包含人力资源规划依据、人员引进程序控制、人员引进合同控制、引进人员岗前培训及试用期相关环节控制和员工培训环节控制。

(1) 企业人力资源规划依据。企业应当根据人力资源总体规划，结合生产经营实际需要，制定年度人力资源需求计划，完善人力资源引进制度，规范工作流程，按照计划、制度和程序组织人力资源引进工作。

(2) 企业人员引进程序控制。企业应当根据人力资源能力框架要求，明确各岗位的职责权限、任职条件和工作要求，遵循德才兼备、以德为先和公开、公平、公正的原则，通过公开招聘、竞争上岗等多种方式选聘优秀人才，重点关注选聘对象的价值取向和责任意识。企业选拔高级管理人员和聘用中层及以下员工，应当切实做到因事设岗、以岗选人，避免因人设事或设岗，确保选聘人员能够胜任岗位职责要求。

(3) 企业人员引进合同控制。企业确定选聘人员后，应当与员工依法签订劳动合同，建立劳动用工关系。对于在产品技术、市场、管理等方面掌握或涉及关键技术、知识产权、商业秘密或国家机密的工作岗位，企业应当与该岗位员工签订有关岗位保密协议，明确保密义务。

(4) 企业引进人员岗前培训及试用期相关环节控制。企业应当建立选聘人员试用期和岗前培训制度，对试用人员进行严格考察，促进选聘员工全面了解岗位职责，掌握岗位基本技能，适应工作要求。引进人员试用期满考核合格后，方可正式上岗；试用期满考核不合格者，应当及时解除劳动关系。

(5) 企业员工培训环节控制。企业应当重视人力资源开发工作，建立员工培训长效机制，营造尊重知识、尊重人才和关心员工职业发展的文化氛围，加强后备人才队伍建设，促进全体员工的知识和技能持续更新，不断提升员工的服务效能。

三、人力资源的使用与退出

人力资源具体作用主要体现在人力资源的使用环节，而人力资源的退出机制的良好实施也为人力资源健康运转提供保障。

在内部控制方面，企业人力资源的使用和退出主要包含考核体制控制、薪酬制度控制、轮岗制度控制、员工退出环节控制和人力资源体系评估。

(1) 企业考核体制控制。企业应当建立和完善人力资源的激励约束机制，设置科学的业绩考核指标体系，对各级管理人员和全体员工进行严格考核与评价，以此作为确定员工薪酬、职级调整和解除劳动合同等的重要依据，确保员工队伍处于优化状态。

(2) 企业薪酬制度控制。企业应当制定与业绩考核挂钩的薪酬制度，切实做到薪酬安排与员工贡献相协调，体现效率优先，兼顾公平。

(3) 企业轮岗制度控制。企业应当制定各级管理人员和关键岗位员工定期轮岗制度，明确轮岗范围、轮岗周期、轮岗方式等，形成相关岗位员工的有序持续流动，全面提升员工素质。

(4) 企业员工退出环节控制。企业应当按照有关法律法规规定，结合企业实际，建立健全员工退出(辞职、解除劳动合同、退休等)机制，明确退出的条件和程序，确保员工退出机制得到有效实施。企业对经考核不能胜任岗位要求的员工，应当及时暂停其工作，安排其再培训，或调整其工作岗位并安排转岗培训；企业对经调岗仍不能满足岗位职责要求的员工，应当按照规定的权限和程序解除劳动合同。企业应当与退出员工依法约定保守关键技术、商业秘密、国家机密和竞业限制的期限，确保知识产权、商业秘密和国家机密的安全。企业关键岗位人员离职前，应当根据有关法律法规的规定进行工作交接或离任审计。

（5）企业人力资源体系评估。企业应当定期对年度人力资源计划执行情况进行评估，总结人力资源管理经验，分析其中存在的主要缺陷和不足，完善人力资源政策，促进企业整体团队充满生机和活力。

> **思政园地**
>
> 在人力资源考核体制控制中，企业需要践行社会主义核心价值观之"平等和公正"。企业应当建立和完善人力资源的激励约束机制，设置科学的业绩考核指标体系。基于科学、公平的要求，设置考核内容，内容一般应涵盖员工的工作态度考评、工作能力考评、工作业绩考评、工作潜力考评和适应性考评等。考核程序也应严谨和公正，主要包括考核计划制订、考核计划审核、考核计划执行、考核结果调整、考核沟通渠道建立和考核记录制度建立等。

学中做

崇尚奋斗，不等于强制996

近日，"996"成为热点话题，阿里巴巴、京东等企业的负责人相继就"996"发表看法。"996"，是指工作从早上9点到晚上9点，一周工作6天，其代表着中国互联网企业盛行的加班文化。如何看待工作与休息、奋斗拼搏与加班文化、员工权利与企业治理，引发了全社会的广泛讨论。

有一个很有意思的现象：支持"996"的往往是老板们，而反对"996"的人则多为普通员工，吐槽"工作996，生病ICU""996加班公司黑名单""996有多苦"的话题轮番登上微博热搜。

今天，从梦想改变命运的个体，到在经济下行压力背景下负重前行的企业，再到我们这个正在进行复兴冲刺的民族，都仍然需要奋斗精神，需要艰辛劳动。但崇尚奋斗、崇尚劳动不等于强制加班，不能给反对"996"的员工贴上"混日子""不奋斗"的道德标签，而应该正视他们的真实诉求。

强制推行"996"，不仅解决不了企业管理中的"委托—代理"难题，还会助长"磨洋工"的顽疾。从企业家和创业者的角度来看，他们身上的极限奋斗精神是可贵的，但要考虑到，普通员工的位置不同，强制灌输"996"的加班文化，体现了企业管理者的傲慢，也不实际、不公平。事实上，这涉及企业管理的核心问题：如何才能最大限度地激励员工的工作积极性？把加班作为激励手段，这肯定是最简便易行的方法，但显然不是最有效的方法。"996"引发的讨论是一个反思互联网企业文化和管理机制的契机。

资料来源：
人民日报评论微信公众号。

问题与任务：

（1）从企业内部控制的角度，谈谈人力资源的重要作用，什么样的人力资源管理才能最大限度地激励员工的工作积极性？

（2）从人力资源引进和开发的角度，思考如何设计人力资源的相关制度控制。

任务四 社会责任

一、社会责任概述

1. 社会责任的含义

近年来,企业的社会责任越来越成为社会关注的焦点。《企业内部控制应用指引第4号——社会责任》指出,社会责任,是指企业在经营发展过程中应当履行的社会职责和义务,主要包括安全生产、产品质量(含服务)、环境保护、资源节约、促进就业、员工权益保护等方面。履行社会责任是企业应尽的义务,也是企业的光荣使命。我国作为发展中国家,一直在大力发展社会主义市场经济。企业作为重要的市场主体,创造利润或实现股东财富最大化固然重要,但如果不顾一切地追逐利润而不履行社会责任,显然不符合科学发展观与建设社会主义和谐社会的要求。

2. 社会责任的意义

企业应当重视履行社会责任,切实做到经济效益与社会效益、短期利益与长远利益、自身发展与社会发展相互协调,实现企业与员工、企业与社会、企业与环境的健康和谐发展。企业履行社会责任至少具有以下意义。

(1) 企业实现创造利润或财富与履行社会责任,是统一的有机整体。企业创造利润或财富,不断通过税收、红利、工资和产品等形式为国家、股东、员工及消费者提供福利,同时促进客户发展等,其本质都属于企业履行社会责任。在这一过程中,做到安全生产、提升产品质量、重视环境保护和资源节约、促进就业和保护员工权益,都属于企业直接为社会相关方面作出贡献。

(2) 履行社会责任是提升企业发展质量的重要标志,也是企业实现可持续长远发展的根本所在。随着我国经济的高速发展,我国正在进行经济增长方式的转变,其归根到底是要求提升发展质量问题。企业只有重视和履行社会责任,才能从根本上转变发展方式,提升发展质量,实现持续长远发展的目标。

(3) 企业履行社会责任,是打造和提升企业形象的重要举措。企业形象是指企业的社会认同度,包括国内认同度和国际认同度。企业应切实做到安全生产,产品质量第一,环境保护符合国家质量标准,促进社会就业等,从发展质量上下功夫,苦练内功,重视内涵式发展。将履行社会责任作为发展战略的重要组成部分,在认真履行社会责任的前提下实现发展目标,这样的企业才能从根本上改变和不断提升企业形象。

二、社会责任的履行

《企业内部控制应用指引第4号——社会责任》指出,企业至少应当关注在履行社会责任方面的以下风险,包括安全生产、产品质量、环境保护与资源节约、促进就业与员工权益保护等。

1. 安全生产

安全生产措施不到位,责任不落实,可能导致企业发生安全事故。安全生产,是指在生产经营过程中,为避免造成人员伤害和财产损失的事故而采取相应的事故预防和控制措施,以保证从业人员的人身安全,保证生产经营活动得以顺利进行的相关活动。具体来说,就是要做到以下几点。

(1)企业应当根据国家有关安全生产的规定,结合本企业实际情况,建立严格的安全生产管理体系、操作规范和应急预案,强化安全生产责任追究制度。企业应当设立安全管理部门和安全监督机构,负责企业安全生产的日常监督管理工作。

(2)企业应当重视安全生产投入,在人力、物力、资金、技术等方面提供必要的保障,健全检查监督机制,不得随意降低保障标准和要求,确保各项安全措施落实到位。

(3)企业应当贯彻预防为主的原则。一方面,企业应当采用多种形式增强员工安全意识,重视岗位培训,对特殊岗位实行资格认证制度;另一方面,企业应当加强生产设备的经常性维护管理,及时排除安全隐患。

(4)企业如果发生生产安全事故,应当按照安全生产管理制度妥善处理,排除故障,减轻损失,追究责任。重大生产安全事故应当启动应急预案,同时按照国家有关规定及时报告,严禁迟报、谎报和瞒报。

2. 产品质量

如果产品质量低劣,侵害消费者利益,可能导致企业面临巨额赔偿、形象受损,甚至破产。产品的质量是企业的生命。过硬的产品质量是企业得以在激烈的市场竞争中生存的关键。为此,企业要做到以下几点。

(1)企业应当根据国家和行业相关产品质量的要求,从事生产经营活动,切实提高产品质量和服务水平,努力为社会提供优质安全健康的产品和服务,最大限度地满足消费者的需求,对社会和公众负责,接受社会监督,承担社会责任。

(2)企业应当规范生产流程,建立严格的产品质量控制和检验制度,严把质量关,禁止缺乏质量保障、危害人民生命健康的产品流向社会。

(3)企业应当加强产品的售后服务。如果企业售后发现存在严重质量缺陷、隐患的产品,应当及时召回或采取其他有效措施,最大限度地降低或消除社会危害。企业应当妥善处理消费者提出的投诉和建议,切实保护消费者权益。

3. 环境保护与资源节约

环境保护投入不足,资源耗费大,造成环境污染或资源枯竭,可能导致企业面临巨额赔偿、缺乏发展后劲,甚至停业。环境是社会和经济发展的载体。把环境保护作为企业发展的生命线,把追求环境效益摆在重要位置,努力实现经济、社会、环境效益共赢,才是企业应有的选择。为此,企业要做到以下几点。

(1)企业应当按照国家有关环境保护与资源节约的规定,结合本企业实际情况,建立环境保护与资源节约制度,认真落实节能减排责任,积极开发和使用节能产品,发展循环经济,降低污染物排放,提高资源综合利用效率。企业应当通过宣传教育等有效形式,不断提高员工的环境保护和资源节约意识。

（2）企业应当重视生态保护，加大对环保工作的人力、物力、财力的投入和技术支持，不断改进工艺流程，降低能耗和污染物排放水平，实现清洁生产。企业应当加强对废气、废水、废渣的综合治理，建立废料回收和循环利用制度。

（3）企业应当重视资源节约和资源保护，着力开发利用可再生资源，防止对不可再生资源进行掠夺性或毁灭性开发。企业应当重视国家产业结构相关政策，特别关注生产结构调整的发展要求，加快高新科技开发和传统产业改造，切实转变发展方式，实现低投入、低消耗、低排放和高效率。

（4）企业应当建立环境保护和资源节约的监控制度，定期开展监督检查，发现问题，及时采取措施予以纠正。如果企业污染物排放超过国家有关规定，应当承担治理或相关法律责任。发生紧急、重大环境污染事件时，企业应当启动应急机制，及时报告和处理，并依法追究相关责任人的责任。

4. 促进就业与员工权益保护

促进就业和员工权益保护不够，可能导致员工积极性受挫，影响企业发展和社会稳定。促进员工就业是企业社会责任的重要体现。员工是企业生存发展的内在动力，企业应结合实际需要，在满足自身发展的情况下，为社会提供尽可能多的就业岗位。具体来说，就是要做到以下几点。

（1）企业应当依法保护员工的合法权益，贯彻人力资源政策，保持员工工作岗位相对稳定，促进充分就业，切实履行社会责任。企业应当避免在正常经营情况下批量辞退员工，增加社会负担。

（2）企业应当与员工签订并履行劳动合同，遵循按劳分配、同工同酬的原则，建立科学的员工薪酬制度和激励机制，不得克扣或无故拖欠员工薪水。企业应当建立高级管理人员与员工薪酬的正常增长机制，切实保持员工薪酬处于合理水平，维护社会公平。

（3）企业应当及时办理员工社会保险，足额缴纳社会保险费，保障员工依法享受社会保险待遇。企业应当按照有关规定做好健康管理工作，预防、控制和消除职业危害；按期对员工进行非职业性健康监护，对从事有职业危害作业的员工进行职业性健康监护。企业应当遵守法定的劳动时间和休息休假制度，维护员工的休息休假权利。

（4）企业应当加强职工代表大会和工会组织建设，维护员工合法权益，积极开展员工职业教育培训，创造平等发展机会。企业应当尊重员工人格，维护员工尊严，杜绝性别、民族、宗教、年龄等各种歧视，保障员工身心健康。

（5）企业应当按照产学研用相结合的社会需求，积极创建实习基地，大力支持社会有关方面培养、锻炼社会需要的应用型人才。

（6）企业应当积极履行社会公益方面的责任和义务，关心帮助社会弱势群体，支持慈善事业。

思政园地

对企业管理来说,履行社会责任是企业提高开拓能力的动力源泉。社会责任由经济责任、持续发展责任、法律责任和道德责任等构成。企业承担一定的社会责任,虽会在短期内增加经营成本,但无疑有利于企业树立良好的形象,形成企业的无形资产,进而形成企业的竞争优势,最终给企业带来长期潜在的利益。对社会责任的关注将促使企业对产品、设计、流程、管理和制度等环节进行创新,促进其盈利方式和增长方式的转变,通过提高生产效率、改变生产方式、拓宽创新领域、改善经营环境和发展循环经济,从而获得更大的利润。社会责任是企业利益和社会利益的统一,企业承担社会责任的行为,是维护企业长远利益、符合社会发展要求的一种"互利"行为,可以为其自身创造更为广阔的生存空间。

学中做

环保领域伪装乱象

近段时间,一些地方疑似以"伪装"方式应付环保检查的问题陆续曝光,引起广泛关注。

"山体喷绿"为哪般

"山体喷绿"现象并不新鲜。据媒体报道,前些年已有湖北省十堰市某房地产开发公司给裸露山体刷上油漆搞"假绿化"、广东省深圳市某村用涂绿漆的方式把秃山变"绿山"等事件发生。他们这么做的主要目的正是躲避和应付环保检查。

以2019年7月曝光的昌盛矿业给山体涂绿漆问题为例,据当地媒体报道,占地数十亩的石料厂周边,石头上全部被刷上了绿色油漆。石料厂会计介绍说,此举是为应对环保检查。一位卡车司机表示,这些绿漆是2018年刷的,航拍的时候能显示是绿色的。

尚存"争议"的是2019年9月曝光的三门峡开曼矿区"山体喷绿"问题。相关企业称,"喷绿"是为了解决高陡边坡抑尘问题,喷的是"液体抑尘剂"。当地于9月13日公布的初步调查结果显示,涉事企业未经审批,擅自进行试验性喷涂,政府已责令其停产整顿,全力配合调查。

曾进入开曼矿区的一名技术人员告诉记者,被喷绿的山体系涉事企业专用采区,由于露天作业,采完铝石后需要回填土方、还原植被,从照片上来看涉事企业应该是没有做。

"我觉得这种行为是为了应付检查,但主要目的不是躲避航拍。开曼矿区非常偏,靠近黄河边,过了河就是山西,离省道、国道都很远,进去的路非常难走,一般小车进不去。检查的时候,远处一看都是绿色的,不知道的就以为是种上树了。"该技术人员分析说。

"防航拍"产业链尤须警惕

与山体喷漆、摆盆景等简单粗暴的手段相比,正在形成的躲避环保检查产业链危害更甚。其中,最具代表性的产品当属一些电商平台推出的"防航拍"伪装网。

记者在某电商平台搜索"防航拍"关键词,随即显示众多的伪装网售卖店铺。记者按销量排序后发现,收货人数在 200 人以上的就多达 14 家,销量最大的一家显示有 22 906 人收货。尽管所售产品还有防晒遮阳等用途,但店铺广告图片中均突出"防违章航拍""专业屏蔽无人机"等字样,有的甚至承诺"航拍一次通过,拍到我赔钱"。

从卖家广告和买家好评来看,"防航拍"效果不错。其中,一家店铺晒出了"绿化工程铺装""厂房伪装""私建游泳池伪装""景区房屋伪装"等多个效果图。一名网友留言:"防航拍用的,已经全部安装上了,这下不用担心被拍到了,已经推荐给隔壁。"

记者以买家名义联系了一家店铺的客服人员,据其介绍,该公司所售伪装网不仅"防航拍",而且从卫星上看效果跟绿化效果一样;尺寸可定制,快的话两三天就能从浙江发货到北京。

"洽谈"中,记者索要到一张安装"防航拍"伪装网的效果图。实景拍摄的照片显示,裸露的山体断面上,一张巨大的伪装网正自上而下铺装,将褐色的山体包裹成绿色,看上去与山顶植被浑然一体。

文件造假、撒药迎检,终究难逃慧眼

记者从中央生态环境保护督察办公室了解到,在监督检查过程中,企图以弄虚作假方式瞒天过海的不乏其人。从某种意义上而言,其造假手段也是一种"伪装"。

各种造假手段中,相对容易"操作"的是伪造文件。2018 年夏天,中央生态环保督察组在对河南省范县进行督察时,通过调阅资料发现,《范县"十三五"煤炭消费总量控制工作实施方案》(以下简称《方案》)印发日期为 2017 年 5 月 7 日,竟比市里的相关文件早了半年,甚至比河南省的文件还提前了两个月,《方案》内容大量抄袭省市文件。经调查,《方案》系当地为了应付检查临时"补发"的。

更有甚者,一些地方通过伪造党委会会议纪要应付督察。2018 年 11 月,中央生态环保督察组下沉贵州省遵义市督察发现,播州区委向督察组提供了 10 份编造的区委常委会议纪要,声称每月都开展了生态环境保护方面的研究学习和工作部署。

与文件造假相比,通过"撒药治污"影响监测数据的方式颇具"技术含量"。据介绍,贵州省贵阳市及开阳县对洋水河流域总磷污染综合治理工作敷衍应付,在整改中,当地为了使监测断面水质达标,在上游安装撒药装置,通过直接添加絮凝剂的方式降低总磷浓度,污染物实际上仍留在河道中。

无独有偶,山东省潍坊市滨海开发区在围滩河的综合整治中,本应控制污染源、清理河道,却通过"一段一段地撒药"来应对验收,不仅耗费巨资,验收后水质也很快回落到劣 V 类标准。

资料来源:

绿漆刷山、盆栽式复绿、防航拍挂网,揭开环保领域伪装乱象 http://www.ccdi.gov.cn/toutiaon/201912/t20191223_96547.html.

问题与任务:

(1) 结合案例,思考企业履行社会责任与内部控制的关系是什么?

(2) 结合内部控制相关知识,思考企业在履行社会责任的过程中应关注哪些问题?

任务五 企业文化

项目三
任务五

一、企业文化概述

1. 企业文化的含义

企业文化,又称公司文化、组织文化和管理文化。人们普遍认为企业文化由物质文化、制度文化、精神文化三个层次构成。按照《企业内部控制应用指引第5号——企业文化》的规定,企业文化,是指企业在生产经营实践中逐步形成的价值观、经营理念和企业精神,以及在此基础上形成的行为规范的总称。

企业文化的作用巨大。美国管理学界在研究日本企业成功的原因时,发现日本企业内部有一种强大的精神。美国知名管理学教授威约翰·科特与其研究小组的研究成果表明:企业文化会促使企业产生极其优异的经营业绩。企业文化建设可以为企业提供精神支柱,可以提升企业的核心竞争力,还可以为内部控制有效性提供有力保证。

2. 企业文化的内容

企业文化的主要内容有思想内涵、企业价值观、行为规范和企业形象。

思想内涵包括企业哲学、经营理念和企业精神。企业哲学是企业理论化、系统化的世界观和方法论,是组织的全体成员共同对事物的一般看法,用于指导组织的生产、经营、管理等活动。经营理念是企业经营的指导思想,它来自管理者和组织成员对企业存在的意义、使命、发展方向和目标的认同,它直接决定了企业的经营行为。企业精神是指企业在生产经营实践活动中形成的,促进企业发展并能激发职工干劲的一种无形的力量。

企业价值观是企业文化的核心,是指企业评判事物和指导行为的基本信念、总体观点和选择方针。它是一种以组织为主体的价值取向,是企业成员共同的价值标准,决定和影响着企业存在的意义和目的。

行为规范包括企业正式制定的规章制度和基于非正式制度所形成的行为规范。正式制定的规章制度对组织成员行为具有一定的强制性,并能保证成员一定的权力。基于非正式制度所形成的行为规范对企业成员的规范作用也很大,有时甚至超过正式的规章制度所起的作用。

企业形象包括外部形象和内部形象,是企业文化的外在表现。外部形象主要是指企业的名称标志、建筑装饰、标语口号、文化仪式、知名度、美誉度等。内部形象主要是指企业风尚、工作氛围、设施摆放组合、装束等。

二、企业文化的构建

构建优秀的企业文化,是一个长期而复杂的系统工程,不可能一蹴而就。按照《企业内部控制应用指引第5号——企业文化》的要求,企业应关注以下几个方面。

1. 塑造企业核心价值观

企业文化建设应该以塑造企业核心价值观为主导。核心价值观是企业在经营过程中坚持不懈、努力使全体员工都信奉的信条,体现了企业核心团队的精神,往往也是企业家身体力行并坚守的理念。核心价值观是企业的灵魂,会渗透到企业行为的各个方面。企业应当根据发展战略和实际情况,总结优良传统,挖掘文化底蕴,提炼核心价值,确定文化建设的目标和内容,形成企业文化规范,使其构成员工行为守则的重要组成部分。

> **思政园地**
>
> 企业文化对公司的员工具有重大意义。企业价值观,是指企业在追求经营成功过程中所推崇的基本信念和奉行的目标,是企业文化的核心。简而言之,企业价值观就是企业决策者对企业性质、目标、经营方式的取向所作出的选择,是企业和员工在从事经营活动中所秉持的共同价值观念。我们应当对企业价值观有正确认知,将正确的人生观、价值观、道德观和法制观与企业价值观相结合。

2. 打造以主业为核心的品牌

打造以主业为核心的品牌,是企业文化建设的重要内容。品牌通常是指能够给企业带来溢价、产生增值的一种无形的资产,其载体是企业用来和其他竞争者的产品或服务相区分的名称、术语、象征、记号或者设计及其组合。品牌之所以能够增值,主要来自消费者脑海中形成的关于其载体的印象。品牌价值的核心是信誉,品牌管理的核心是对企业信誉的管理。

3. 充分体现"以人为本"的理念

"以人为本"是企业文化建设应当信守的重要原则。企业的"企"字是上"人"下"止",就是告诉人们,企业无人则止,企业无人不足以兴业。所以,一家企业经营得好坏关键看企业能不能聚人,能不能人尽其才,能不能才尽其用。有灵魂的企业,可以通过核心价值观、企业文化,使每个人都充分发挥自己的才能。

4. 强化企业文化建设中的领导责任

董事、监事、经理和其他高级管理人员应当在企业文化建设中发挥主导和模范作用,以自身的优秀品格和脚踏实地的工作作风,影响整个团队,共同营造积极向上的企业文化环境。企业应当促进文化建设在内部各层级的有效沟通,加强企业文化的宣传贯彻,确保全体员工共同遵守。

5. 重视企业文化融入生产经营全过程

企业文化建设应当融入生产经营全过程,切实做到文化建设与发展战略的有机结合,增强员工的责任感和使命感,规范员工行为方式,使员工的自身价值在企业发展中得到充分体现。企业应当加强对员工的文化教育和熏陶,全面提升员工的文化修养和内在素质。

三、企业文化的评估

首先,企业应当建立企业文化评估制度,明确评估的内容、程序和方法,落实评估责任制,避免企业文化建设流于形式。其次,企业文化评估应当重点关注董事、监事、经理和其他高级管理人员在企业文化建设中的责任履行情况、全体员工对企业核心价值观的认同感、企业经营管理行为与企业文化的一致性、企业品牌的社会影响力、参与企业并购重组各方文化的融合度,以及员工对企业未来发展的信心。最后,企业应当重视企业文化评估的结果,巩固和发扬文化建设成果,针对评估过程中发现的问题,研究影响企业文化建设的不利因素,分析深层次的原因,及时采取措施加以改进。

 学中做

沃尔玛的企业文化建设

沃尔玛

沃尔玛非常尊重员工,主要体现在其实行了一套全新的管理理念——公仆领导。顾客永远是对的,也永远是第一位的,而员工作为与顾客直接打交道的人,其精神状态、服务态度和行为方式至关重要。因此,沃尔玛员工没有上下级之分,领导的工作就是指导、关心、支援、服务员工,营造了一个上下平等的气氛,真正地做到了为员工服务。其次,沃尔玛有一系列的精神激励举措。例如,对优秀的管理售货员授予"山姆·沃尔顿企业家"的称号;在商店的橱窗中悬挂先进员工的照片;经理人员的纽扣上都有"我们关心我们的员工"字样;每年公司的股东(大)会会大张旗鼓地举行颁奖活动,向优秀员颁发多类奖项;等等。由此可见,沃尔玛把企业的文化建设放在企业内部控制中的重要位置。

资料来源:
庄宜佩.沃尔玛企业文化分析及其对中国企业文化构建的启示[D].浙江工业大学,2012.

问题与任务:
(1) 结合案例,思考企业文化构建与内部控制的关系是什么?
(2) 结合内部控制相关知识,思考企业在文化构建的过程中应关注哪些问题?

 项目回顾

通过完成本项目的学习任务,了解组织架构的定义,了解组织架构的两个层面及其关系,理解发展战略的定义,理解发展战略的制定,理解人力资源的定义,了解企业社会责任及其意义,了解企业文化,掌握内部环境的构成要素、内容及其作用,掌握企业文化的意义,掌握诚信和道德价值观的含义。

 项目同步知识与技能训练

一、单项选择题

1. 董事、监事、经理和其他高级管理人员应当在(   )建设中发挥主导和模范作用,以自身的优秀品格和脚踏实地的工作作风,影响整个团队,共同营造积极向上的企业文化环境。

A. 组织架构　　　　B. 发展战略　　　　C. 企业文化　　　　D. 内部控制
2. (　　)是指企业按照国家有关法律法规、股东(大)会决议和企业章程,结合本企业实际,明确股东(大)会、董事会、监事会、经理层和企业内部各层级机构设置、职责权限、人员编制、工作程序和相关要求的制度安排。
   A. 组织架构　　　　B. 发展战略　　　　C. 岗位责任　　　　D. 内部控制
3. 为了实现发展目标而制定的具体规划,表明企业在每个发展阶段的具体目标、工作任务和实施路径,这指的是(　　)。
   A. 发展目标　　　　B. 战略规划　　　　C. 企业战略　　　　D. 企业规划
4. 企业的(　　)政策应当科学、规范、公平、公开、公正,旨在利于调动员工在内部控制和经营管理活动中的积极性、主动性和创造性。
   A. 组织架构　　　　B. 内部控制　　　　C. 人力资源　　　　D. 企业文化
5. (　　)可以为企业找准市场定位。定位准了,企业才能赢得市场。它也是企业执行层的行动指南,描绘了企业未来经营方向和目标纲领。
   A. 人力资源　　　　B. 发展战略　　　　C. 企业文化　　　　D. 社会责任
6. 企业应当制定各级管理人员和关键岗位员工定期轮岗制度,明确轮岗范围、轮岗周期、轮岗方式等,形成相关岗位员工的有序持续流动,全面提升员工素质。这属于(　　)。
   A. 企业考核体制控制　　　　　　　　B. 企业员工退出环节控制
   C. 企业薪酬制度控制　　　　　　　　D. 企业轮岗制度控制
7. 企业组织生产经营活动而录(任)用的各种人员,包括董事、监事、高级管理人员和一般员工,其本质是企业组织中各种人员所具有的脑力和体力的总和,这指的是(　　)。
   A. 人力资源　　　　B. 企业劳动力　　　C. 企业员工　　　　D. 人脉资源
8. 企业在经营过程中坚持不懈、努力使全体员工都必须信奉的信条,体现了企业核心团队的精神,其往往也是企业家身体力行并坚守的理念,这说的是(　　)。
   A. 企业的管理理念　　　　　　　　　B. 总经理的信念
   C. 企业的核心价值观　　　　　　　　D. 法律法规
9. 对企业社会责任管理体系的构建起到关键作用的是(　　)。
   A. 企业高管人员　　　　　　　　　　B. 企业的全体员工
   C. 政府的强制要求　　　　　　　　　D. 社会的呼吁
10. 为企业提供精神支柱,提升企业的核心竞争力,还可以为内部控制有效性提供有力保证的是(　　)。
    A. 企业的规章制度　　　　　　　　　B. 企业文化
    C. 管理层的管理理念　　　　　　　　D. 管理者与员工的关系

二、多项选择题
1. 内部机构的设计是组织结构设计的关键环节。内部机构的设计应满足的要求包括(　　)。
   A. 明确各机构的职责权限,避免职能交叉、缺失或权责过于集中,形成各司其职、各

负其责、相互制约、相互协调的工作机制

B. 企业应当对各机构的职能进行科学合理的分解,确定具体岗位的名称、职责和工作要求等,明确各个岗位的权限和相互关系

C. 企业应当制定组织结构图、业务流程图、岗(职)位说明书和权限指引等内部管理制度或相关文件,使员工了解和掌握组织架构设计及权责分配情况,正确履行职责

D. 企业对机构的职能无须进行科学合理的分解,而是要体现不相容岗位相分离原则,努力识别出不相容职务

E. 对于不相容的职务,企业可以不进行分解,派一个人兼任即可

2. 企业在发展过程中履行社会责任的意义有( )。
  A. 履行社会责任是政府的强制要求
  B. 企业是在价值创造过程中履行社会责任
  C. 履行社会责任可以提高企业经济效益
  D. 履行社会责任可以实现企业可持续发展
  E. 履行社会责任必然会导致企业的竞争力下降,但会提高企业的社会形象

3. 影响企业发展战略的因素包括( )。
  A. 企业经营环境变化的风险   B. 科学技术发展的风险
  C. 走向国际化的风险   D. 企业内部发展的风险
  E. 资本运营的风险合

4. 人力资源管理中的主要风险包括( )。
  A. 人力资源缺乏或过剩、结构不合理、开发机制不健全,可能导致企业发展战略难以实现
  B. 人力资源市场供大于求
  C. 人力资源退出机制不当,可能导致法律诉讼或企业声誉受损
  D. 人力资源激励约束制度不合理、关键岗位人员管理不完善,可能导致人才流失、经营效率低下或关键技术、商业秘密和国家机密泄露
  E. 人力资源的来源渠道不明

5. 企业制定科学合理的发展战略的重要意义体现在( )。
  A. 发展战略可以为企业找准市场定位
  B. 发展战略是企业执行层的行动指南
  C. 发展战略是内部控制的最高目标
  D. 没有发展战略,企业就不会成功
  E. 发展战略是企业发展的基础

三、判断题

1. 完善的内部环境是企业内部控制有效性的保障,有效的内部控制又将推进内部环境的不断完善。( )

2. 治理结构主要服务于实现企业发展战略,保证企业经营合法合规;而内部机构则主要服务于另外三类控制目标,即保证企业资产安全,保证财务报告及相关信息真实完

整,提高经营效率和效果。因此两者是相互区别的,并没有联系。（ ）
3. 发展战略是企业在对现实状况和未来趋势进行综合分析和科学预测的基础上,制定并实施的中长期发展目标与战略规划。（ ）
4. 宏观环境分析一般通过政治和法律环境、经济环境、社会和文化环境、技术环境等因素分析企业所面临的状况。（ ）
5. 要确保发展战略有效实施,加强组织领导是关键。企业董事会作为发展战略制定的直接参与者,往往比一般员工掌握更多的战略信息,对企业发展目标、战略规划和战略实施路径的理解和体会也更加全面深刻,应当担当发展战略实施的领导者。（ ）
6. 人力资源管理主要包括引进、开发、使用和退出四个方面。（ ）
7. 员工终止雇佣关系后就不再和原受雇公司有任何关系,因此,其也就没有义务再保护原受雇公司的机密信息。（ ）
8. 企业文化是指企业在生产经营实践中逐步形成的价值观、经营理念和企业精神,以及在此基础上形成的行为规范的总称。（ ）
9. 可能导致并购重组失败的一个重要原因是并购双方忽视企业间的文化差异和理念冲突。（ ）
10. 企业的社会责任包括安全生产、产品质量(含服务)、环境保护、促进就业、员工权益保护和资源节约等方面。（ ）

四、案例分析题

法国兴业银行的巨额损失

法国兴业银行创建于1864年,是世界上最大的银行集团之一,有55 000名雇员在法国的2 600个网点及世界上80个国家和地区的500个机构里,为客户提供从传统商业银行业务到投资银行业务的全面、专业的金融服务。然而就是这样一家声名显赫的银行,却在2008年年初因为一个底层交易员的违规交易而险些倒闭。此事件堪称"法国历史上最大的金融悲剧"。

2008年1月,期货交易员杰罗姆·科维尔在未经授权情况下大量购买欧洲股指期货,形成49亿欧元(约71亿美元)的巨额亏空,创下世界银行业迄今为止因员工违规操作而蒙受的单笔最大金额损失纪录,触发了法国乃至整个欧洲的金融震荡并波及全球股市暴跌。科维尔进入法国兴业银行后,负责信贷分析、审批、风险管理、计算机交易盈亏,他积累了关于风险控制流程的丰富经验。5年后,他进入前台部门工作,负责欧洲股市指数期货的坐盘交易,这是法国兴业银行最擅长的衍生品交易,也是风险最大的品种。科维尔从事的交易是与客户不直接相关的交易,他负责基本的对冲欧洲股市的股指期货交易,是一种短线交易。科维尔进行了一系列的精心策划,采用真买假卖的方式,将这种短线交易做成了长线交易。利用高度相关的资产价格的分歧,在大涨或是大跌时,用高达500亿欧元的资金来获取价差。为了隐瞒自己的虚假交易,科维尔连续屏蔽了银行对交易操作性质的检验、监控。科维尔的上司本可以发现他的错误,但出于对业绩考核的顾虑,还是让他以假证据过了关。这样的企业文化在为企业带来丰厚利润的同时,也埋下了危险的种子。

法国兴业银行的内部控制环境和公司激进的企业文化是这起事件的幕后"元凶",而管理人员特别是监控人员的失职则是这次事件的间接帮凶。从某种意义上讲,科维尔的悲剧是弥漫着贪欲和怂恿人们为追求高额利润铤而走险的金融体系造成的。银行交易员的最终薪水与其给公司带来的效益直接挂钩,交易员从交易盈利中分得的奖金是他工资高低的决定性因素。这样的制度无疑会增强交易员的积极性,但是过度挂钩的比例,也使交易员对于风险的把控失去了原则。

当2008年年初科维尔的虚假交易被法国兴业银行查出来的时候已经为时已晚,法国兴业银行为此损失了近49亿欧元,险些破产。法国兴业银行这场悲剧虽已过去,但是启示深远。企业的文化建设和内部控制对于企业来说是一个永恒的话题。

问题:

(1) 请查阅相关资料,探析法国兴业银行有着怎样的企业文化。

(2) 结合企业文化建立过程中的常见问题,谈谈企业应当如何建立企业文化。

项目四　企业业务活动的内部控制

学习目标

一、理论知识目标
1. 熟悉企业资金活动内部控制制度建设。
2. 掌握企业采购业务内部控制制度建设。
3. 掌握企业销售业务内部控制制度建设。
4. 熟悉企业资产管理内部控制制度建设。
5. 熟悉企业财务报告内部控制制度建设。
6. 了解企业研究与开发内部控制制度建设。
7. 了解企业业务外包内部控制制度建设。
8. 了解企业担保业务内部控制制度建设。
9. 了解企业工程项目内部控制制度建设。

二、职业素养目标
1. 能够根据企业业务实际情况,设计企业主要业务内部控制制度。
2. 能够科学梳理业务流程,明确相关业务环节。
3. 能够分析业务风险,确定业务主要风险点,采取合理的控制措施。
4. 能够就企业内部控制建设情况进行较全面的评价。

关键概念

筹资活动	投资活动	资金营运	采购业务
资产管理	销售业务	研究与开发	工程项目
担保业务	财务报告		

知识导览

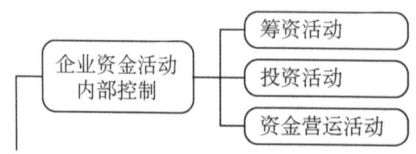

项目四　企业业务活动的内部控制

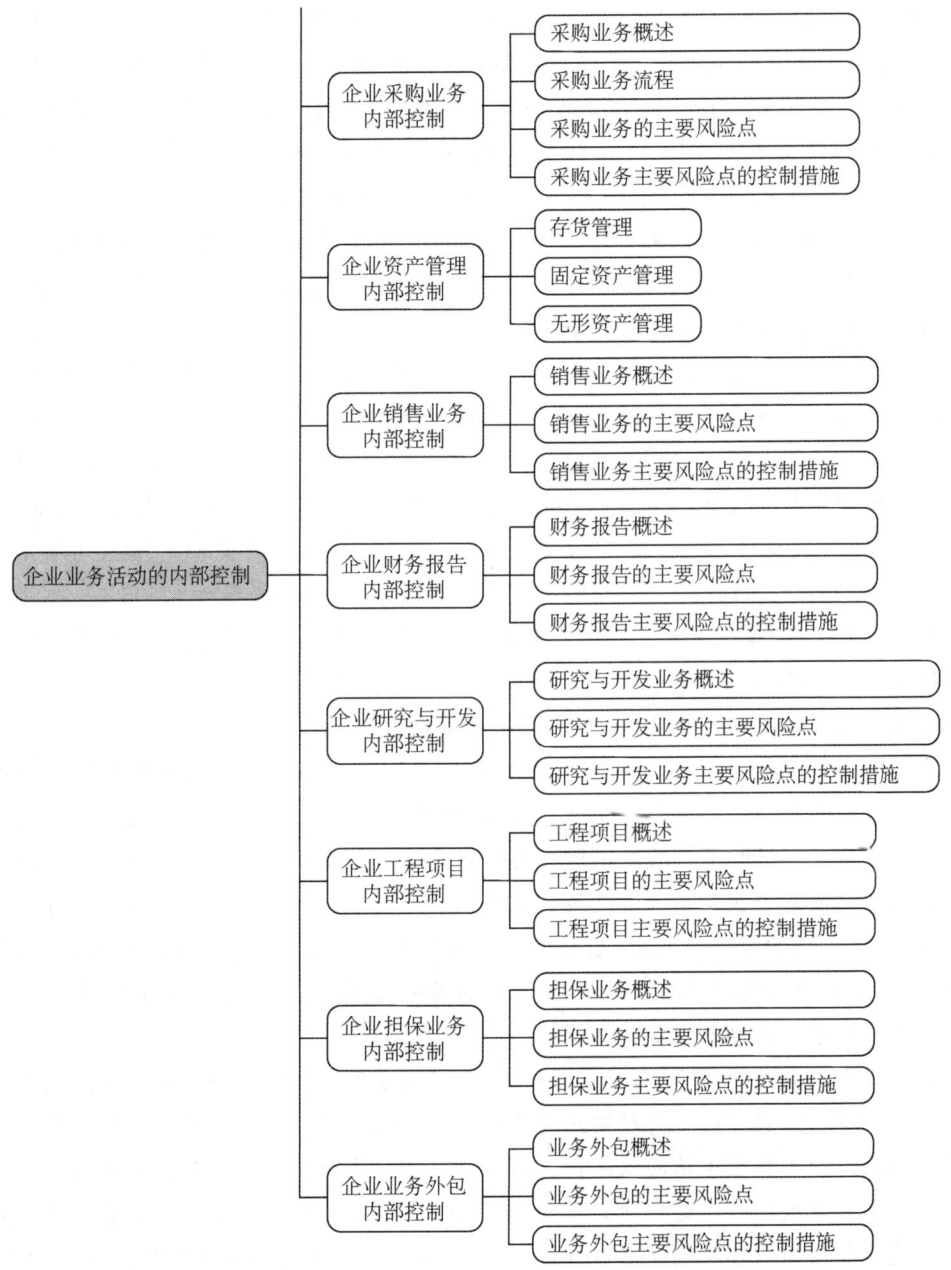

引例　长生生物强制退市背后：内部控制存在重大缺陷

长春长生生物科技有限责任公司（以下简称长生生物）于1992年8月27日成立。2018年7月15日，国家药品监督管理局通报：长春长生生物科技有限责任公司违法违规生产"冻干人用狂犬病疫苗"。2018年7月16日，长生生物发布公告，对有效期内所有批次的"冻干人用狂犬病疫苗"全部实施召回，同时该公司的相关产品证书也被收回。随后，长生生物董事长等18名犯罪嫌疑人被批捕，该公司名下34个银行账户全部遭冻结，28亿元投资项目被暂停。2018年9月,吉林省高新技术企业认定管理机构研究决定,从2017年度起取消长春长生生物科技有限责任公司高新技术企业资格。2018年10月16日,国家药监局和原吉林省食药监局分别对长生生物作出多项行政处罚,长生生物被处罚款91亿元。此外,深圳证券交易所于2018年11月16日启动对长生生物重大违法强制退市机制。2019年1月14日,该公司收到深圳证券交易所重大违法强制退市决定。

长生生物"疫苗造假"案件暴露出该公司内部控制存在重大缺陷。长生生物2017年度营业收入15.53亿元,较之2016年的10.18亿元,增长了52.60%,2015年重组后近三年(2015—2017年,下同)的平均复合增长率达到39.74%。该公司2017年度净利润为5.68亿元,较之2016年的4.29亿元,增长了32.45%,近三年平均复合增长率为39.17%。该公司2017年度销售费用为5.83亿元,占销售收入的37.53%,同比增长152.52%,远高于当年营业收入52.60%的增幅,也远高于同行业公司平均水平。然而,长生生物的销售人员仅有25人,5.83亿元的销售费用分摊至仅有的25名销售人员,平均每个销售人员就要花掉2331.85万元,这个数据无法令人信服。2017年度,该公司研发投入1.22亿元,占营业收入的7.83%,研发人员为153人,占公司员工总数14.96%。公司的研发投入远低于可比疫苗上市公司研发经费平均投入水平,而销售费高达5.83亿元。可见长生生物不注重研发,反而更加注重销售,更加激进地追求利润最大化。

针对长生生物的上述情况,深圳证券交易所在第一时间采取相应的监管措施:首先,对长生生物的情况进行了电话问询,要求该公司立即对通报事项进行披露并作出相关回应,与此同时,连续两次向该公司发出关注函,力求督促该公司核实涉事产品的具体情况、重大事项披露是否及时及行政处罚对公司的影响;其次,要求该公司根据药监部门的现场督查情况及时披露进展及履行信息披露义务;此外,在事件前期,深圳证券交易所在对该公司2017年年报的审查过程中,已经重点关注到该公司疫苗销售费大幅增长、研发支出异于同行、大额购买理财产品等情况,已经向该公司发出年报相关的问询函,要求该公司补充说明相关事项并对外披露。

深圳证券交易所于2018年7月20日公开表示:经对长生生物信息披露情况的全面梳理、核查后发现,该公司未及时披露被有关机关调查的相关信息,该公司的内部控制存在重大缺陷。由于长生生物的上述行为涉嫌违反相关规定,深圳证券交易所已启动对该公司及相关当事人的公开谴责的纪律处分程序。可见,长生生物在销售业务和研究开发等环节有着严重的内部控制缺陷,进而导致其产品安全无法得到保证。那么,长生生物又应该如何进行企业的内部控制缺陷整改呢?

资料来源:
2018年7月20日"中国新闻网"的报道,"深交所公开谴责长生生物:内部控制存在重大缺陷"。

2010年,财政部等五部委联合发布的18项企业内部控制应用指引中涉及企业业务活动的一共有9项,具体包括资金活动、采购业务、资产管理、销售业务、研究与开发、工程项目、担保业务、业务外包、财务报告等,本章将从业务层面对这9项业务活动的内部控制进行重点讲解。

任务一 企业资金活动内部控制

项目四
任务一

资金是企业生产经营循环的血液,是企业生存和发展的基础,决定着企业的竞争能力和可持续发展能力。资金活动是企业筹资、投资和资金营运等活动的总称。筹资活动的业务流程主要包括拟订筹资方案、筹资方案论证、筹资方案审批、筹资计划编制与实施等。投资活动的业务流程主要包括拟订投资方案、可行性论证、决策审批、投资计划编制与实施及投资处置。资金营运活动主要是指从资金流入形成货币资金开始,经过采购业务、生产业务、销售业务、还本付息、利润分配及交税等不断循环的过程。资金活动业务流程如图 4-1 所示。

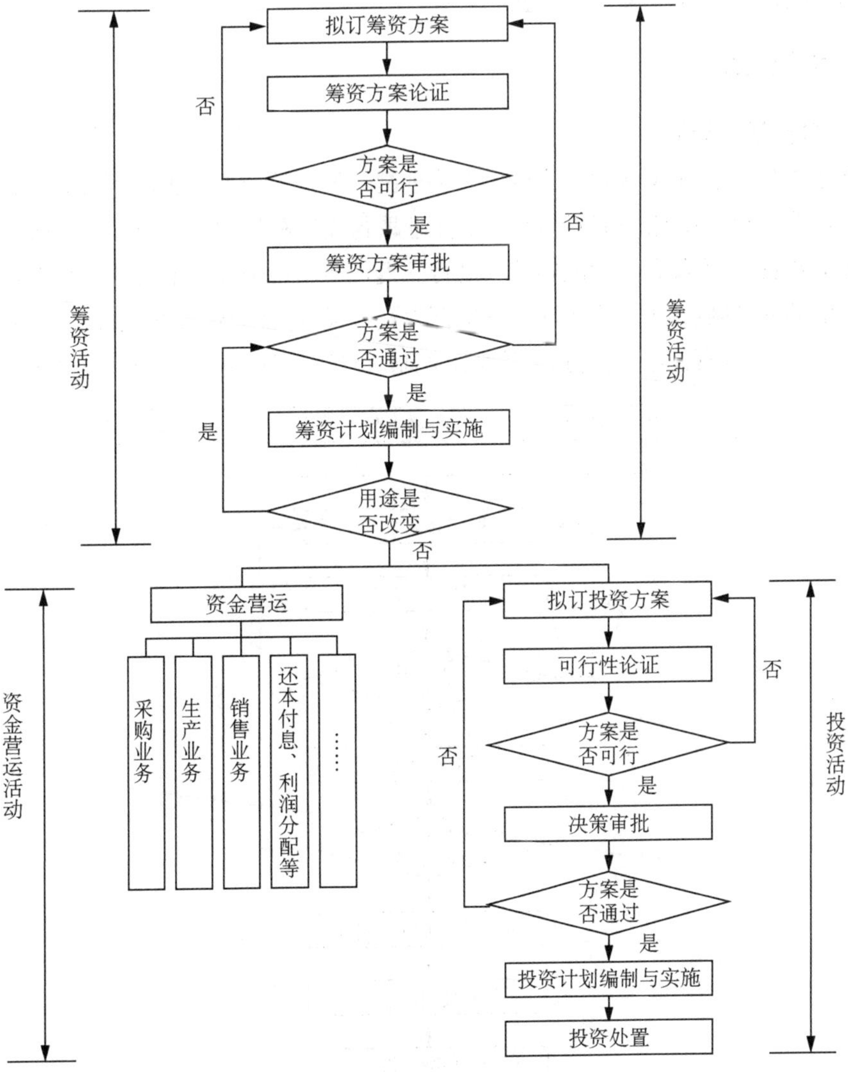

图 4-1 资金活动业务流程图

企业资金活动中可能存在的重要风险,主要包括:①筹资决策不当,引发资本结构不合理或无效融资,可能导致企业筹资成本过高或债务危机;②企业投资决策失误,引发盲目扩张或丧失发展机遇,可能导致资金链断裂或资金使用效益低下;③资金调度不合理、营运不畅,可能导致企业陷入财务困境或资金冗余;④资金活动管控不严,可能导致资金被挪用、侵占、抽逃或遭受欺诈,最终可能导致企业价值受损。《企业内部控制应用指引第6号—资金活动》明确要求,企业应当建立健全资金活动内部控制以规范资金活动过程中涉及的各种行为,防范业务过程中可能出现的错弊,这对于企业的生存和可持续发展具有重要的意义。资金活动的内部控制目标就是控制资金风险,为企业成功经营提供合理保障,具体包括:①合规有效筹措资金,满足生产经营活动需要。②合理有效使用资金,提高资金的使用效率及效果。③正确计量核算资金活动,如实反映资金状况。④加强资金监管,防范资金流失,确保资金安全完整。

一、筹资活动

(一) 筹资活动概述

企业组织生产运动,必须以一定的资金为前提。筹资活动是企业资金活动的起点,也是企业整个经营活动的基础。通过筹资活动,企业取得投资和日常生产经营活动所需的资金,从而使企业投资、生产经营活动能够顺利进行。筹资活动是企业资金活动的起点,也是企业整个经营活动的基础,其主要业务环节有拟订筹资方案、论证筹资方案、审批筹资方案、筹资计划编制与实施、筹资使用与偿付、会计系统控制、评价与责任追究等,如图4-2所示。

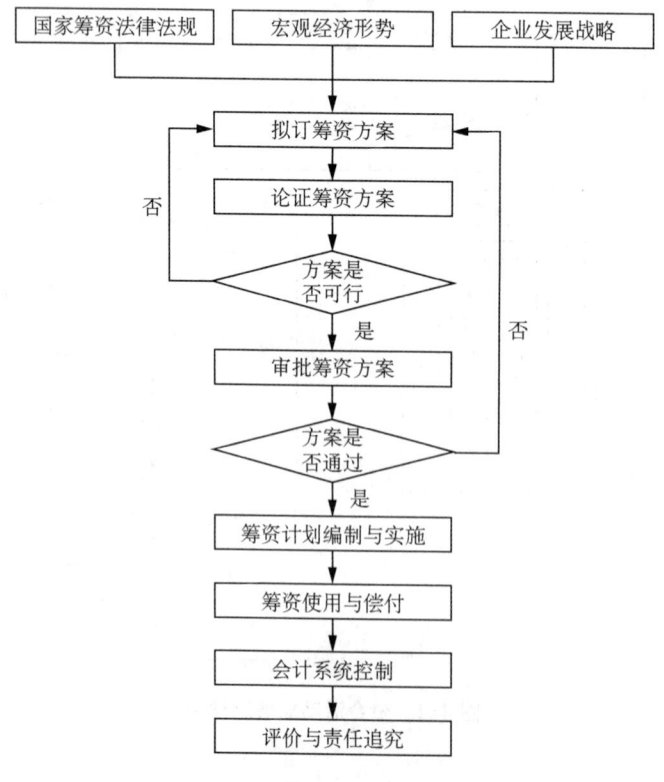

图4-2 筹资活动业务流程图

筹资活动的内部控制，不仅决定着企业是否能够筹集到投资、生产经营及未来发展所需的资金，还决定着筹资成本和筹资风险，进而影响企业的发展状况。在筹资过程中，企业一方面要确定筹资的总规模以保证投资所需要的资金；另一方面要通过筹资渠道、筹资方式或工具的选择，合理确定筹资结构，以降低筹资成本和风险。

（二）筹资活动的主要风险点

企业在相应的内部控制活动中应注意识别关键风险点，设计相关内部控制制度，有效地进行风险控制。筹资活动的主要风险包括以下几个方面。

1. 缺乏完整的筹资战略规划

企业未能对筹资活动作出完整的战略规划，缺乏对目标资本结构的清晰认识，容易导致盲目筹资，使企业资本结构、资金来源结构、利率结构等处于频繁变动中，给企业的生产经营带来巨大的财务风险。

2. 缺乏对企业资金现状的全面认识

企业未能全面深入地了解资金现状，导致无法正确评估资金的实际需求量及期限等，容易造成筹资过度或者筹资不足，降低资金的利用效率，加大企业财务风险。

3. 缺乏完善的授权审批制度

企业未能建立完整的授权审批制度，未对筹资方案进行严格把关，可能导致未能及时发现筹资方案潜在风险，给企业经营埋下隐患；未能对重大的筹资方案实行集体审批，可能导致决策错误或发生舞弊行为，给企业造成损失。

4. 无法保证支付筹资成本

企业未能合理安排资金，无法按期足额支付债权人利息，给股权投资者报酬过低，将会导致债权人收回借款或不再续借，股权投资者抛售股票等，给企业的经营带来不利影响。

5. 缺乏严密的跟踪管理制度

企业未能对筹资活动进行持续的监督管理，可能会使资金管理失控，导致企业遭受财务损失，也可能导致企业因没有及时支付利息而被银行罚息，这些都会使得企业面临不必要的财务风险。

（三）筹资活动主要风险点的控制措施

筹资活动的主要风险点隐藏在各个环节。筹资活动主要风险点的控制措施主要对拟订筹资方案、筹资方案论证、筹资方案审批、计划与执行筹资活动、使用与偿付筹资、会计系统控制和评价与责任追究筹资活动等业务环节进行控制。筹资活动的业务流程如图4-2所示。

1. 拟订筹资方案环节的控制

筹资方案的拟订就是要明确筹资方案的内容及确定筹资方案应考虑的企业内外部因素，如法律法规、经济形势、企业发展战略等。一般由财务部门根据经营和发展战略的资金需要，确定融资战略目标和规划，结合年度经营计划和预算安排，提出筹资方案，明确筹资用途、规模、结构和方式等相关内容；企业提出筹资方案的同时还应与其他生产经营相关业务部门沟通协调，保证资金筹集和使用相互协调一致，避免两者发生脱节。

2. 论证筹资方案环节的控制

对筹资方案进行评估就是对企业财务部门提出的各种筹资方案，采用科学的方法进行判断、分析和论证,评价各筹资方案的优劣。企业应当对筹资方案进行科学论证,不得依据未经论证的方案开展筹资活动。企业对重大筹资方案应当形成可行性研究报告,全面反映风险评估情况。企业可以根据实际需要,聘请具有相应资质的专业机构进行可行性研究。

筹资方案的论证应从战略评估、经济性评估和风险评估三个方面进行。

(1) 筹资方案的战略评估。筹资的目的是满足企业经营发展需要,因此,战略评估主要评估筹资方案是否符合企业整体发展战略,筹资规模是否适当等。既不可盲目筹集过多资金,因为资金都是有成本的,资金闲置会增加企业财务负担;也应避免因筹资不足影响投资和生产经营活动的开展。

(2) 筹资方案的经济性评估。企业应合理地选择筹资方式及筹资期限,主要分析筹资方案是否经济,是否以最低的筹资成本获得所需资金。在风险相同的情况下,应尽可能地降低筹资成本。在判断筹资期限时企业也应考虑实施战略过程中资金的流入量和流出量,避免过长或过短,从而导致资金闲置或多次筹资。

(3) 筹资方案的风险评估。企业筹资风险主要有筹集资金不能落实,筹资成本过大,筹资金额达不到预期效益,以及使公司偿债能力下降或丧失。企业应对筹资方案面临的风险,如利率、汇率、宏观经济形势、货币政策等因素进行预测分析,并对可能出现的风险采取有效的防范措施。

3. 审批筹资方案环节的控制

企业筹资方案的确定要经过严格的审批程序。企业应当按照分级授权审批的原则对筹资方案进行严格审批,重点关注筹资用途的可行性和相应的偿债能力。对于重大筹资方案,应当按照规定的权限和程序实行集体决策或者联签制度。筹资方案需经有关部门批准的,应当履行相应的报批程序。筹资方案发生重大变更的,应当重新进行可行性研究并履行相应的审批程序。

4. 计划编制与实施筹资环节的控制

企业应根据批准的筹资方案制订严密的筹资计划,严格按照规定权限和筹资计划筹集资金。企业筹资的方式主要有银行借款、发行债券和发行股票等。

(1) 企业通过银行借款方式筹资,应当与有关金融机构进行洽谈,明确借款规模、利率、期限、担保、还款安排、相关的权利义务和违约责任等内容。双方达成一致意见后,签署借款合同,并据此办理相关借款业务。

(2) 企业通过发行债券方式筹资,应当合理选择债券种类,对还本付息方案作出系统安排,确保按期、足额偿还到期本金和利息。

(3) 企业通过发行股票方式筹资,应当依照《中华人民共和国证券法》等有关法律法规和证券监管部门的规定,优化企业组织架构,进行业务整合,并选择具备相应资质的中介机构协助企业做好相关工作,以确保符合股票发行条件和要求。

5. 筹资使用与偿付环节的控制

企业应当严格按照筹资方案确定的用途使用资金,防范和控制资金使用的风险。

(1) 筹资的使用。企业财务部门需要对筹资方案确定的资金用途和资金使用流向进行监控,不得擅自改变资金用途,防范和控制挪用、坐支资金,以免产生融资风险。因市场环境变化等特殊情况导致确需改变资金用途的,应当履行审批手续,并对审批过程进行完整的书面记录。

(2) 筹资的偿付。企业应当建立筹资业务偿付环节的控制制度,对支付偿还本金、利息、股利等步骤、偿付形式等作出计划和预算安排,并正确计算、核对,确保各项款项偿付符合筹资合同的规定。企业应当按照筹资方案或合同约定的本金、利率、期限、汇率及币种,准确计算应付利息,与债权人核对无误后按期支付。企业应当选择合理的股利分配政策,兼顾投资者近期和长远利益,避免分配过度或不足。股利分配方案应当经过股东(大)会批准,企业对股利分配方案需按规定履行披露义务。

6. 会计系统控制环节的控制

企业对筹资业务的处理,应当符合企业会计准则制度的规定。企业应当建立筹资业务的记录、凭证和账簿,按照国家统一的会计准则和制度,正确核算和监督资金筹集、本息偿还、股利支付等相关业务。妥善保管筹资合同或协议、收款凭证、入库凭证等资料,定期与资金提供方进行账务核对,确保筹资活动符合筹资方案的要求。

7. 评价与责任追究环节的控制

企业应严格按照筹资方案确定的用途使用资金,确保款项的收支、股息和利息的支付、股票和债券的保管等符合有关规定。筹资活动完成后,企业要按规定进行筹资后评价,如果存在违规现象,应严格追究相关责任人责任。

知识链接

筹资活动中的常见弊端

筹资活动中的常见弊端主要有:①筹资无预算,盲目操作。有的企业无合理的借款计划,片面认为只要借得到钱就是有本领;有的企业编制的计划不合理,甚至预算根本不可行,因此,财务人员陷入"拆东墙、补西墙"的筹资困境。②资金使用不合理,资金成本高,资金收益率低。有的企业对借款使用不当,不按规定用途使用借款,长期占用或挪用借款的情况比较严重。③高额负债,经济效益下降。有的企业长期负债经营,资产负债率居高不下,财务风险逐渐加大;有的企业息税前资产利润率高于负债利率,经济效益每况愈下,财务状况不断恶化。④筹资活动不规范。有的企业未经批准通过内部集资,不符合法定手续;有的集团内部企业之间借贷资金、隐匿资金、转移资金。⑤利息计算与账务处理不合理。有的企业利息计算不正确,账务处理不规范,利用利息调节利润。⑥不按期还本付息。有的企业不能按照借款合同上的规定还本付息,甚至通过不支付利息或不归还本金"制约"债权人。⑦凭证管理不规范。有的企业对未发行的筹资凭证保管不善,造成遗失或被盗;对已回收的筹资凭证不及时注销,造成被多次使用的风险。

 学中做

黑龙江省完达山股份有限公司的筹资内部控制制度案例及分析

完达山公司筹资内部控制制度

(第××章 筹资内部控制制度)

第一节 总则

第一条 为了加强对黑龙江省完达山股份有限公司(以下简称本公司或公司)筹资活动的内部控制,保证筹资活动的合法性和效益性,根据《中华人民共和国会计法》等相关法律法规,结合本公司的实际情况制定本制度。

第二条 本制度所称筹资是指本公司通过借款、发行公司债券和股票三种方式取得货币资金的行为。

第三条 公司筹措资金应比较各种资金筹措方式的优劣和筹资成本的大小,要讲求最佳资本结构,确定所需资金如何筹措。

第四条 筹资业务的授权人和执行人、会计记录人之间应相互分离。

第五条 重大筹资活动必须由独立于审批人之外的人员审核并提出意见,必要时可聘请外部顾问。

第二节 分工及授权

第六条 本公司的筹资活动集中在公司总部进行。2 000万元以上的借款计划由本公司董事会或股东(大)会审议批准,500万—2 000万元的借款计划由本公司总裁班子集体审批,500万元以下的借款计划由本公司主管财务工作的总裁班子成员审批;发行公司债券或股票由公司董事会审议通过后,提请股东(大)会以特别决议的形式批准。

债券或股票的回购必须获得董事会的授权和股东(大)会批准。

第七条 与借款有关的主要业务活动由公司财务部负责具体办理;与发行公司债券、股票有关的主要业务活动由公司证券部和财务部分别在各自的职责范围内具体办理,如有必要,也可由公司总部指定其他相关部门提供协助。

第八条 财务部、证券部应指定专人负责保管与筹资活动有关的文件、合同、协议、契约等相关资料。

第三节 实施与执行

第九条 在实施筹资计划之前,为了避免盲目筹资,要对筹资的效益可行性进行分析论证,确保筹资活动的效益性;要合理确定筹资规模和筹资结构,选择最佳的筹资方式,降低筹资成本;并严格根据有关法律法规依法筹资,确保筹资活动的合法性。

第十条 借款方案(包括贷款额、贷款方式、结构及可行性报告等资料)由财务部以书面的形式提出,经有权机构或人员批准后,由财务部出面与金融机构联系洽谈,达成借款意向,签订借款合同或协议,办理借款手续,直至取得资金。

第十一条 发行公司债券或股票由证券部起草方案,经董事会、股东(大)会授权并取得有关政府部门的批准文件后,证券部和财务部在各自职责范围内整理发行材料,由证券

部负责联络中介机构,与券商签订债券承销协议或股票承销协议,直至发行完毕取得资金。不得由一个人办理筹资业务的全部过程。

发行公司债券,应设立公司债券存根簿,用以记载以下内容:如发行记名债券,应记载债券持有人的姓名或名称及住所;债券持有人取得债券的日期及债券的编号;债券总额、债券的票面金额、债券的利率、债券还本付息的期限和方式;债券的发行日期。如发行无记名债券,应记载债券总额、利率、偿还期限和方式、发行日期和债券编号。未发行的债券必须由专人负责保管。

保存债券持有人的明细资料,应同总分类账核对相符,如由外部机构保存,需定期与外部机构核对。

发行股票应设立股东名册。发行记名股票,股东名册应记载以下内容:股东的姓名或名称及住所;各股东所持股份数;各股东所持股票的编号;各股东取得其股份的日期。发行无记名股票,应记载股票数量、编号及发行日期。

第十二条 有关筹资合同、协议或决议等法律文件必须经有权批准筹资业务的人员在各自的批准权限内批准。公司应授权有关人员或聘请外部专家对重要的上述文件进行审核,提出意见,以备批准决策时参考。

第十三条 财务部要加强审查筹资业务各环节所涉及的各类原始凭证的真实性合法性、准确性和完整性。

第十四条 财务部要按照有关会计制度的规定设置核算筹资业务的会计科目,通过设置规范的会计科目,按会计制度的规定对筹资业务进行核算,详尽记录筹资业务的整个过程,实施筹资业务的会计核算监督,从而有效地担负起核算和监督的会计责任。

第十五条 筹措资金到位后,必须对筹措资金使用的全过程进行有效控制和监督。首先,筹措资金要严格按筹资计划拟定的用途和预算进行使用,确有必要改变筹措资金的用途或预算,必须事先获得批准该筹资计划的批准机构或人员的批准后才能改变资金的用途或预算;其次,对资金使用项目进行严格的会计控制,确保筹措资金的合理、有效使用,防止筹措资金被挤占、挪用、挥霍浪费,具体措施包括对资金支付设定批准权限,审查资金使用的合法性、真实性、有效性,对资金项目进行严格的预算控制,将资金实际开支控制在预算范围之内;最后,投资项目建成后要及时进行验收,验收合格后方可正式投入使用。

第十六条 财务部门要通过有关凭证和账簿,随时掌握各项需归还的筹措资金的借款时间,币种、金额及来源等内容,了解有关方面的权利、责任、义务,及时计算利息或股利,按时偿还借款或债券本息,根据股东(大)会决议及时发放股利,给债权人和股东留下良好的信用形象。

第十七条 偿还公司债券应根据董事会的授权办理。发生借款或债券逾期不能归还的情况时,财务部门应报告不能按期归还借款的原因,必要时提请公司最高管理层关注资金状况,并及时与债权人协商,通报有关情况,申请展期。

第四节 监督检查

第十八条 筹资活动由内部审计人员行使监督检查权。

第十九条 筹资活动监督检查的内容主要包括：

（一）筹资业务相关岗位及人员的设置情况。重点检查是否存在一人办理筹资业务全过程的现象。

（二）筹资业务授权批准制度的执行情况。重点检查筹资业务的授权批准手续是否健全，是否存在越权审批行为。

（三）筹资计划的合法性。重点检查是否存在非法筹资的现象。

（四）筹资活动有关的批准文件、合同、契约、协议等相关法律文件的保管情况。重点检查相关法律文件的存放是否整齐有序以及是否完整无缺。

（五）筹资业务核算情况。重点检查原始凭证是否真实、合法、准确、完整，会计科目运用是否正确，会计核算是否准确、完整。

（六）所筹资金使用情况。重点检查是否按计划使用筹集资金，是否存在铺张浪费的现象。

（七）所筹资金归还的情况。重点检查批准归还所筹资金的权限是否恰当以及是否存在逾期不还又不及时办理展期手续的现象。

第二十条 内部审计人员对监督检查过程中发现的筹资活动内部控制中的薄弱环节，应要求被检查单位纠正和完善，发现重大问题应写出书面检查报告，向有关领导和部门汇报，以便及时采取措施，加以纠正和完善。

第二十一条 本制度自公布之日起生效，由黑龙江省完达山股份有限公司董事会负责解释。

黑龙江省完达山股份有限公司董事会
二〇〇八年×月×日

问题与任务：

（1）企业应该根据自身发展战略，科学确定融资目标和规划。这一要求在完达山公司的内部控制制度中的哪一条得以体现？

（2）结合筹资活动流程及相关控制措施，探析完达山公司是如何建立健全筹资业务会计系统控制，以及评价资金活动情况的。

二、投资活动

（一）投资活动概述

企业投资是指企业为了获得收益而将筹集的资金投入使用的过程。它是企业筹资活动的延续，也是筹资的重要目的之一。投资活动的主要业务流程有拟订投资方案、可行性论证、审批投资方案、投资方案编制与实施、投资的回收与处置、评价与责任追究等，如图4-3所示。

（二）投资活动的主要风险点

从投资方案的提出到审批与执行再到投资项目的到期处理，投资活动涉及环节多，项目周期长，面临的风险也高。具体来说，投资活动的主要风险包括以下几方面。

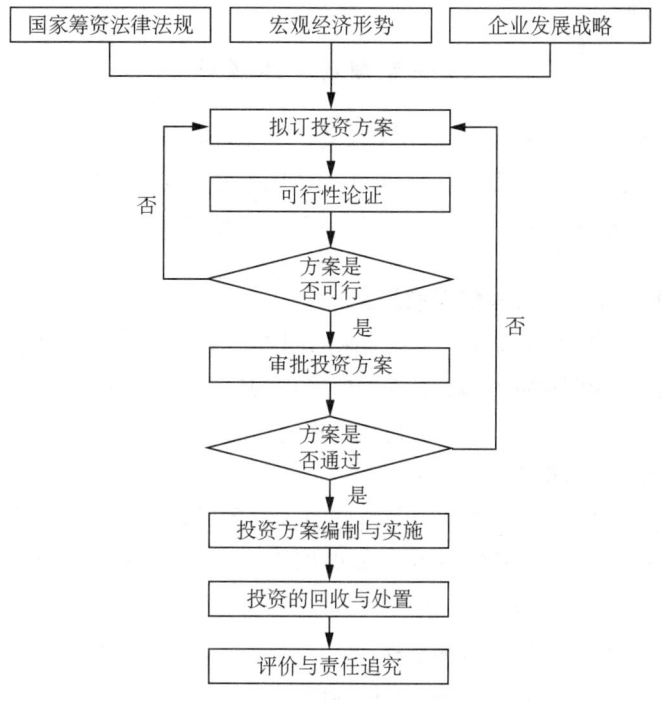

图 4-3 投资活动业务流程图

1. 投资活动与企业战略不符

企业如果不能根据自身发展战略和规划,正确选择投资项目,合理确定投资规模,恰当权衡收益与风险,可能导致盲目投资、加大企业风险、损害企业利益,不利于企业战略的实现。

2. 投资与筹资不匹配

如果企业筹集的资金在数量、期限、成本等方面与投资活动所需资金不能匹配,可能导致筹资不能满足投资需求,可能导致企业出现财务困难,影响企业的正常经营。

3. 忽略资产结构与流动性

企业的投资活动会形成特定资产,并影响企业的资产结构与资产流动性。若企业忽视投资活动对资产结构与流动性的影响,可能导致企业资产结构不合理、盈利能力下降,给企业造成损失。

4. 缺乏严密的授权审批制度和不相容职务分离制度

企业未能建立或执行严格的授权审批制度和不相容职务分离制度,企业投资可能呈现出随意、无序、无效的状况,企业也容易出现舞弊行为,导致投资失误和企业生产经营失败。

5. 缺乏严密的投资资产保管与会计记录

企业未能建立严密的资产保管制度可能导致资产损失、投资失败;未能健全账簿体系,可能导致对投资资产管理失控、投资会计核算差错及舞弊行为。

> **知识链接**
>
> **投资管理的基本原则**
>
> 一是,认真进行市场调查,及时捕捉投资机会;二是,建立科学的投资决策程序,认真进行投资项目的可行性分析;三是,及时足额地筹集资金,保证投资项目的资金供应;四是,认真分析风险和收益的关系,适当控制企业的投资风险。

(三) 投资活动各业务流程的控制措施

在企业投资活动中,各种难以预计或控制的因素给企业财务成果带来不确定性、导致预期投资收益下降的风险即投资风险。企业投资管理的目的就是对投资活动进行管理,以获取最大效益,创造价值。因此,企业有必要建立投资内部控制,以防止投资过程中的差错与舞弊。

1. 拟订投资方案环节的控制

企业确定投资项目时主要考虑投资项目的收益和风险。投资决策实质上就是投资收益与投资风险的权衡。拟订投资方案应该根据企业发展战略、宏观经济环境、市场状况等,提出适合本企业的投资项目规划。

2. 论证投资方案可行性环节的控制

企业应当对投资项目进行严格的可行性研究与分析。投资可行性研究是指企业在项目投资决策前对有关建设方案和生产经营方案进行的技术经济论证。

对于重大的投资项目,企业可以根据实际需要,委托具备相应资质的专业机构进行可行性研究,提供独立的可行性研究报告。可行性研究需要从投资战略是否符合企业的发展战略、是否有可靠的资金来源、能否取得稳定的投资收益,投资风险是否处于可控或可承担范围内,投资活动的技术可行性、市场容量与前景等方面进行论证。

3. 审批投资方案环节的控制

企业应当按照规定的权限和程序对投资项目进行决策审批,重点审查投资方案是否可行,投资项目是否符合国家产业政策和相关法律法规的规定、是否符合企业投资战略目标和规划,企业是否具有相应的资金能力,投入资金能否按时收回,预计收益能否实现,以及投资和并购风险是否可控等。

如果投资方案需经有关管理部门审批,企业应当履行相应的报批程序。对于重大投资项目,企业应当按照规定的权限和程序实行集体决策或联签制度。如果投资方案发生重大变更,企业应当重新进行可行性研究并履行相应的审批程序。

4. 编制与实施投资方案环节的控制

投资方案的实施不仅关系到投资能否实现预期投资目标,而且涉及企业资产的变更。加强投资的执行控制,可以防范投资执行过程风险,保证投资执行工作的顺利开展,提高投资收益。

企业应当根据批准的投资方案,与被投资方签订投资合同或协议,明确出资时间、金额、方式、双方权利义务和违约责任等内容,并在按规定的权限和程序审批后履行投资合同或协议。另外,企业还应当指定专门机构或人员对投资项目进行跟踪管理,及时收集被投资方经审计的财务报告等相关资料,定期组织投资效益分析,关注被投资方的财务状况、经营成果、现金流量及投资合同履行情况,如发现异常情况,应当及时报告并妥善处理。

5. 回收和处置投资环节的控制

企业应当加强投资收回和处置环节的控制,对投资收回、转让、核销等决策和审批程序作出明确规定,妥善处置到期投资项目并实现企业经济效益的最大化。

投资到期后,本金的回收、转让应当由相关机构或人员合理确定转让价格,报授权批准部门批准,必要时可委托具有相应资质的专门机构进行评估;核销投资应当取得不能收回投资的法律文书和相关证明文件。企业还应建立责任追究制度,对于到期无法收回的投资,要追究责任人的责任。

6. 评价与责任追究环节控制

一方面,企业应当指定专门机构或人员对投资项目进行跟踪管理,及时收集被投资方经审计的财务报告等相关资料,定期组织投资效益分析,关注被投资方的财务状况、经营成果、现金流量以及投资合同履行情况,发现异常情况,应当及时报告并妥善处理。另一方面,企业还应建立责任追究制度,对于到期无法收回的投资,要追究责任人的责任。

> **思政园地**
>
> 企业的投资活动管理是以企业价值最大化为目标进行资金投入的管理。筹资活动管理是为实现既定战略目标对筹资方式和筹资渠道等进行的管理。企业应当坚持实事求是的精神,按照企业发展的实际需要,科学论证投融资方案的可行性,合理运用投融资决策方法,认识到各业务环节的主要风险,严格按照业务流程实施相应的控制措施,以保障投资和筹资活动的顺畅进行。

"中国平安"投资"富通"失败的案例

(一) 案例简介

2007年11月29日,"中国平安保险(集团)股份有限公司"(以下简称中国平安)以18.1亿欧元购入荷兰富通集团(以下简称富通)4.18%的股权,经过几次增资,截至2008年6月30日,中国平安持有富通1.21亿股,总投资成本为238.74亿元人民币。然而,2008年5月,富通公布,由于信贷市场的动荡,其净收入下跌至8.08亿欧元,较去年下跌31%,其中,银行业务利润下跌20%,保险业务利润下跌38%。同时,受美国次贷危机和全球金融风暴的影响,富通遭遇巨大流动性压力。2008年9月29日,比利时、荷兰及卢森堡政府联合出资112亿欧元购买富通下属富通银行在三地共49%的股权。紧接着,荷兰政府、比利时政府和法国巴黎银行未经富通股东的投票同意,擅自出售了富通旗下的部分业务,富通股价下跌33%。由于巨额投资亏损,2008年,中国平安对富通股权投资计提了2 279亿元人民币的减值准备,以致其当年净利润由2007年的155.81亿元人民币降至8.73亿元人民币。中国平安海外股权投资损失惨重。

(二)中国平安投资富通动机分析

1. 寻找长期的稳定收益,优化资本结构

中国平安有 300 亿元左右的老保单,保单年限长达几十年,平均利率高达 7% 左右,老保单作为长期负债侵蚀着公司整体资产收益。目前,中国保险市场进入成熟期,每年新增保费相对市场发展初期有较大下滑,使公司现金流增速放缓,如果保险公司长期资产的收益没有保证,便无异于一场灾难。所以,中国平安必须寻找一种能为公司带来稳定收益的长期投资。但这并不容易,因为国内保险资金的使用范围受到国家相关部门的限制,中国平安一开始仅能投资储蓄和国债,虽然在 2007 年,国家将保险资金的权益投资规模放宽到保险公司总资产的 20%,但单一投资方式和资本结构造成资产与负债匹配处于不均衡状态。显然,目前的中国金融市场还不能满足中国平安对长期稳定投资收益的要求。恰好富通似乎能够满足中国平安的投资要求。过去 17 年中,富通平均分红率超过 6.5%,如果这样的分红能够持续,就能够实现中国平安寻求稳定长期收益、优化资本结构的投资目标。从这一角度来看,富通好像是中国平安海外投资的理想对象。

2. 投资成本极具吸引力

在中国平安锁定富通作为投资目标的近 1 年时间里,富通股价从最高的 40 欧元下降到 25 欧元左右,放在中国平安面前的是一个市净率 1.1 倍、市盈率 5 倍的公司。而当时国内的银行股对应的数据分别是 3~5 倍和 20 倍左右,即便在中国香港市场,银行股的市净率和市盈率也在 1.5 倍和 10 倍以上。毫无疑问,从基本技术数据来看,中国平安投资富通应该是个理性的选择。

3. 欲借富通综合金融平台增强自身竞争力

中国平安和富通拥有广阔的合作领域,中国平安有意通过该投资快速建立全球资产管理及 QDII(合格境内机构投资者)的业务平台,利用双方极具竞争力的分销网络,将业务延伸到全球各主要金融市场。2007 年 10 月,由苏格兰皇家银行、西班牙国际银行和富通组成的财团以 700 多亿欧元的价格成功收购荷兰银行。其中,富通出资 200 多亿欧元,获得了荷兰银行资产管理业务,而荷兰银行资产管理业务是荷兰银行最优质的业务,这同样是中国平安急需配置的。

可以看出,中国平安在投资前进行了一番可行性分析,投资目标明确。中国平安在报表中披露:投资富通是本公司探索海外投资所作出的理性投资决策,但由于百年一遇的全球性金融风暴冲击,平安出现巨额投资损失。

中国平安的投资失败真的完全是由于外部因素造成的吗?

(三)中国平安投资失败主观原因分析

1. 中国平安低估了富通内部巨大的财务风险

2007 年 10 月,苏格兰皇家银行与富通银行、西班牙国际银行组成的财团宣布以 710 亿欧元收购荷兰银行,但前提是富通必须掏出 240 亿欧元的现金——相当于其 2007 年利润的 6 倍。可以看出,富通的这次收购行为完全超过了其承载能力。富通为了实现这次不理性的收购大肆举债并发行股票筹集资金,这使富通内部产生了巨大的财务风险,对其资产流动性产生巨大不利影响。投资者开始怀疑富通承载荷兰银行的能力,富通股票随之加速下跌。中国平安只看重富通收购荷兰银行的有利面,没有看到不利的一面,这是平安投资失败的主要原因。

2. 中国平安低估了金融危机所造成的系统性风险

中国平安和富通双方签署的谅解备忘录中披露:富通投资管理公司2006年年底有约2 300万欧元的债务抵押债券和贷款抵押债券风险敞口,这些次级贷款衍生债券如果发生损失,由富通银行单方面承担。2008年3月,富通银行在次贷相关资产的损失已经在欧洲银行中位列前十位,虽然金融危机是在中国平安投资富通后发生的,但中国平安显然低估了次级债对富通造成的巨大不利影响,没有提前采取措施,导致中国平安的投资出现巨额亏损。

3. 风险应急机制缺失

当危机爆发以后,富通身处金融风暴中心,已经有明显的迹象表明其会出现亏损,中国平安却迟迟不采取行动,反而在富通为应对金融危机带来的资金短缺而进行83亿欧元股票的增发时,继续增持富通750万股股票。中国平安在财务报告中披露解释,增持是为了避免股权被稀释,结果却越陷越深。

总结以上三点原因,中国平安投资失败主要是由于中国平安忽视或者低估了相关风险可能对投资造成的不利影响,在投资之前未对已有风险进行充分考虑,在投资过程中对新增风险也没有采取迅速有效的防范措施。

资料来源:

訾达,陈文兵.股权投资风险管理对策——基于"中国平安"投资"富通"失败的案例分析[J].中国农村金融,2012(12):83-84.

问题与任务:

(1)结合中国平安海外投资失败的原因,谈谈你对中国企业海外投资活动的认识。

(2)查阅资料并结合内部控制相关知识点,谈谈中国企业应该如何更好地"走出去"。

三、资金营运活动

(一)资金营运活动概述

资金营运也称营运资金,是货币资金、采购资金、生产资金和销售资金等不同形态的资金循环周转的过程,同时也是企业在资金营运过程中保持生产经营各环节资金顺畅流通的动态平衡过程。资金营运与企业经营活动全过程密切关联,是企业生存、发展和获利不可或缺的。

营运资金会以多种形态存在,各类形态的营运资金相互转化形成营运资金的循环流转,如图4-4所示。

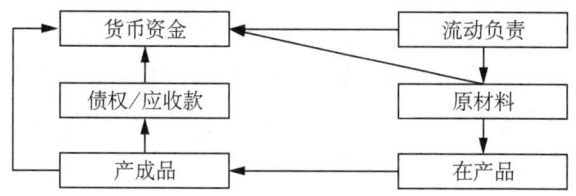

图4-4 营运资金循环

> **知识链接**
>
> **企业资金营运内部控制的主要目标**
>
> （1）保持生产经营各环节资金供求的动态平衡。企业应当将资金合理安排到采购、生产、销售等各环节，做到实物流和资金流的相互协调、资金收支在数量上及在时间上相互协调。
>
> （2）促进资金合理循环和周转，提高资金使用效率。资金只有在不断流动的过程中才能带来价值增值。加强资金营运的内部控制，就是要努力促使资金正常周转，为短期资金寻找适当投资机会，避免出现资金闲置和沉淀等低效现象。
>
> （3）确保资金安全。企业的资金营运活动大多与流动资金，尤其是货币资金相关，这些资金由于流动性很强，出现错弊的可能性更大，对于保护资金安全的需求更迫切。

（二）资金营运活动的主要风险点

资金营运活动中的主要风险有资金调度不合理、营运不畅（可能导致企业陷入财务困境或资金冗余）、资金活动管控不严（可能导致资金被挪用、侵占、抽逃或遭受欺诈），具体有以下几方面。

1. 货币资金营运风险

货币资金持有量不合理影响企业效益、资金收支失控，可能导致贪污、舞弊，危及资金安全。

2. 储备资金营运风险

储备资金数量不合理影响企业效益，库存物资收、发、存管控不严，可能导致毁损、遗失、偷盗等舞弊行为发生。

3. 生产资金营运风险

生产资金未按生产计划组织生产，料、工、费没有消耗定额或定额不准，未建立目标成本、质量标准及严格记录，责任不明确，记录不清楚、考核不严格等，将导致经济损失风险。

（三）资金营运活动主要风险点的控制措施

资金营运活动的内部控制应注意以下几个方面。

1. 加强全过程管理，提升资金运营效率

企业应当加强资金营运全过程的管理，统筹协调内部各机构在生产经营过程中的资金需求，切实做好资金在采购、生产、销售等各环节的综合平衡，全面提升资金营运效率。

2. 发挥全面预算作用，防范资金营运过程风险

预算管理以战略目标为导向，通过全面预测和筹划，合理配置企业资源，监督预算执行过程，评价预算执行结果。企业应当充分发挥全面预算管理在资金综合平衡中的作用，严格按照预算要求组织协调资金调度，确保资金及时收付，实现资金的合理占用和营运良性循环。企业应当严禁资金的体外循环，切实防范资金营运中的风险。

3. 加强资金安全监管，提升资金使用效益

企业应当定期组织召开资金调度会或资金安全检查，对资金预算执行情况进行综合分

析,如发现异常情况,应当及时采取措施妥善处理,避免资金冗余或资金链断裂。企业在营运过程中出现临时性资金短缺时,可以通过短期融资等方式获取资金。资金出现短期闲置的,在保证安全性和流动性的前提下,可以通过购买国债等多种方式,提高资金效益。

4. 发挥会计系统控制作用,严格资金收付审批程序

企业应当加强对营运资金的会计系统控制,严格规范资金的收支条件、程序和审批权限。企业在生产经营及其他业务活动中取得的资金收入应当及时入账,不得账外设账,严禁收款不入账、设立"小金库"。企业办理资金支付业务,应当明确支出款项的用途、金额、预算、限额、支付方式等内容,并附原始单据或相关证明,履行严格的授权审批程序后,方可安排资金支出。企业办理资金收付业务,应当遵守现金和银行存款管理的有关规定,不得由一人办理货币资金全过程业务,严禁将办理资金支付业务的相关印章和票据集中一人保管。

思政园地

当代会计从业人员应当以朱镕基总理提出的"诚信为本,操守为重,坚持准则,不做假账"为基本职业道德和行为准则。在资金收付管理过程中,以真实的业务为基础。会计人员应当明确假账的社会危害性,坚持"诚信"不动摇,保障会计信息的真实性。为此,会计人员既要提高自身的业务能力,保证财务行为的规范化;又要时刻坚守从业初心,捍卫国家与社会公众利益。

内控缺陷致蓝丰生化3亿元资金不翼而飞

蓝丰生化全资子公司方舟制药3亿多元银行存款不翼而飞引发市场高度关注。蓝丰生化表示,收购方舟制药后一直无法掌控其财务状况,方舟制药消失的3亿多元资金可能被方舟制药董事长王宇挪用到其投资的公司。2018年4月9日,蓝丰生化就此召开董事会,宣布免去王宇方舟制药董事的职务,委派公司总经理刘宇担任方舟制药董事长,并成立整顿处置工作小组对此次事件进行全面调查。

事件的具体发生过程如下:

王刚(化名)是江苏公证天业会计师事务所的一名注册会计师,2018年3月18日,该事务所受蓝丰生化委托,对方舟制药进行年报审计。3月21日,王刚前往方舟制药的开户行进行现场询证。但是,现场询证的情况却令王刚大为震惊。银行存款实际余额比账上余额少了3亿多元。3亿多元不翼而飞,这绝不是小事,于是王刚第一时间以书面函的形式,将这一紧急事态告知蓝丰生化审计委员会,同时转给蓝丰生化的所有高管。作为方舟制药董事长的王宇,应该是唯一清楚这3亿多元去向的人。虽然方舟制药已经被蓝丰生化收购,成为蓝丰生化的全资子公司,但是王宇仍然掌握着方舟制药的实际控制权。

蓝丰生化在2015年5月以11.8亿元收购方舟制药100%股权,确立了"农化+医药"双产业战略发展格局。方舟制药成为蓝丰生化在医药产业中的唯一战略支点。在收购方

舟制药后,蓝丰生化成功扭转了业绩连年下滑甚至亏损的惨状,2016实现净利润1.07亿元,成功扭亏为盈。当然,最大的功劳应该属于方舟制药,仅方舟制药该年贡献的净利润就高达0.92亿元,占蓝丰生化净利润的85.92%。此后,蓝丰生化将转型的希望全部寄托在方舟制药身上。

通常情况下,如此重要的全资收购后上市公司是需要向子公司派驻董事长和财务总监的。然而,蓝丰生化在准备派驻时却被王宇以"业绩对赌期保持管理层稳定"的理由拒绝了。最终,蓝丰生化还是成功向方舟制药派驻了一名财务人员,但该财务人员却被方舟制药"隔离"在财务体系之外。这无疑埋下了蓝丰生化的内部控制缺陷隐患。

然而,蓝丰生化的内部控制不完善早在另一桩财务事件中便有所体现。除了此次3亿多元银行存款不翼而飞外,两个月前蓝丰生化还披露过一起更加离奇的财务事件。2017年7月,蓝丰生化出纳王某因车祸事故长期住院治疗,其工作被蓝丰生化另一名员工接替。王某存在通过扣留每个月部分银行利息的方式挪用公司资金的行为。公司随后的调查发现,王某这种"蚂蚁搬家"的行为,竟然已持续5年时间,涉案金额约1 300万元。王某一人掌控公司的付款制单和付款审核。而且,两枚银行印鉴均由王某一人保管,完全违背内部控制中不相容职务相互分离的原则。3亿多元资金不翼而飞事件,也充分暴露出蓝丰生化存在的内部控制缺陷问题。

此外,蓝丰生化监事会对公司内部控制存在重大缺陷所涉及事项进行了专项说明,监事会识别出公司财务报告内部控制存在的重大缺陷:蓝丰生化在内部资金管理(特别是对全资子公司的资金监管)方面存在重大缺陷,存在公司原银行出纳利用职务之便占用公司资金的情形,以及全资子公司陕西方舟制药有限公司原董事长兼法定代表人王宇未履行有关付款审批程序向其关联公司及自然人转移大量资金的情形。

在经历"内忧"和"外患"之后,蓝丰生化意识到公司的内控制度确实亟待整改。

资料来源:

任明杰,陈澄.蓝丰生化内控缺陷:3亿不翼而飞 出纳挪用千万资金[N].中国证券报,2018-04-10.

问题与任务:

(1) 结合案例,分析蓝丰生化的内部控制不完善体现在哪些方面?

(2) 从资金营运的角度,思考蓝丰生化对公司的内控制度应如何进行整改?

任务二　企业采购业务内部控制

一、采购业务概述

采购是指购买物资(或接受劳务)及支付款项等相关活动。它是企业在一定的条件下从供应市场获取产品或服务作为企业资源,以保证企业生产及经营活动正常开展的一项企业经营活动。采购环节作为企业生产经营的起点,既是企业"实物流"的重要组成部分,又与"资金流"密切相关。

二、采购业务流程

《企业内部控制应用指引第 7 号——采购业务》明确指出,企业应当结合实际情况,全面梳理采购业务流程,完善采购业务相关管理制度,统筹安排采购计划,加强请购、审批、购买、验收、付款、采购后评估等环节的风险管控,确保物资采购满足企业生产经营需要。图 4-5 所示的采购业务流程适用于各类企业的一般采购业务,具有通用性。企业在实际开展采购业务时,可以参照此流程,并结合自身情况对采购流程予以扩充和具体化。

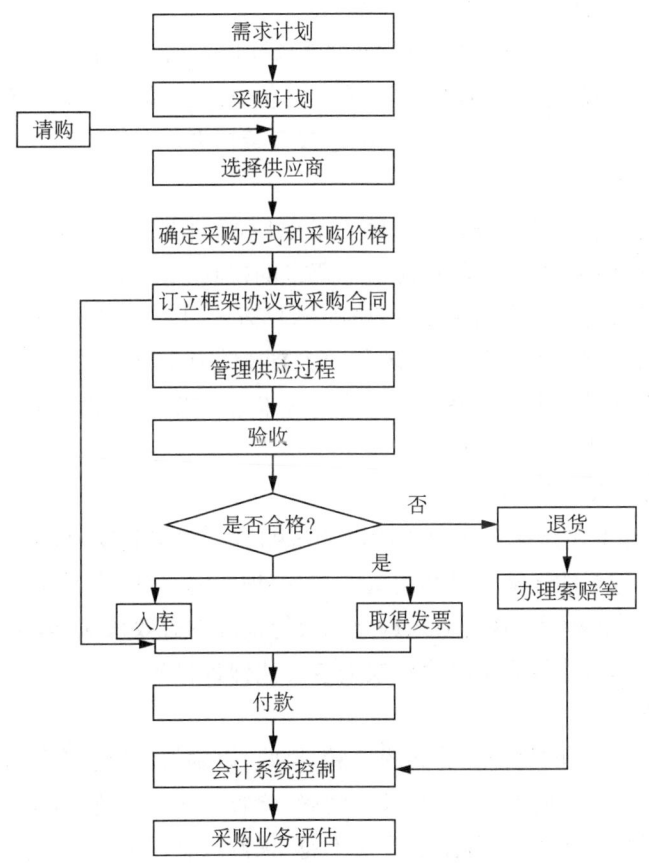

图 4-5 采购业务流程图

三、采购业务的主要风险点

采购业务的主要风险点包括以下几方面。

1. 编制需求计划和采购计划环节

采购业务从计划(或预算)开始,包括需求计划和采购计划。该环节的主要风险有企业需求或采购计划不合理、对市场变化趋势预测不准确、不按实际需求安排采购或随意超计划采购、与企业生产经营计划不协调,可能导致企业生产停滞或资源浪费。

2. 请购环节

请购是指企业生产经营部门根据采购计划和实际需要,提出采购申请。该环节的主要风险是缺乏采购申请制度,请购未经适当审批或存在超越授权审批现象,可能导致采购物资过量或短缺,影响企业正常生产经营。

3. 选择供应商环节

选择供应商,即确定采购渠道,是企业采购业务流程中非常重要的一个环节。该环节的主要风险是缺乏供应商评估和准入制度、供应商管理系统和淘汰制度,对供应商评估不严、供应商选择不当,采购物资质次价高,容易出现舞弊或遭受欺诈。

4. 确定采购方式和采购价格环节

如何以最优"性价比"采购到符合需求的物资,是采购部门的永恒任务。该环节的主要风险是招投标或采购定价机制不科学,采购定价方式选择不当,缺乏对重要物资的品种和价格的跟踪,导致采购价格不合理,可能造成资金损失。

5. 订立框架协议或采购合同环节

采购合同是指企业根据采购需要、确定的供应商、采购方式、采购价格等情况与供应商签订的具有法律约束力的协议,该协议对双方的权利、义务和违约责任等情况作出了明确规定(企业向供应商支付合同规定的金额、结算方式,供应商按照约定时间、期限、数量与质量、规格交付物资给采购方)。该环节的主要风险有未订立采购合同或未经授权对外订立采购合同、合同对方主体资格及履约能力等未达要求、合同内容存在重大疏漏和欺诈等,可能导致企业合法权益受到侵害。

6. 管理供应过程环节

管理供应过程主要是指企业建立严格的采购合同跟踪制度,科学评价供应商的供货情况,并根据合理选择的运输工具和运输方式,办理运输、投保等事宜,实时掌握物资供应过程。该环节的主要风险有缺乏对采购合同履行情况的有效跟踪、运输方式选择不合理、忽视运输过程风险,可能导致采购物资损失或无法保证供应。

7. 验收环节

验收是指企业对采购物资和劳务的检验、接收,以确保其符合合同相关规定或产品质量要求。该环节的主要风险有验收标准不明确、验收程序不规范、对验收中存在的异常情况不作处理,付款审核不严,可能造成账实不符、采购资金损失或信用受损。

8. 付款环节

付款是指企业在对采购预算、合同、相关单据凭证、审批程序等内容审核无误后,按照采购合同规定及时向供应商办理支付款项的过程。该环节的主要风险有付款审核不严格,付款方式不恰当,付款金额控制不严;企业退货管理不规范,缺乏退货管理制度、退货不及时等。这些可能导致企业资金损失或信用受损。

9. 会计系统控制环节

采购业务中的会计系统控制主要是指企业在采购业务过程中为了确保采购数据能够准确地记录和核算,防范和控制采购风险而采取的一系列控制措施。该环节的主要风险有缺乏会计记录、采购记录与仓储记录不一致,会计处理不准确、不及时等,可能导致未能如实反映采购业务以及采购物资和资金损失。

> **知识链接**
>
> **采购业务中的常见弊端**
>
> 一是,盲目采购。主要表现为:缺乏严格的物品或劳务采购计划(或预算),或采购部门没有根据批准的采购计划或请购单进行采购,而是盲目采购或采购不及时,造成物品的超储积压或供应脱节和劳务浪费。二是,不相容职务未予分离。主要表现为:物品采购人、储存人、使用人同时负责账务的记录工作,绕过验单环节违规办理采购手续;付款审批人和付款人同时办理寻找供应厂商与采购谈价业务。三是,收受回扣,中饱私囊。主要表现为:采购人员为了私人利益在采购中不进行比价管理,而选择有回扣的供应商,这往往造成材料质量得不到保证,或价格高于市场平均价格,或品种规格不合要求,给企业经济利益带来损失。四是,虚报损耗,中途转移。主要表现为:企业的内盗现象,主要是指运输部门为了中饱私囊,在运输途中转移材料,对企业上报谎称损耗。五是,混淆采购成本。主要表现为:会计人员在会计记账中没有很好地区分采购成本,确认的成本不能真实反映企业为采购材料而发生的成本。六是,验收不严,以少报多,以次充好。主要表现为:采购验收人员玩忽职守,不严格验收采购材料的质量和数量。如果采购和验收职责没有分离,由一个人担任两项不相容职务,这种内控缺陷容易诱发材料验收中的舞弊行为,造成伪劣材料鱼龙混杂,轻者损害企业利益,重者造成伪劣产品充斥市场,损害消费者利益。七是,违规结算,资金流失。企业通常在收到采购发票后,根据发票金额授权会计签发支付凭单,经出纳审核后支付划拨款项。如果没有严格的付款控制程序,就存在结算隐患。八是,采购与付款业务凭证流转不畅,存在随意性。主要表现为:按规定应收取增值税专用发票,相关人员却收取普通发票或收据;凭证无人管理,造成丢失、损毁。九是,往来结算账户记录不全、账目不清,债权债务关系混淆,已经结算的应付款项长期挂账等。

四、采购业务主要风险点的控制措施

《企业内部控制应用指引第 7 号——采购业务》明确要求企业应当结合实际情况,全面梳理采购业务流程,完善采购业务相关管理制度,统筹采购业务各环节的风险管控,确保物资采购满足企业生产经营需要。建立健全采购业务内部控制以规范采购过程中涉及的各种行为,防范采购过程中可能出现的错弊,合理降低采购成本、提高采购工作效率,对于企业的生存和可持续发展具有重要的意义。

1. 编制需求计划和采购预算环节

采购业务从编制需求计划和采购预算开始。在企业实务中,需求部门一般根据生产经营需要向采购部门提出物资需求计划,采购部门根据该需求计划归类汇总,考虑现有库存物资后,统筹安排采购计划,并按规定的权限和程序审批后执行。

该环节主要有以下几个控制措施。

(1) 生产、经营、项目建设等部门应当根据实际需求准确、及时编制需求计划。需求部门提出需求计划时,不能指定或变相指定供应商。对独家代理、专有、专利等特殊产品应提供相应的独家、专有资料,经专业技术部门研讨后,经具备相应审批权限的部门或人员审批。

(2) 采购计划是企业年度生产经营计划的一部分,在制订年度生产经营计划的过程中,企业应当根据发展目标的实际需要,结合库存和在途情况,科学安排采购计划,防止采购金额过高或过低。

(3) 企业应将采购计划纳入采购预算管理,经相关负责人审批后,作为企业刚性指令严格执行。

2. 请购环节

请购是指企业生产经营部门根据采购计划和实际需要,提出的采购申请。

该环节主要有以下几个控制措施。

(1) 企业应建立采购申请制度,依据购买物资或接受劳务的类型,确定归口管理部门,授予归口管理部门相应的请购权,明确相关部门或人员的职责权限及相应的请购程序。

(2) 企业可以根据实际需要设置专门的请购部门,由其对需求部门提出的采购需求进行审核,并进行归类汇总,统筹安排企业的采购计划。

(3) 企业中具有请购权的部门对于预算内采购项目,应当严格按照预算执行进度办理请购手续,并根据市场变化提出合理采购申请。对于超预算和预算外采购项目,企业应先履行预算调整程序,由具备相应审批权限的部门或人员审批后,再行办理请购手续。

(4) 企业中具备相应审批权限的部门或人员审批采购申请时,应重点关注采购申请内容是否准确、完整,是否符合生产经营需要,是否符合采购计划,是否在采购预算范围内等;对不符合规定的采购申请,应要求请购部门调整请购内容或拒绝批准。

3. 选择供应商环节

选择供应商,即确定采购渠道,是企业采购业务流程中非常重要的一个环节。

该环节主要有以下几个控制措施。

(1) 企业应建立科学的供应商评估和准入制度,对供应商资质信誉情况的真实性和合法性进行审查,确定合格的供应商清单,健全企业统一的供应商网络。企业新增供应商的市场准入、供应商新增服务关系及调整供应商物资目录,都要由采购部门根据需要提出申请,并按规定的权限和程序办理审核批准手续。企业可委托具有相应资质的中介机构对供应商进行资信调查。

(2) 企业采购部门应当按照公平、公正和竞争的原则,择优确定供应商,在切实防范舞弊风险的基础上,与供应商签订质量保证协议。

(3) 企业应建立供应商管理信息系统和供应商淘汰制度,对供应商提供物资或劳务的质量、价格、交货及时性、供货条件、供应商资信、经营状况等进行实时管理和考核评价。根据考核评价结果，提出供应商淘汰和更换名单，经审批后对供应商进行合理选择和调整，并在供应商管理系统中作出相应记录。

4. 确定采购方式和采购价格环节

企业应当根据市场情况和采购计划合理选择采购方式，建立采购物资定价机制。

该环节主要有以下几个控制措施。

(1) 企业应当根据市场情况和采购计划合理选择采购方式。企业对大宗采购应当采用招标方式，合理确定招投标的范围、标准、实施程序和评价规则；对一般物资或劳务等的采购可以采用询价或定向采购的方式并签订合同协议；对小额零星物资或劳务等的采购可以采用直接购买等方式。

(2) 企业应当建立采购物资定价机制。企业应采取协议采购、招标采购、谈判采购、询比价采购等多种方式合理确定采购价格，最大限度地降低市场变化对企业采购价格的影响，实现以最优性价比采购到需求的物资的目标。企业对大宗采购等应当采用招投标方式确定采购价格；对其他商品或劳务的采购，企业应根据市场行情制定最高采购限价，并对最高采购限价适时调整。

5. 订立框架协议或采购合同环节

企业应根据采购需要、确定的供应商、采购方式、采购价格等情况与供应商签订的具有法律约束力的协议，明确双方的权利、义务和违约责任等。

该环节主要有以下几个控制措施。

(1) 企业根据确定的供应商、采购方式、采购价格等情况，拟订采购合同，准确描述合同条款，明确双方权利、义务和违约责任，按照规定权限签署采购合同。

(2) 对于影响重大、涉及较高专业技术或法律关系复杂的合同，企业应当组织法律、技术、财会等专业人员参与谈判，必要时可聘请外部专家参与相关工作。

6. 管理供应过程环节

企业应建立严格的采购合同跟踪制度，科学评价供应商的供货情况，并根据合理选择的运输工具和运输方式，办理运输、投保等事宜，实时掌握物资采购供应过程。

该环节主要有以下几个控制措施。

(1) 依据采购合同中确定的主要条款跟踪合同履行情况，对有可能影响生产或工程进度的异常情况，企业应出具书面报告并及时提出解决方案，采取必要措施，保证需求物资的及时供应。

(2) 企业应对重要物资建立并执行合同履约过程中的巡视、点检和监造制度。对需要监造的物资，企业应择优确定监造单位，签订监造合同，落实监造责任人，审核、确认监造大纲，审定监造报告，并及时向技术等部门通报。

(3) 企业应根据生产建设进度和采购物资特性等因素，选择合理的运输工具和运输方式，办理运输、投保等事宜。

(4) 企业应实行全过程的采购登记制度或信息化管理，确保采购过程的可追溯性和各项责任可追究。

7. 验收环节

企业应对所采购物资和劳务的检验和接收,以确保其符合合同相关规定或产品质量要求。

该环节主要有以下几个控制措施。

(1) 企业应当建立严格的采购验收制度,确定检验方式,安排专门的验收机构或验收人员对采购项目的品种、规格、数量、质量等相关内容进行验收,出具验收证明。企业如果采购大宗物资、新种类物资、特殊物资采购,还应进行专业测试。

(2) 企业如果在验收过程中发现异常情况,负责验收的机构或人员应当立即向企业有权管理的相关机构报告,相关机构应当查明原因并及时处理。

(3) 对于不合格物资,采购部门依据检验结果办理让步接收、退货、索赔等事宜。企业应当建立退货管理制度,对退货条件、退货手续、货物出库、退货货款回收等作出明确规定,并在与供应商的合同中明确退货事宜,及时收回退货货款。如果对方延迟交货造成企业生产建设损失,采购部门要按照合同约定索赔。

8. 付款环节

企业在对采购预算、合同、相关单据凭证、审批程序等内容审核无误后,按照采购合同规定及时向供应商办理支付款项。

该环节主要有以下几个控制措施。

(1) 企业应当加强对采购付款的管理,完善付款流程,明确付款审核人的责任和权力,严格审核采购预算、合同、相关单据凭证、审批程序等相关内容,审核无误后按照合同规定,合理选择付款方式,及时办理付款。

(2) 企业在付款过程中,应当严格审查采购发票等票据的真实性、合法性和有效性。如果发现虚假发票,应查明原因,及时报告处理。

(3) 企业应当重视对采购付款的过程控制和跟踪管理,如发现异常情况,应当拒绝向供应商付款,避免出现资金损失和信用受损的现象。

(4) 企业应当合理选择付款方式并严格遵循合同规定,防范付款方式不当带来的法律风险,保证资金安全。

(5) 企业应当加强预付账款和定金的管理。对涉及大额或长期的预付款项,应当定期进行追踪核查,综合分析预付账款的期限、占用款项的合理性、不可收回风险等情况,如发现有疑问的预付款项,应当及时采取措施。

9. 会计系统控制环节

企业应当建立有效的会计系统控制,如实反映采购业务。

该环节主要有以下几个控制措施。

(1) 企业应当加强对购买、验收、付款业务的会计系统控制,详细记录供应商情况、请购申请、采购合同、采购通知、验收证明、入库凭证、商业票据、款项支付等情况,确保会计记录、采购记录与仓储记录一致。

(2) 企业应指定专人通过函证等方式,定期与供应商核对应付账款、应付票据、预付账款等往来款项。

10. 采购业务评估环节

该环节主要有以下几个控制措施。

（1）企业应当建立采购业务评估制度定期对物资需求计划、采购计划、采购渠道、采购价格、采购质量、采购成本、协议或合同签约与履行情况等物资采购供应活动进行专项评估和综合分析，以便及时发现采购业务薄弱环节，优化采购流程。

（2）企业应当将物资需求计划管理、供应商管理、储备管理等方面的关键指标纳入业绩考核体系，以此促进物资采购与生产、销售等环节的有效衔接，不断防范采购风险，全面提升采购效率。

"亚伦窝案"的内部控制分析

浙江亚伦集团系国家二级企业、全国造纸行业重点骨干企业。在20世纪90年代，它年上缴利税达2 000多万元，在一个财政收入不到一亿的龙游县，它对当地经济发展的作用举足轻重。该集团向来以改革创新闻名，是衢州市国企改革的一面旗帜。

亚伦

1993年，王品发走马上任，成为亚伦集团的总经理、党委书记，1995年又兼任集团公司董事长。从一名政工干部走上企业经营者的岗位，王品发有些眼花缭乱，世界观、人生观开始错位，他利欲熏心，以致在企业走下坡路的同时，自己也一步一步滑向犯罪的深渊。

世上没有不透风的墙。亚伦集团职工上访后，上级即对亚伦集团的主要领导进行经济责任审计。对王品发任期内集团各项经济指标进行核实，查程序、看效果，重点审查有无重大决策失误和越权行为；审查集团财务收支方面的真实性、合法性和效益性；审查其内控是否健全有效；审计集团期末资产，摸清其家底。

结果发现，1995年1月到1998年12月，个体商贩陈某几乎垄断了集团的水果采购供应生意，双方交易总价款近270万元。有的水果采购发票存在涂改情况，并与亚伦集团所购货物数量出入很大。陈某开具的结账发票连号，不符合正常发票使用规律。在部分票据上，集团下属的实业公司经理签字审批日期与陈某开票的日期相同，有的甚至比陈某的开票日期早。

据群众举报，1994年至1995年，集团公司将水松纸以超低价格销售给任某，全年销量几乎被其个人包揽。另有深圳某实业公司1995年共购买水松原纸703.07吨，每吨平均售价低于公司年度平均售价500余元。公司进行低价巨额销售，且只有一人经手，其中必有蹊跷，幕后交易可能性很大。后来查明，王品发在进购原材料、基建招投标、发包、职工福利等方面，导演了一出出权钱交易的丑剧。王品发个人涉案金额高达60余万元。集团内上行下效，蛀虫成窝，其内幕令人触目惊心。上自总经理、副总经理，下至热电分厂煤调度员采购员等共计20余人因涉嫌受贿、贪污纷纷落马。

资料来源：

人大经济论坛案例库。

问题与任务：

（1）亚伦集团上行下效、蛀虫成窝这一令人触目惊心的案例，是一部绝好的反面教材。

亚伦窝案留给我们的思考很多,从采购业务的内部控制制度来看,亚伦集团存在哪些问题?

(2)梳理亚伦集团采购业务的流程,并分析应该如何防范采购业务的风险。

> **思政园地**
>
> 亚伦集团高管腐败的深层次原因主要是领导的个人诚信、道德出了问题。如果国有企业法人治理结构不完善、监督者缺位,领导人可能一手遮天。如果企业的最高领导层腐化,再好的管控制度也是摆设。内控制度再严密,最终都要靠人去执行,这里,个人的诚信道德问题就显得尤为重要。

任务三　企业资产管理内部控制

资产一般是指企业拥有和控制的能够用货币计量,并能够给企业带来经济利益的经济资源,主要包括存货、固定资产和无形资产。资产作为企业重要的经济资源,是企业生产经营的物质基础,贯穿于企业生产经营全过程。

目前,在企业资产管理实务中,存在的问题主要包括:①存货积压占用过量流动资金并造成存货价值贬损或存货短缺造成生产中断;②固定资产更新改造不够、使用效能低下、维护不当、产能过剩,致使企业缺乏竞争力、资产价值贬损、安全事故频发或资源浪费严重;③无形资产缺乏核心技术、权属不清,存在重大技术安全隐患,导致法律纠纷、缺乏可持续发展能力。

鉴于资产管理的重要性,我国的《企业内部控制基本规范》将合理保证资产安全作为内部控制目标之一,同时制定了《企业内部控制应用指引第 8 号——资产管理》,着重对存货、固定资产和无形资产等资产提出了全面风险管控要求,旨在促进企业在保障资产安全完整的前提下,提高资产使用效能。

一、存货管理

(一)存货管理概述

存货,是指企业在日常活动中持有以备出售的产成品或商品、处在生产过程中的在产品、在生产过程或提供劳务过程中耗用的材料和物料,主要包括原材料、在产品、产成品、半成品、商品及周转材料等;企业代销、代管、代修、受托加工的存货,虽不归企业所有,也应纳入企业存货管理范畴。

不同类型的企业有不同的存货业务特征和管理模式,生产型企业和商品流通型企业的存货管理流程如图 4-6、图 4-7 所示。即使同一企业,不同类型存货的业务流程和管控方式也可能不尽相同。概括地讲,无论生产型企业,还是商品流通型企业,存货取得、验收入库、仓储保管、领用发出、盘点清查,以及销售处置等是存货管理的共有业务流程。

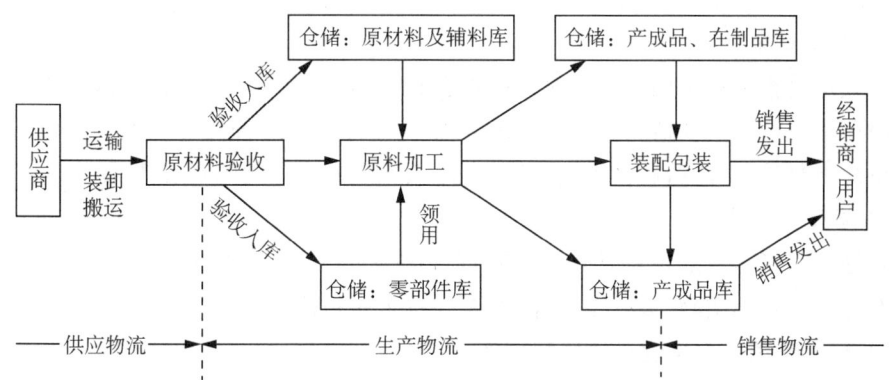

图 4-6　生产型企业存货管理流程

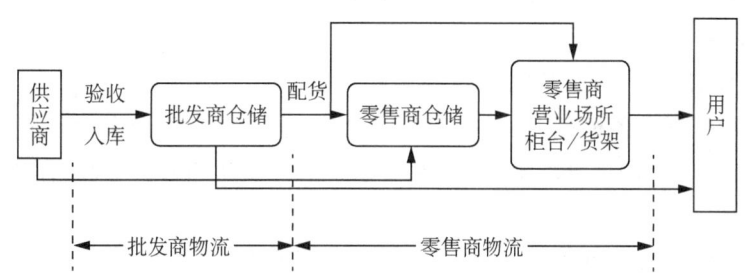

图 4-7　商品流通型企业存货管理流程

（二）存货管理的主要风险点

目前，在企业资产管理实务中，存货积压或短缺，可能造成流动资金占用过量、存货价值贬损或生产中断。具体来说，存货管理的主要风险包括以下几方面。

1. 存货取得环节

存货取得有外购、委托加工、自制等多种方式。该环节的主要风险有 存货预算编制不科学、采购计划不合理，可能造成存货积压或短缺；取得方式不合理，不符合成本效益原则。

2. 验收入库环节

企业应当重视存货验收工作，规范存货验收程序和方法，对入库存货的数量、质量、技术规格等方面进行查验，验收无误方可入库。该环节的主要风险有验收程序和方法不规范、标准不明确，可能造成账实不符、质量不合格等问题。

3. 存货保管环节

存货的仓储保管是指企业仓储部门按仓储物资所要求的储存条件对存货的日常保管工作。该环节的主要风险有存货储存保管方式不当、监管不严，可能造成存货被盗、流失、变质、损坏、贬损、浪费等。

4. 领用与发出环节

存货的领用是企业存货的使用部门对存货的领用，办理相应手续后到仓库领用，用于生产加工；存货的发出是指仓库管理部门审核后将存货按规定发出。该环节的主要风险有存货领用发出审核不严、程序不规范,可能造成存货流失。

5. 盘点清查环节

存货盘点是指企业定期或临时对库存商品的实际数量进行清查、清点,以便及时、真实地掌握存货资产的流动情况。该环节的主要风险有盘点清查制度不完善、盘点计划不合理及执行不严等,可能造成盘点工作流于形式、无法查清存货的真实情况。

6. 存货处置环节

存货处置是指存货的正常对外销售及存货因变质、毁损等进行的处置。该环节的主要风险有处置责任不明确、审批不严等,可能导致企业利益受损。

(三)存货管理主要风险点的控制措施

企业建立和完善存货内部控制制度,需要结合本企业的生产经营特点,针对业务流程中的主要风险点和关键环节,制定有效的控制措施;同时,充分利用计算机信息管理系统,强化会计相关记录,确保存货管理全过程的风险得到有效控制。

1. 存货取得环节

该环节主要有以下几点控制措施。

(1)企业应当根据各种存货采购间隔期和当前库存,综合考虑企业生产经营计划、市场供求等因素,充分利用信息系统,合理确定存货采购日期和数量,确保存货处于最佳库存状态。

(2)企业应综合考虑行业特点、生产经营计划和市场因素等,本着成本效益原则,确定不同的取得存货方式。

2. 验收入库环节

该环节主要有以下几点控制措施。

(1)外购存货的验收,企业应当重点关注合同、发票等原始单据与存货的数量、质量、规格等的核对是否一致。涉及技术含量较高的货物,必要时可委托具有检验资质的机构或聘请外部专家协助验收。

(2)自制存货的验收,企业应当重点关注产品质量。只有检验合格的半成品、产成品才能办理入库手续;不合格品应及时查明原因、落实责任、报告处理。

(3)其他方式取得的存货的验收,企业应当重点关注存货的质量状况、实际价值是否符合有关合同或协议的约定。

3. 存货保管环节

该环节主要有以下几点控制措施。

(1)企业应建立存货管理岗位责任制,企业内部除存货管理、监督部门及仓储人员外,其他部门和人员接触存货,应当经过相关部门特别授权。

(2)存货在不同仓库之间流动时,企业应当办理出入库手续。

(3)企业应当建立存货保管制度,定期对存货进行检查;应当按仓储物资所要求的储存条件贮存,并健全防火、防洪、防盗、防潮、防病虫害和防变质等管理规范。

(4)企业应当加强生产现场的材料、周转材料、半成品等物资的管理,防止浪费、被盗和流失。

（5）对代管、代销、暂存、受托加工的存货，企业应单独存放和记录，避免与本单位存货混淆。

（6）企业应当结合实际情况，加强存货的保险投保，保证存货安全，合理降低意外事件造成的存货损失风险。

4. 领用与发出环节

该环节主要有以下几点控制措施。

（1）企业应当明确存货发出和领用的审批权限，大批存货、贵重商品或危险品的发出应当实行特别授权。

（2）仓储部门应当根据经审批的销售（出库）通知单发出货物。

（3）仓储部门应当详细记录存货入库、出库及库存情况，做到存货记录与实际库存相符，并定期与财会等部门进行核对。

5. 盘点清查环节

该环节主要有以下几点控制措施。

（1）存货盘点清查既要关注数量，又要关注质量。企业应当建立存货盘点清查制度，结合本企业的实际情况确定盘点周期、盘点方法、盘点流程等相关内容，核查存货数量，及时发现存货减值迹象。企业至少应当于每年年度终了开展全面盘点清查，盘点清查结果应当形成书面报告。

（2）盘点清查中发现的盘盈、盘亏、毁损、闲置及需要报废的存货，企业应当查明原因、落实并追究责任，报经批准后进行处置。

6. 存货处置环节

该环节的主要控制措施是企业应定期对存货进行检查，及时了解存货的存储状态，对于变质、毁损、报废或流失的存货，要分清责任，分析原因，并编制存货处置单，报经批准后及时处置。

知识链接

存货管理的职责与权限

企业要做好存货管控，防范风险产生，需要明确存货管理的职责与权限。

第一，企业应当建立存货管理岗位责任制，明确内部相关部门和岗位的职责与权限。它是有效管控存货的基础。只有责权明确，才能保证不同部门和岗位各负其责，实现管控目标。

第二，企业应当"切实做到不相容职务分离、制约和监督"。实施不相容职务分离/部门职责分离，可有效防范错弊风险，是存货管控的基本手段。

第三，企业内部除存货管理、监督部门及仓库人员外，其他部门人员接触存货，应当经过相关部门特别授权。其他部门人员未经授权审批随意接触存货，会加大存货的损毁、丢失、安全风险，不利于存货的管理。

存货管理内部控制案例

某企业仓库保管员负责登记存货明细账,以便对仓库中的所有存货项目的收、发、存进行永续记录。当收到验收部门送交的存货和验收单后,仓库保管员根据验收单登记存货领料单。平时,各车间或其他部门如果需要领取原材料,都可以填写领料单,仓库保管员根据领料单发出原材料。企业辅助材料的用量很少,因此,各部门领取辅助材料时,企业没有要求使用领料单。各车间经常有辅助材料剩余(根据每天特定工作购买而未消耗掉,但其实还可再为其他工作所用的),这些材料由车间自行保管,无须通知仓库。如果仓库保管员有时间,偶尔也会对存货进行实地盘点。

问题与任务:

(1) 该企业存货管理内部控制存在哪些弱点和弊端?

(2) 请就案例中存货管理内部控制存在的问题,提出相应的改进建议。

二、固定资产管理

(一) 固定资产业务概述

企业的固定资产主要包括为生产经营目的而持有的房屋、建筑物、机器、机械、运输工具及其他与生产经营活动有关的设备、器具、工具等。固定资产属于企业的非流动资产,是企业开展正常的生产经营活动必要的物资条件,其价值随着企业生产经营活动逐渐转移到产品成本中。固定资产的安全、完整直接影响企业生产经营的可持续发展能力。

固定资产业务流程通常可以分为取得、验收、登记造册、投保、日常维护、更新改造、抵押质押和清查与处置,以及会计系统控制等,如图4-8所示。企业应当根据固定资产特点,分析、归纳、设计合理的业务流程,查找管理的薄弱环节,健全全面风险管控措施,保证固定资产安全和完整,不断提升固定资产的使用能效,使固定资产处于良好运行状态。

(二) 固定资产管理的主要风险点

在企业资产管理实务中,固定资产更新改造不够、使用效能低下、维护不当、产能过剩,致使企业缺乏竞争力、资价值贬损、安全事故频发或资源浪费。具体来说,固定资产管理的主要风险包括以下几方面。

1. 固定资产取得环节

固定资产的取得方式有投资者投入、外购、自行建造、非货币性资产交换以及捐赠等。该环节的主要风险有固定资产预算不科学、审批不严等,可能造成固定资产购建不符合企业发展战略、利用率不高等问题。

2. 固定资产验收环节

不同取得方式以及不同类型的固定资产,其验收程序和技术要求也不同。该环节的主要风险是固定资产验收程序不规范,可能造成资产质量不符合要求,影响资产正常运作。

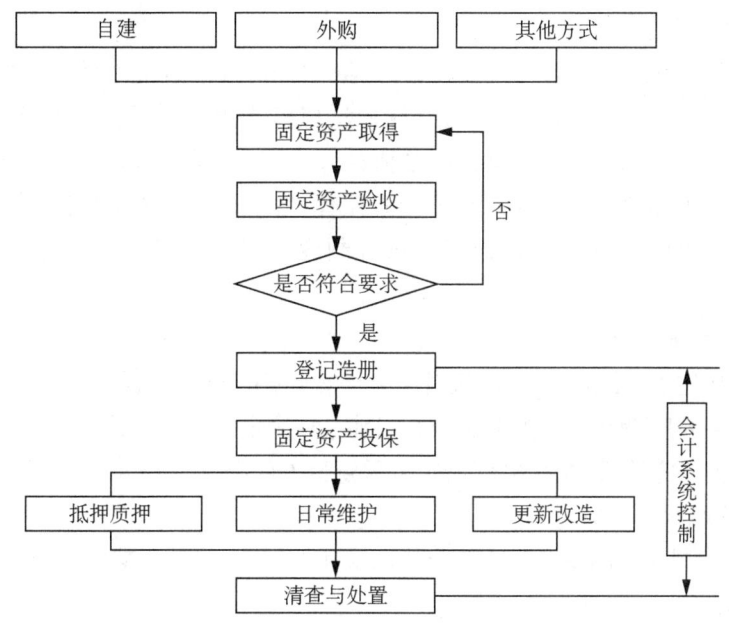

图 4-8 固定资产业务流程图

3. 登记造册环节

企业取得资产后应编制固定资产目录，建立固定资产卡片。该环节的主要风险是固定资产登记内容不完整，可能造成固定资产流失、信息失真等问题。

4. 固定资产投保环节

企业应健全固定资产投保制度，根据固定资产的性质和特点，确定固定资产投保范围和政策。该环节的主要风险是固定资产投保制度不健全，可能造成应投保资产未投保、投保舞弊、索赔不力等问题。

5. 日常维护环节

固定资产的日常维护主要是指其使用和运行维护，包括日常维修和保养。该环节的主要风险有固定资产操作不当、维修保养不到位，可能造成固定资产运作不良、使用效率低下、产品残次率高、生产停顿，甚至出现生产事故等。

6. 更新改造环节

固定资产的更新改造，是指以新的固定资产替换到期报废的旧的固定资产，或以新的技术装备对原有的技术装备进行改造。该环节的主要风险有固定资产更新改造不及时、技术落后，可能造成设备落后、市场竞争力下降。

> **思政园地**
>
> 创新是一个民族进步的灵魂，是提高经济效益，增强市场竞争力的内在源泉，是推动经济与社会发展的决定性因素。创新精神是我们谋求长远发展的不竭动力。现代企业要在竞争中占领更多的市场份额，获取更大的经济利益，就应当注重树立自主创新意识，提升创新能力。

7. 抵押质押环节

抵押,是指债务人或者第三人不转移对财产的占有权,而将该财产抵押作为债权的担保,而债务人不履行债务时,债权人有权依法以抵押财产折价或以拍卖、变卖抵押财产的价款优先受偿。质押也称质权,就是债务人或第三人将其动产移交债权人占有,将该动产作为债权的担保,当债务人不履行债务时,债权人有权依法将该动产卖得价金优先受偿。该环节的主要风险是固定资产抵押制度不完善,可能导致抵押资产价值低估和资产流失。

8. 清查与处置环节

企业建立固定资产清查制度,保证固定资产账实相符,及时掌握资产盈利能力和市场价值。该环节的主要风险有清查制度不完善,可能造成固定资产流失、毁损等账实不符与资产贬值。处置制度不完善、处置方式不合理、处置定价不恰当等,可能给企业造成损失等问题。

9. 会计系统控制环节

会计系统控制环节的主要风险是会计记录和处理不及时、不准确,不能反映固定资产实际情况的风险。

> **知识链接**
>
> ### 固定资产控制中的常见弊端
>
> 由于固定资产单位价值大,使用时间长,管理分散,因此,固定资产管理是单位资产管理与控制的重点。在会计实务中,固定资产业务中常见的弊端主要有以下几种情形。
>
> (1) 盲目购置建造固定资产。固定资产购置,事先缺乏可行性研究论证与资金预算,所购置的固定资产既与单位的生产经营业务能力不相适应,又与单位发展规模不相匹配,而且缺乏必要的资金保证,造成闲置与浪费。
>
> (2) 资本性支出收益化。在固定资产购置过程中,将应该资本化的材料费用、人工工资和利息支出,作为收益性支出列入生产成本,或作为长期待摊费用计入成本费用,或作为财务费用直接计入当期损益。
>
> (3) 资产变动业务不入账。盘盈的固定资产、捐赠的固定资产和无形资产不登记入账,形成账外资产,固定资产变价收入或残值不入账,所得资金作为小家当,存入"小金库",形成账外账,致使单位资产流失。
>
> (4) 通过固定资产的折旧、修理人为调节成本费用。随意改变固定资产的折旧计算方法,变更折旧率,虚增(减)折旧,虚列固定资产修理费用等,导致成本、费用和收益被人为地上下波动。
>
> (5) 账实不符、账情不清。有的企业长期不进行固定资产清查盘点,对已经达到报废时间的固定资产不清理、不处置,既给生产经营与业务活动留下安全隐患,又造成账实不符、账情不清。

(三) 固定资产管理主要风险点的控制措施

企业应当根据固定资产特点,分析、归纳、设计合理的业务流程,查找管理的薄弱环节,健全风险管控措施,保证固定资产安全和完整,不断提升固定资产的使用能效,使固定资产处于良好运行状态。

1. 固定资产取得环节

该环节主要有以下几点控制措施。

(1) 企业应建立固定资产预算制度,固定资产的购建应符合企业的发展战略和投资计划。

(2) 对于固定资产建造项目,企业应开展可行性研究,提出项目方案,报经批准后确定工程立项。

2. 固定资产验收环节

该环节主要有以下几点控制措施。

(1) 外购固定资产验收时,企业应重点关注固定资产的品种、数量、规格、质量等是否与合同、供应商的发货单一致,并出具验收单或验收报告。

(2) 自行建造的固定资产应由建造部门、固定资产管理部门和使用部门联合验收,编制书面验收报告,并在验收合格后填制固定资产移交使用单,移交使用部门投入使用。

(3) 对于需要安装的固定资产,企业收到固定资产应初步验收后进行安装调试,安装完成后须进行第二次验收。

(4) 对于未通过验收的固定资产,企业不得接收,应按照合同等有关规定办理退货等弥补措施。验收合格的固定资产应及时办理入库、编号、建卡、调配等手续。

(5) 对于具有权属证明的资产,企业取得时必须有合法的权属证书。

3. 登记造册环节

该环节主要有以下几点控制措施。

(1) 企业应当制定固定资产目录,对每项固定资产进行编号,登记名称、种类、所在地点、使用部门、责任人、数量、账面价值、使用年限、损耗等内容。

(2) 按照单项资产建立固定资产卡片,企业应当详细记录各项固定资产的来源、验收、使用地点、责任单位和责任人、运转、维修、改造、折旧、盘点等相关内容。

(3) 企业应当定期或不定期对固定资产目录和卡片进行复核。

4. 固定资产投保环节

该环节主要有以下几点控制措施。

(1) 投保范围和政策应足以应对固定资产因各种原因发生损失的风险。

(2) 企业应当严格执行固定资产投保政策和投保范围,对应投保的固定资产项目按规定程序进行审批,及时办理投保手续。

(3) 对重大投保项目,企业应考虑采取招标方式确定保险人,防范投保舞弊。

(4) 已投保资产发生损失的,企业应及时调查原因,办理相关索赔手续。

5. 日常维护环节

该环节主要有以下几点控制措施。

(1) 企业应对固定资产实行归口管理和分级管理,坚持"谁使用、谁管理、谁负责"的原则。

(2) 企业应当强化对关键设备运转的监督,严格操作流程,实行岗前培训和岗位许可制度,确保设备安全运转。

(3) 企业应当严格执行固定资产日常维修和大修理计划,定期对固定资产进行维护保养,切实消除安全隐患。

6. 更新改造环节

该环节主要有以下几点控制措施。

(1) 企业应当定期对固定资产的技术先进性进行评估,结合企业发展的需要,提出技改方案,并经审核批准后执行。

(2) 根据发展战略,企业应当充分利用国家有关自主创新政策,加大技改投入,不断促进固定资产技术升级,淘汰落后设备,切实做到保持本企业固定资产技术的先进性和企业发展的可持续性。

(3) 管理部门需对技改方案实施过程进行适时监督,加强管理,有条件的企业可以建立技改专项资金并进行定期或不定期审计。

7. 抵押质押环节

该环节主要有以下几点控制措施。

(1) 企业应当加强对固定资产抵押、质押的管理,明晰固定资产抵押、质押流程,规定固定资产抵押、质押的程序和审批权限等,确保资产抵押、质押经过授权审批及适当程序。

(2) 企业将固定资产用作抵押,应由相关部门提出申请,经企业授权部门或人员批准后,由资产管理部门办理抵押手续;企业应当加强对接收的抵押资产的管理,编制专门的资产目录,合理评估抵押资产的价值。

8. 清查与处置环节

该环节主要有以下几点控制措施。

(1) 企业每年应当对固定资产至少进行一次全面清查,清查结束后应编制清查报告,对清查中发现的问题,应当查明原因,追究责任,妥善处理。

(2) 企业应加强对固定资产处置的控制,按规定程序对处置申请进行严格审批,关注固定资产处置中的关联交易和处置定价,防范资产流失。

9. 会计系统控制环节

该环节主要控制措施是财务部门应及时对固定资产增加、处置等变动情况进行会计记录和处理,根据固定资产的实际使用情况合理地确定计提折旧、减值准备的方法,并定期对折旧和减值进行复核。

固定资产安全风险

某公司连续发生油田泄漏、爆炸事件:2005年3月,该公司在美国得克萨斯的炼油厂发生爆炸,造成 15 人死亡、170 人受伤;2006 年 3 月,该公司在阿拉斯加的普拉德霍湾油田发生泄漏事件;2010 年 4 月,墨西哥湾爆炸。

事故调查结果令人震惊:生产人员在报警器响后没有立刻启动有关防御措施,而老化的报警装备随后没能作出更强有力的反应。事件给该公司带来的直接损失有 20 多亿美元。调查结果显示,公司油管已运行多年并有多处被腐蚀而致漏油。公司承认,它没有遏止深水石油泄漏的设备,此前,他们一直认为,在美国进行深海钻探,几乎不可能发生事故。

资料来源:
改编整理自 2010 年 8 月 6 日中国石化报,"墨西哥湾漏油事件启示录"。

问题与任务:
(1) 该公司固定资产管理中存在的问题有哪些?
(2) 试从固定资产的内部控制制度建设角度分析,如何改进上述问题?

三、无形资产管理

(一) 无形资产管理概述

无形资产是企业为生产商品、提供劳务、出租或经营管理而持有的、没有实物形态的非货币性资产,通常包括专利权、非专利技术、商标权、著作权、特许权、土地使用权等。无形资产是企业巨大的潜在利益,在市场经济条件下,无形资产在企业中的地位越来越重要,提供相关、可靠的无形资产会计信息有助于信息使用者正确决策。

无形资产管理的业务流程主要包括无形资产的取得与验收、无形资产的使用与维护、技术升级和更新换代、无形资产处置等,如图 4-9 所示。

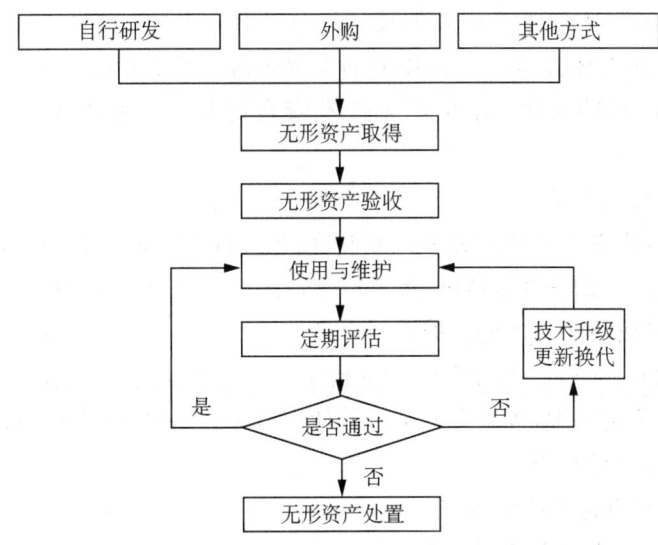

图 4-9 无形资产业务流程图

> **知识链接**
>
> 无形资产作为能够在企业生产经营过程中长期发挥作用、不具有实物形态的、能使拥有者具有较大的获利能力的特殊性资产,其获利能力往往很难加以量化,而它又是不可否认和客观存在的。无形资产具有价值属性,其价值具有多种不同的反映形式。以商标为例,国内有的企业将自己多年呕心沥血创立的国内名牌商标以低价转让给合资企业,"洋牌子"则通过中国的销售渠道,轻而易举地占据了中国市场。从短期看,企业借助"洋牌子",可以把产品卖高价,并通过卖牌子筹措到一定资金,还能享受到中外合资企业的优厚政策,但实质上却造成了企业无形资产的大量流失。

(二) 无形资产管理的主要风险点

目前,在资产管理实务中,企业常常因在无形资产方面缺乏核心技术、权属不清、技术落后、存在重大技术安全隐患,面临法律纠纷,缺乏可持续发展能力。具体来说无形资产管理的主要风险包括以下几方面。

1. 无形资产的取得与验收环节

无形资产的取得方式主要有外部取得和内部自创两种。该环节的主要风险包括:取得的资产不具先进性、无形资产权属不清、不符合发展战略,这些可能导致企业资源浪费,引发法律诉讼。

2. 无形资产的使用与维护环节

企业应授权具体部门或者人员负责无形资产的日常使用和维护,保证无形资产的安全与完整。该环节的主要风险包括:无形资产使用效率低下、缺乏严格的保密措施导致商业秘密泄露、其他企业的侵权行为损害企业利益等。

3. 技术升级和更新换代环节

企业应当及时对无形资产内含的技术进行升级,加大研发投入,确保企业在市场经济竞争中始终处于优势地位。该环节的主要风险包括:无形资产未及时更新换代、技术落后、自主创新能力低、存在重大技术安全隐患、忽视品牌建设、社会认可度低等。

4. 无形资产处置环节

企业应建立无形资产处置的相关控制制度,包括授权审批控制和处置方式控制。该环节的主要风险包括:缺乏处置制度、无形资产处置不当等,容易造成企业资产流失。

(三) 无形资产管理主要风险点的控制措施

企业应当加强对无形资产的管理,建立健全无形资产分类管理制度,保护无形资产的安全,防范可能出现的错弊,提高无形资产的使用效率,充分发挥无形资产对提升企业创新能力和核心竞争力的作用。

1. 无形资产的取得与验收环节

该环节主要有以下几点控制措施。

(1) 企业应当建立严格的无形资产交付使用验收制度,梳理和明确外购、自行开发及其他方式取得的各类无形资产的权属关系,及时办理产权登记、变更手续,确保外购和自行开发的无形资产具有技术先进性。

（2）购入或者以支付土地出让金方式取得的土地使用权，企业必须取得土地使用权的有效证明文件。

2. 无形资产的使用与维护环节

该环节主要有以下几点控制措施。

（1）企业应当加强对品牌、商标、专利、专有技术、土地使用权等无形资产的管理，分类制定无形资产管理办法，落实无形资产管理责任制，促进无形资产的有效利用，充分发挥无形资产对提升企业核心竞争力的作用。

（2）企业应加强对无形资产所有权的保护，防范侵权行为和法律风险。

（3）无形资产具有保密性质的，企业应当采取严格的保密措施，严防泄露商业秘密。

3. 技术升级和更新换代环节

该环节主要有以下几点控制措施。

（1）企业应当定期对专利、专有技术等无形资产的先进性进行评估，淘汰落后技术，促进技术更新换代，不断提升自主创新能力，努力做到核心技术处于同行业领先水平。

（2）企业应当重视品牌建设，加强商誉管理，通过提供高质量产品和优质服务等多种方式不断打造和培育主业品牌，切实维护和提升企业品牌的社会认可度。

4. 无形资产处置环节

该环节主要有以下几点控制措施。

（1）企业应当建立无形资产处置的相关管理制度，明确资产处置的范围、标准、程序和审批权限等要求。

（2）企业应当合理确定处置价格，按规定程序对处置进行严格审批。

（3）重大无形资产的处置，企业应委托具有资质的中介机构进行资产评估。

思政园地

当前，全球正处于百年未有之大变局，第三次全球化浪潮进入深度调整期。数字经济、共享经济、产业融合正在重塑传统实体经济的形态。制造业企业更应该认识到无形资产管理的重要性，不断提升并维护自主品牌的商誉，加强知识产权管理，促进知识产权的保护和合理利用。在创新成果的产生、利用、转让的整个过程，选择适当的知识产权种类，对专利、商标、商业秘密进行全方位保护。在建设中国特色社会主义的新时代，坚持走中国特色新型工业化道路，加快发展先进制造业，对于实现中华民族伟大复兴的中国梦具有特别重要的意义。我们应该不断提升对发展民族制造业的自信心，推进传统产业转型升级，加快发展先进制造业，通过坚持创新发展、强化创新驱动、提升质量和品牌，加快制造业向产业价值链的中高端升级。

中国商标第一案——加多宝与王老吉的红绿之争

事件始末：红绿之争

加多宝

1995年，作为王老吉商标的持有者，广州医药集团有限公司（以下简称广药集团）将红罐王老吉的生产销售权租给了加多宝，而广药集团自己则生产绿色包装的王老吉凉茶，也就是绿盒王老吉。1997年，广药集团又与加多宝的母公司香港鸿道集团签订了商标许可使用合同。2000年，双方第二次签署合同，约定香港鸿道集团对王老吉商标的租赁期限至2010年5月2日到期。

2001年至2003年期间，时任广药集团副董事长、总经理李益民先后收受香港鸿道集团董事长陈鸿道共计300万元港币。李益民得到了两份宝贵的"协议"：广药集团允许鸿道集团将"红罐王老吉"的生产经营权延续到2020年，每年收取商标使用费约500万元。后李益民因受贿罪被判刑，陈鸿道保释外逃。2004年，广药集团下属企业王老吉药业推出了绿盒装王老吉。

2010年8月30日，广药集团向鸿道集团发出律师函，申诉李益民签署的两个补充协议无效。2010年11月，广药集团启动王老吉商标评估程序，彼时王老吉品牌价值被评估为1 080.15亿元，跻身当时中国第一品牌。

2011年4月，广药集团向中国国际经济贸易仲裁委员会提出仲裁请求并提供相应资料；5月，王老吉商标案立案，中国国际经济贸易仲裁委员会确定当年9月底开庭；后因鸿道集团一直未应诉，开庭时间推迟至2011年12月29日，当日仲裁并未出结果。

2012年1月，双方补充所有材料，确定于2月10日进行仲裁。但考虑到王老吉商标价值，仲裁庭建议双方调解。双方争议的焦点是当年香港鸿道集团通过行贿广药集团高管李益民而获得的商标使用补充协议是否有效。广药集团认为协议中王老吉商标租赁合同延期到2020年是无效的，商标已于2010年到期，而加多宝则坚持协议有效。因香港鸿道集团提出的调解条件是以补充合同有效为前提，广药集团无法接受，调解失败。

2012年5月11日，广药集团收到中国国际经济贸易仲裁委员会裁决书，根据该裁决书：广药集团与加多宝的母公司香港鸿道集团签的《"王老吉"商标许可补充协议》和《关于"王老吉"商标使用许可合同的补充协议》无效；香港鸿道集团停止使用"王老吉"商标。

2015年2月27日，"王老吉"商标所有者广药集团发布的《关于"王老吉"商标法律纠纷的进展公告》称，已就该商标纠纷案件向广东省高级人民法院申请变更诉讼请求，将加多宝的赔偿金额由10亿元变更为29.3亿元。

尘埃落定：共享共赢

2017年8月，最高人民法院终审判决认为，广药集团与加多宝公司对"红罐王老吉凉茶"包装装潢权益的形成均作出了重要贡献，双方可在不损害他人合法利益的前提下，共同享有"红罐王老吉凉茶"包装装潢的权益。11月，广东省高级人民法院就加多宝与王老吉公司、广药集团"怕上火"广告语一案作出终审裁决，裁决认定两家凉茶企业也将共享

"怕上火"的广告语。王老吉与加多宝的纠纷终于尘埃落定。持久的消耗战或许只会对双方和社会资源造成巨大的浪费,放眼长远,共享无疑是对双方最好的安排。

资料来源:

2012年05月13日金羊网-新快报,"中国第一商标案终落定 揭秘广药收回王老吉"。

问题与任务:

查阅案例资料,结合无形资产内部控制制度,研讨企业无形资产管理的重要性及管控措施。

任务四 企业销售业务内部控制

一、销售业务概述

销售,是指企业出售商品(或提供劳务)及收取款项等相关活动,是企业实现收入的主要途径。销售业务是企业的主要经营业务之一,稳定的销售增长,不断扩大的市场份额,是企业持续发展壮大的直接表现。企业的商品如不能实现稳定的销售增长,售出的货款如不能足额收回或不能及时收回,必将导致企业持续经营受阻、难以为继。

销售业务的基本流程包括销售计划管理、客户开发与信用管理、确定定价机制、销售业务谈判、销售合同订立、组织发货或提供劳务服务、收款、客户服务、会计系统控制等,如图4-10所示。《企业内部控制应用指引第9号——销售业务》以规范销售行为、促进企业销售稳定增长、扩大市场份额为出发点,提出了销售业务应当关注的主要风险及相应的管控措施。

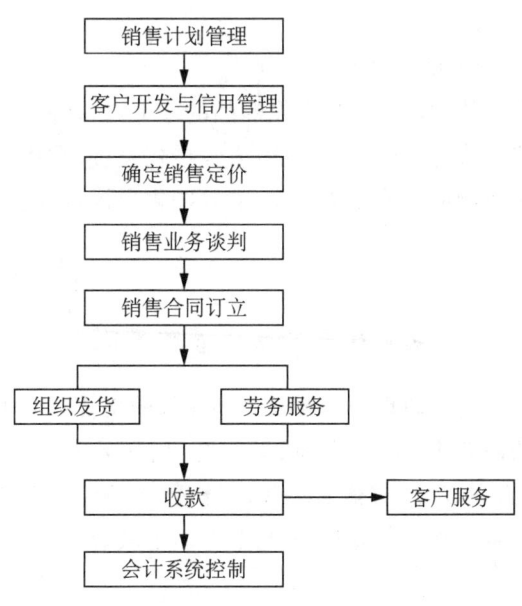

图4-10 销售业务流程图

二、销售业务的主要风险点

1. 销售计划管理环节

企业应结合销售预测和生产能力,设定销售总体目标额及不同产品的销售目标额,并据此制订销售方案,实现销售目标。该环节的主要风险包括:销售计划缺乏或不合理未经授权审批等,导致产品结构和生产安排不合理、库存积压。

2. 客户开发与信用管理环节

企业应该积极拓展市场份额,在充分的市场调研基础上,合理确定目标市场,开发潜在客户,实现销售目标;同时企业也要加强对现有客户的维护与管理。该环节的主要风险包括:客户信用档案不健全、缺乏对客户资信的持续评估,可能造成客户选择不当、款项不能及时收回甚至遭受欺诈,影响企业现金流和正常经营。

3. 确定销售定价环节

企业应该根据有关价格政策,综合考虑企业财务目标、营销目标、产品成本、市场状况等因素,确定产品基准定价。该环节的主要风险包括:定价不合理、销售价格未经适当审批或存在舞弊、信用方式不当等,造成销售受损,损害企业经济利益或企业形象。

4. 销售业务谈判环节

该环节的主要风险包括:与客户谈判过程中,未以已经批准的销售价格、信用政策、发货及收款方式作为谈判的底线;重大的销售业务谈判未吸收财务、法律等专业人员参加,未征询会计、法律等专业性人员的意见,谈判过程无完整的书面记录。

5. 销售合同订立环节

企业与客户订立销售合同、明确双方权利和义务,以此作为开展销售活动的基本依据。该环节的主要风险包括:销售价格、结算方式、收款期限等不符合企业销售政策导致企业经济利益受损;合同内容存在重大疏漏或欺诈、订立合同未经授权,导致侵害企业的合法权益。

6. 组织发货或提供劳务服务环节

发货是根据销售合同的约定向客户提供商品的环节,包括发货通知单编制、发货通知单证实和组织发货。该环节的主要风险包括:未经授权发货、发货不符合合同约定或者发货程序不规范可能造成货物损失或发货错误,引发销售争议,影响货款收回。

> **知识链接**
>
> 发货环节产生的管理风险
>
> 一是,未按时按规定发货的风险。经过内部审批的发货通知单,是销售业务的发货指令,载明需发出货物的品名、规格、数量、装运时间、发运地点等。如果发货部门未根据经过批准的发货通知单发货,可能出现装运错误、与销售合同预定不符、私自发货等情形,既缺少了对销售审批环节的复核,又增加了不能按时按规定内容和对象发货的风

险,进而损坏企业的商业信誉和发生销售争端导致企业商业利益、货款受损等。

二是,发生商品被盗风险。企业对发货与开票、记账等职责不独立分设,缺乏对发货后的监督管理(如定期或不定期地盘点),则存在发货人员利用职务之便监守自盗、发货给虚假客户、重复发货等风险,这些都会造成企业财产损失。

7. 收款环节

收款是企业经授权发货后与客户结算的环节。按照发货时是否收到货款,可分为现销和赊销。该环节的主要风险包括:结算方式选择不当、账款回收不力、票据审查和管理不善,使企业经济利益受损。

8. 客户服务环节

客户服务是在企业与客户之间建立信息沟通机制,对客户提出的问题,企业应予以及时解答或反馈、处理,不断改进商品质量和服务水平,以提升客户满意度和忠诚度。客户服务包括产品维修、销售退回、维护升级等。该环节的主要风险包括:服务水平低,影响客户满意度和忠诚度,造成客户流失。

9. 会计系统控制环节

会计系统控制环节的主要风险包括:销售业务会计记录不准确、处理不及时,不能真实反映企业利润和经济资源的情况等。

三、销售业务主要风险点的控制措施

《企业内部控制应用指引第9号——销售业务》指出,为了促进企业销售稳定增长,扩大市场份额,建立健全销售业务内部控制以规范销售行为,防范销售风险,对企业的生存和可持续发展具有重要的意义。

1. 销售计划管理环节

该环节主要有以下几个控制措施。

(1) 企业应根据发展战略,结合销售预测、生产能力及客户订单情况,制订年度、月度销售计划。企业进行销售预测时要进行市场调查分析,对现有市场状况、企业自身情况、竞争对手状况和顾客状况等方面进行分析。

(2) 企业要不断根据实际销售情况,结合生产现状,及时调整销售计划,并按程序进行审批。

2. 客户开发与信用管理环节

该环节主要有以下几个控制措施。

(1) 企业应该积极拓展市场份额,在充分的市场调研基础上,合理确定目标市场,确定定价机制和信用方式。企业应当在进行充分市场调查的基础上,合理细分市场,根据不同目标群体的具体要求,确定定价机制和信用方式,灵活运用各种销售策略和营销方式,提高市场占有率,实现销售目标。

(2) 企业应当建立和不断更新维护客户信用动态档案。由相对独立于销售部门的信用管理部门对客户付款情况进行持续跟踪和监控,提出划分、调整客户信用等级的方案。

(3)企业应当建立信用审批制度。根据客户信用等级和企业信用政策,企业应当拟定客户赊销限额和时限,经销售、财会等部门具有相关权限的人员审批。对于境外客户和新开发客户,企业应当建立严格的信用保证制度。

3. 确定销售定价环节

该环节主要有以下几个控制措施。

(1)企业应当加强市场调查,合理确定定价机制和信用方式,根据市场变化及时调整销售策略,灵活运用销售折扣、销售折让、信用销售、代销和广告宣传等多种策略和营销方式,促进销售目标的实现,不断提高市场占有率。

(2)企业制定产品基础价格及销售折扣、销售折让等政策时应按规定程序与权限进行审核批准。

(3)对于某些商品,企业可以授予销售部门一定限度的价格浮动权,销售部门可以结合产品市场特点,将权力逐级分配并明确权限执行人。

4. 销售业务谈判环节

该环节主要有以下几个控制措施。

(1)企业应当在与客户的谈判过程中,以已经批准的销售价格、信用政策、发货及收款方式作为谈判的底线。重大的销售业务谈判应当吸收财会、法律等专业人员参加。

(2)企业应当有完整的销售谈判过程书面记录。

(3)企业应当进行客户信用调查。销售部门和信用管理部门需要协助谈判人员展开对客户的信用调查,包括获取信用评估机构对客户信用等级的评估报告。

5. 销售合同订立环节

该环节主要有以下几个控制措施。

(1)销售合同应当明确双方的权利和义务,审批人员应当对销售合同草案进行严格审核。对于重要的销售合同,企业应当征询法律顾问或专家的意见。

(2)销售合同草案经过审批后,企业应授权有关人员与客户签订正式销售合同。

6. 组织发货或提供劳务服务环节

该环节主要有以下几个控制措施。

(1)企业销售部门应当按照经批准的销售合同开具相关销售通知。发货和仓储部门应当对销售通知进行审核,严格按照所列项目组织发货,确保货物的安全发运。

(2)企业应当严格按照发票管理规定开具销售发票,严禁开具虚假发票。

(3)企业应当以运输合同或条款等形式明确运输方式,商品发生短缺、毁损或变质的责任,到货验收方式,运输费用承担,保险等内容。货物交接环节企业应做好装卸和检验工作,确保货物的安全发运。

7. 收款环节

该环节主要有以下几个控制措施。

(1)企业应当结合销售政策和信用政策,选择恰当的结算方式。

(2)企业应当完善应收款项管理制度,落实责任,严格考核,实行奖惩制度。销售部门负责应收款项的催收,妥善保存催收记录(包括往来函电)。财务部门负责办理资金结算并监督款项回收。

(3) 企业应当加强商业票据管理,明确商业票据的受理范围,严格审查商业票据的真实性和合法性,防止票据欺诈,并关注商业票据的取得、贴现和背书。对已贴现但企业仍承担收款风险的票据及逾期票据,企业应当进行追索监控和跟踪管理。

8. 客户服务环节

该环节主要有以下几个控制措施。

(1) 根据企业自身状况与行业整体情况,企业应当完善客户服务制度(包括服务内容、方式、标准等),加强客户服务和跟踪,提升客户满意度和忠诚度。

(2) 企业应做好客户回访工作,建立客户投诉制度,不断改进产品质量和服务水平。

(3) 企业应当加强销售退回管理,分析销售退回原因,并及时妥善处理。

9. 会计系统控制环节

该环节主要有以下几个控制措施。

(1) 企业应当加强对销售、发货、收款业务的会计系统控制,详细记录销售客户、销售合同、销售通知、发运凭证、商业票据、款项收回等情况,确保会计记录、销售记录与仓储记录一致。

(2) 企业应当建立应收账款清收核查制度,指定专人通过函证等方式定期与客户核对应收账款、应收票据、预收账款等往来款项。

(3) 企业应当加强对应收款项坏账的管理。如果应收款项全部或部分无法收回,应当查明原因,明确责任,并严格履行审批程序,按照国家统一的会计准则和制度处理。

再被曝销售过期产品,盒马鲜生监管仍存漏洞

盒马鲜生是阿里巴巴对线下超市完全重构的新零售业态。盒马鲜生既是超市,也是餐饮店,还是菜市场,但这样的描述似乎又都不准确。消费者可到店购买,也可以在盒马App下单。盒马鲜生最大的特点之一就是快速配送:门店附近3千米范围内,30分钟送货上门。2017年7月14日,阿里巴巴董事局主席马云和CEO张勇等人到盒马鲜生品尝刚刚出炉的海鲜,早在两年多以前,阿里巴巴内部已经开始低调筹备"盒马鲜生"。随着阿里巴巴董事局主席马云到店走访,盒马鲜生正式成为阿里"动物园"继天猫、菜鸟、蚂蚁金服之后的新成员。2018年11月19日,盒马鲜生被立案调查,上海市静安区市场监管局针对"偷换标签"事件对盒马鲜生立案调查,其库存73盒胡萝卜产品第一时间被下架封存。随后,在2018年11月21日,盒马鲜生CEO就"标签门"发致歉信,盒马鲜生上海区总经理被免职。

然而,在2018年12月8日,继盒马鲜生"标签门"事件引发关注后,盒马鲜生又一次被曝出食品安全问题。据一消费者在其微博爆料,2018年12月在盒马鲜生上海金桥店购买了两听椰浆,到家后发现该商品已经过期两个多月。对此爆料,阿里巴巴官方客服在该消费者微博下发表留言表示：系盗损物品被误上架，责任确实在盒马方面，随后提出了"十倍赔偿"的解决方案。然而，对于阿里巴巴方面的表态，消费者却并不买账，还继续提出了对盒马鲜生的质疑，该产品保质期到期日为2018年9月28日，那么，公司是否存在对产品的保质期进行检查后仍选择再将商品上架的行为？为何过期两个多月的产品，仍会有被上架销售的可能？

上海市食药监部门的工作人员至门店查看并调查发现：盒马鲜生对消费者举报的这两听椰浆没有像其他商品一样进行入库检查。盒马鲜生方面表示，在未来出现类似问题时，如果商品为盗损商品，会选择不上架，当然后续也会完善相关的报损机制。

这次事件已是盒马鲜生门店在一个月内发生的第二次因产品日期问题被消费者投诉的情况。就在2018年11月15日，市民方先生在盒马鲜生大宁店内选购胡萝卜时，发现一名店员将生产日期分别为2018年11月9日、10日和11日的"崇明胡萝卜"产品的生产日期标签全部更换为2018年11月15日。事后，盒马方面曾通过官方微博郑重表态，盒马方面在管理上存在漏洞，将在全国范围内门店开展自查，杜绝类似情况发生。

从盒马鲜生因产品日期问题接连被投诉的情况来看，这些问题能够在一定程度上说明其内部管理存在问题。据了解，目前盒马鲜生主要的战略定位还是快速抢占新零售市场，从而完成第一轮的跑马圈地。然而，快速抢占市场的战略抉择，自然无法和精耕细作的质量管控相结合，这也许是盒马鲜生目前最为尴尬却也无奈的地方。具体而言，一方面，盒马鲜生快速扩张，很难在质量管控方面做到面面俱到；另一方面，如果盒马鲜生过于追求质量又会影响其扩展的速度，特别是在目前竞争对手虎视眈眈的情况下。

激烈的竞争正在上演，在阿里巴巴落地盒马鲜生这个新零售业务后，京东随后也推出了其自身的线下生鲜超市——7 fresh。面对激烈的市场竞争，盒马鲜生显然优先选择了快速扩张，但是密集曝出的负面新闻，却将对其品牌形象造成严重影响。

资料来源：

徐驰.盒马鲜生又曝销售过期产品 两听椰浆过期两个多月[EB/OL].[2018-12-06]. https://www.bjnews.com.cn/detail/154406993914115.html.

问题与任务：

（1）结合销售业务控制中的重要环节——客户服务，谈谈盒马鲜生食品安全事件给企业带来的经验与教训。

（2）你认为，企业在谋求高速发展的战略定位和销售质量控制之间应该如何平衡？

思政园地

"诚信者，天下之结也"。诚信是一个人的立身之本，也是维护市场经济秩序的重要原则。市场主体讲诚信，可以降低交易成本、促进公平竞争、增强经济活动的可预期性、提高经济效率。正因为如此，诚信被视为市场经济的重要基石。对于企业来说，诚信既是必须践行的行为准则，也是能够为企业带来实际利益的无形资产，是赢得消费者和市场的可靠保证。

任务五　企业财务报告内部控制

一、财务报告概述

财务报告是反映企业财务状况和经营成果的书面文件,包括资产负债表、利润表、现金流量表、所有者权益变动表、附表、会计报表附注和财务情况说明书。财务报告是企业投资者、债权人等利益相关者作出科学决策的重要依据。加强财务报告内部控制有助于企业提高会计信息质量,确保财务报告的真实完整,满足财务报告使用者的需求,还有助于企业确保财务报告的合法合规,防范和化解企业的法律风险,促进资本市场和市场经济健康可持续发展。

根据《企业内部控制应用指引第 14 号——财务报告》总则的规定:为了规范企业财务报告,保证财务报告的真实、完整,根据《会计法》等有关法律法规和《企业内部控制基本规范》,设计与实施财务报告内部控制。财务报告内部控制由财务报告编制控制、财务报告对外提供控制和财务报告分析利用控制三个环节构成,如图 4-11 所示。

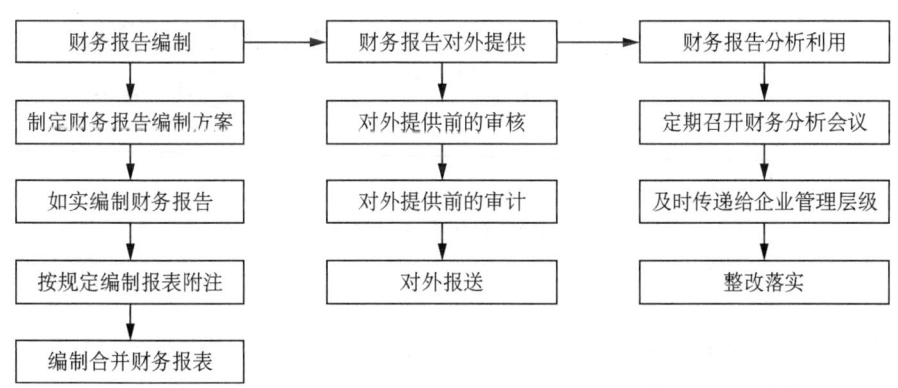

图 4-11　财务报告内部控制流程图

二、财务报告的主要风险点

1. 财务报告编制环节

该环节的主要风险有以下几个方面。

(1) 会计政策未能有效更新,不符合有关法律法规。

(2) 重要会计政策、会计估计变更未经审批,导致会计政策使用不当。

(3) 会计政策未能有效贯彻执行。

(4) 各部门职责分工不清,导致数据出现差错、遗漏和格式不一致等。

(5) 各步骤时间安排不明确,导致整体编制进度延后,违反相关报送要求。

> **知识链接**

财务报告编制流程

财务报告编制流程如图 4-12 所示。

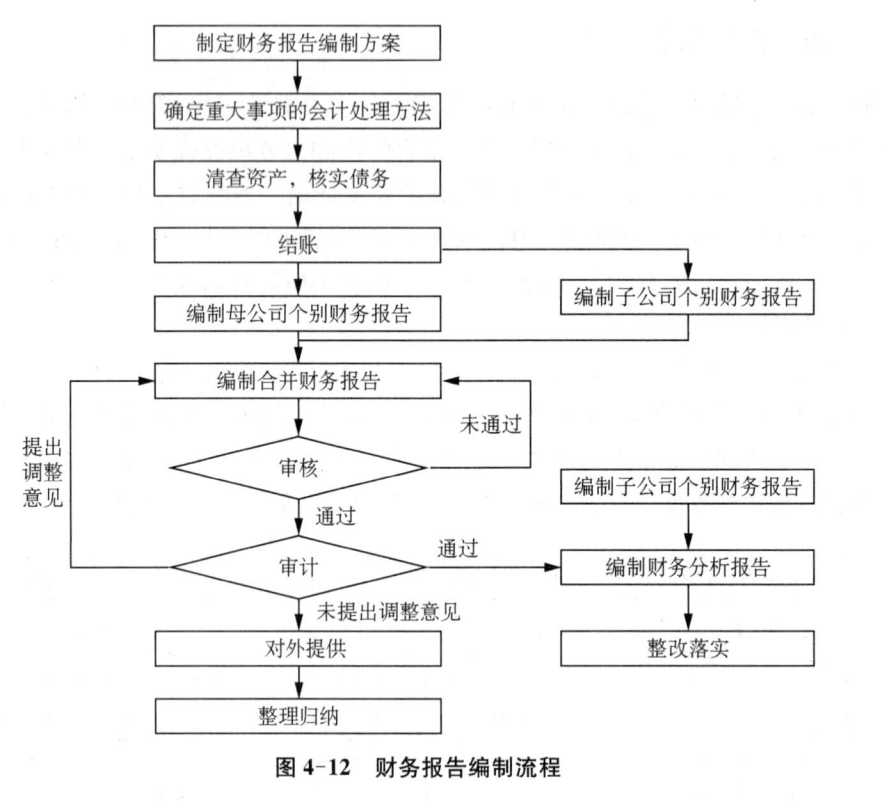

图 4-12　财务报告编制流程

2. 财务报告对外提供环节

该环节的主要风险有以下几个方面。

(1) 财务报告的编制基础、编制依据、编制原则和方法不一致，可能导致财务报告漏报、错报，甚至存在欺诈，难以保证报告的真实及完整。

(2) 由于会计核算等原因，企业未能及时对外提供财务报告，可能导致违反法规规定，降低财务报告信息使用价值，影响企业信誉。

(3) 在财务报告对外提供前财务信息泄露，或被不应知晓的对象获悉，可能导致发生内部交易等，使企业或投资者蒙受损失。

(4) 审计机构的选择不符合相关法律法规的规定，或审计机构与企业串通作弊，可能导致被监管部门审查或社会监督者揭露，受到违规惩罚。

3. 财务报告分析利用环节

该环节的主要风险有以下几个方面。

(1) 财务分析制度不符合企业的实际情况，财务分析流于形式。

（2）未突出企业经营中的重大事项，未充分利用企业现有的资源。

（3）财务分析流程、要求不明确，财务分析制度未经审批等。

> **思政园地**
>
> 企业要有效地完成财务报告控制工作，需要相关岗位人员能够坚持"诚信为本，操守为重，坚持准则，不做假账"。这也是践行社会主义核心价值观之诚信的体现。诚信即诚实守信，是从古至今千百年来传承下来的优良道德传统，涉及个人的操守、行业的自律，乃至社会的风尚和国家的气度。诚信是公民基本的道德规范，是个人精神层面的价值准则，也是评价公民道德行为选择的基本价值标准。

三、财务报告主要风险点的控制措施

（一）财务报告编制环节

该环节主要有以下几个控制措施。

1. 财务报告编制要规范

企业应当按照国家统一的会计准则，依据登记完整、核对无误的会计账簿记录和其他有关资料编制财务报告，做到内容完整、数字真实、计算准确，不得漏报或随意进行取舍。

（1）企业应当关注会计政策和会计估计。企业的会计政策和会计估计既要符合国家会计法规和监管有关规定，也要符合企业自身实际情况。企业内部会计规章制度经财务部门负责人审批后方能生效。财务报告流程、年报编制方案应经企业主管财务负责人审核批准。

（2）企业应当关注有重大影响的交易和事项。对影响会计报告的重大交易和事项（如债务重组、非货币性交易、公允价值的计量、收购兼并、资产减值等），企业应明确授权和处理流程，经相关管理层审批后方能进行，任何人不得任意处理。

（3）企业应当关注资产清查和债务核实。企业在编制会计报表前应进行必要的资产清查、减值测试和债权债务核实，做到账实相符。它是确保财务报告真实可靠、内容完整、计算准确的基础，否则可能出现漏报、重报或任意取舍的情形。

2. 财务状况列示要真实可靠

企业财务报告列示的资产、负债、所有者权益金额应当真实可靠。

（1）各项资产计价方法不得随意变更，如有减值，企业应当合理计提减值准备，严禁虚增和虚减资产。

（2）各项负债应当反映企业的现实义务，企业不得提前、推迟或不确认负债，严禁虚增或虚减负债。

（3）所有者权益应当反映企业资产扣除负债后由所有者享有的剩余权益，由实收资本、资本公积、留存收益等构成。企业应当做好所有者权益保值增值工作，严禁虚假出资、抽逃出资。

3. 经营成果列示要真实完整

企业财务报告应当如实列示当期收入、费用和利润。

(1) 各项收入的确认应当遵循规定的标准,不得虚列或者隐瞒收入,推迟或提前确认收入。

(2) 各项费用、成本的确认应当符合规定,企业不得随意改变费用、成本的确认标准和计量方法,多列、不列或者少列费用、成本。

(3) 利润由收入减去费用后的净额、直接计入当期利润的利得和损失等构成,企业不得随意调整利润的计算、分配方法,编造虚假利润。

4. 现金流量列示要划清界限

(1) 企业财务报告列示的各种现金流量由经营活动和投资活动的现金流量构成,企业列示各类交易和事项的现金流量应该符合相关的界限标准。

(2) 现金流量表是按收付实现制编制的,资产负债表和利润表是按权责发生制编制的。企业通过现金流量能够及时了解现金流向、现金充足性、偿债能力及收益质量等情况,从而制定有效的管理策略,提高经营效率和效果。

5. 报表附注应说明报表中相关事项

附注是财务报告的重要组成部分,对报表中反映企业的财务状况、经营成果、现金流量的需要说明的事项,做出真实、完整、清晰的说明。企业应当按照国家统一的会计准则编制附注。

6. 合并财务报表应关注合并范围及方法

企业集团应当编制合并财务报表,明确合并财务报表的合并范围和合并方法,如实反映企业集团的财务状况、经营成果和现金流量。

(1) 合并财务报表的范围应该以控制为基础,抵销企业内部交易,反映整个集团的财务报表。

(2) 企业应当及时归集、整理、合并抵销基础事项和数据,编制合并抵销分录,依据纳入合并范围的企业之间的内部交易及往来对账结果,在核实无误后进行编制,并保留合并报表的书面记录。

7. 计算机技术应用要充分

(1) 企业编制财务报告,应当充分利用信息技术,提高工作效率和工作质量。

(2) 企业应当减少或避免编制差错和人为调整因素。

(二) 财务报告对外提供环节

该环节主要有以下几个控制措施。

1. 完善财务报告编制的基础

企业遵照有关法规的规定及要求,认真负责地编报财务报告,是防范报告风险的基础。

2. 在制度中明确对财务报告的监督

企业应根据相关法律法规的要求,在相关制度中明确负责财务报告对外提供的对象,并由企业负责人监督。

3. 认真履行财务报告的审批程序

从编制到财务部门负责人审核、总会计师或分管会计工作的负责人审核、企业负责人审核并签字盖章后报出,财务报告编制过程中各环节的负责人对报告内容的真实性、完整性和格式的合规性负责,负有审核监督的职责。

4. 制定严格的保密程序

企业应对能接触财务报告信息的人员进行权限设置,保证财务报告信息在对外提供前控制在适当的范围内。企业对财务报告信息的访问情况予以记录,以便掌握情况,及时发现可能的泄露行为,这也有利于信息泄露后的责任追究。

(三) 财务报告分析利用环节

该环节主要有以下几个控制措施。

1. 重视财务报告的分析工作

企业应当定期召开财务分析会议,充分利用财务报告反映的综合信息,全面分析企业的经营管理状况和存在的问题,不断提高经营管理水平。企业财务分析会议应吸收有关部门负责人参加。总会计师或分管会计工作的负责人应当在财务分析和利用工作中发挥主导作用。

2. 加强企业各指标分析

企业应当分析自身的资产分布、负债水平和所有者权益结构,通过资产负债率、流动比率、资产周转率等指标分析企业的偿债能力和营运能力;企业应当分析净资产的增减变化,了解和掌握企业规模和净资产的不断变化过程;企业应当分析各项收入、费用的构成及其增减变动情况,通过净资产收益率、每股收益等指标,分析盈利能力和发展能力,了解和掌握当期利润增减变化的原因和未来发展趋势;企业应当分析经营活动、投资活动、筹资活动现金流量的运转情况,重点关注现金流量能否保证生产经营过程的正常运行,防止现金短缺或闲置。

3. 注重整改落实

财务分析结果应当及时传递给企业内部有关管理层级,并根据分析报告的意见,明确各部门的责任,财务部门负责监督责任部门的落实情况。

康美药业涉嫌"财务造假"为医药企业鸣响警钟

康美药业股份有限公司(600518)(以下简称康美药业)在 1997 年成立,于 2001 年在上海证券交易所上市。康美药业在"大力推进协同创新,不断提高自主创新能力"的奋斗目标指引下,康美药业不断开拓业务,上至药材种植、药材交易,下至生产开发、终端销售,其产业链已基本贯穿中医药产业链的上、中、下游,业务涉及中医药全产业链的各个关键环节,有效地整合了全产业链资源。截至 2018 年第三季度,康美智慧药房累计处方量达 710 万张,服务患者 250 万人,实现了"让信息多跑路,让群众少跑腿"。康美药业丰富的医疗资源为公司以互联网思维、技术全面改造和升级传统医疗健康产业,打造具有卓越用

康美药业

户体验、覆盖全生命周期、一站式完整医疗服务闭环的移动健康管理大平台,奠定了坚实的基础。未来康美药业将形成全国性的提供精准服务的智慧医疗"超级大平台",全方位开展智慧医疗、智慧药房、健康智库、互联网健康管理等业务,为"健康中国"率先垂范,服务大众健康人生。

然而,在2019年4月30日,康美药业发布了被审计机构出具保留意见的2018年年报,康美药业的年报显示:2018年康美药业实现收入193.56亿元,同比增长约10%,而其此前创下的自2001年上市以来连续增长的盈利情况则被打破,2017年实现净利润11.35亿元,同比下降达47%;扣除非经常性损益后的归属于母公司的净利润为10.21亿元,同比下降近51%。对于这份年报,审计机构广东正中珠江会计师事务所(特殊普通合伙)出具了保留意见的审计报告,保留意见段的内容主要涉及三大事项。

事项之一:康美药业被证监会立案调查事项。在2018年12月28日,康美药业收到证监会下达的《调查通知书》,考虑该公司涉嫌信息披露违法违规,被立案调查。鉴于该调查尚未有结论性意见或决定,因此审计机构无法确定立案调查结果对康美药业2018年度财务报表整体的影响程度。然而,值得注意的是,康美药业2001年10月被媒体密集质疑存在货币现金高、存贷双高、大股东股票质押比例高和中药材贸易毛利率高等情况。随后又被曝出关联方因涉嫌操纵康美药业股价、内幕交易而被公安经侦部门采取强制措施,这也导致康美药业股价持续走低。虽然康美药业在发布的进展公告称,目前证监会的调查尚在进行中,但该公司的风险不容忽视。

事项之二:关联方资金往来。康美药业截至2018年年底其他应收款余额中包括公司自查的向关联方提供资金余额为88.79亿元,坏账准备为0。该公司年报资料显示:截至2017年年底,康美药业其他应收款约为92.28亿元,占公司总资产的比重达到12%,同比增长近57%,变动原因系与关联方的往来款项的增加。此外,关联方资金占用专项报告显示,康美药业现大股东及其附属企业普宁市康淳药业有限公司(以下简称康淳药业)和普宁康都药业有限公司(以下简称康都药业)是占用上市公司资金的两大主要关联方,2018年年初这两家公司占用资金分别约为0、57.14亿元,2018年累计占用金额(不含利息)分别达到33亿元、60.09亿元,期内分别累计偿还0.5亿元、3.8亿元,截至2018年年底,占用资金余额分别为32.50亿元、56.29亿元,合计约为88.79亿元。康淳药业和康都药业占用资金的账龄分别在1年和3年以内,计提比例分别为35.01%、60.63%,但公司2018年并未计提坏账准备,原因系"关联方往来款,承诺全额回收"。

对于上述情况,虽然审计机构表示实施了分析、检查、函证等审计程序,但是仍未能获取充分、适当的审计证据,以至于无法确定康美药业在财务报表中披露的对关联方提供资金发生额及余额的准确性,也无法对关联方资金往来的可回收性作出合理估计。

事项之三:康美药业下属子公司部分在建工程项目建设实施过程中存在部分工程项目财务管理不规范、财务资料不齐全等情况。截至2018年年底,康美药业通过自查已补计工程款金额约36.05亿元(其中,固定资产11.89亿元、投资性房地产20.15亿元、在建工程4.01亿元)。截至2018年年底,康美药业固定资产约为89.50亿元,同比增长46%;在建工程约为29.87亿元,同比增长74%;投资性房地产约为41.70亿元,同比暴增

237%。这显示公司意图加大房地产投资,而去年公司物业租售及其他业务收入达到11.18亿元,同比增加近47%。但是对于补计的工程款,审计机构称,工程项目相关财务资料收集不充分,无法实施恰当的审计程序以获取充分、适当的审计证据证明该类交易的完整性和准确性及对财务报表列报的影响。

与此同时,康美药业还"自揭家丑",公开承认公司2017年财务报表的营业收入、净利润、费用、货币资产、存货、合并现金流量表有关项目等存在账实不符的情况,具体而言,2017年营业收入和净利润分别虚增近89亿元、20亿元,货币资金更是多计近300亿元。通过自查后,康美药业对2017年财务报表进行了重述。此次康美药业自查重述调整2017年财报数据,相当于康美药业"自认"违规,进一步坐实了康美药业涉嫌证券虚假陈述的事实,且涉案金额特别巨大,违规情节特别恶劣,严重侵害投资者合法权益,根据《中华人民共和国证券法》第一百九十三条的规定,康美药业及相关责任人员可能面临证监会给予的警告、责令改正和罚款。

资料来源:

董童,杨迪.康美药业涉嫌"财务造假"为医药企业鸣响警钟[EB/OL].[2019-05-19]. http://health.people.com.cn/n1/2019/0509/c14739-31075229.html.

问题与任务:

(1) 查阅相关资料并分析,美药业财务报告控制中存在哪些缺失或弊端?

(2) 通过何种控制手段和方法可以防止以上问题的发生?

任务六 企业研究与开发内部控制

一、研究与开发业务概述

研究与开发,是指企业为获取新产品、新技术、新工艺等所开展的各种研发活动,是企业进行自主创新的重要手段。研究与开发是企业核心竞争力的本源,是企业自主创新的重要体现,是企业加快转变经济发展方式的强大推动力。在经济全球化背景下,企业应坚定不移地走自主创新之路,重视和加强研究与开发,并将相关成果转化为生产力,在竞争中赢得主动权,夺得先机。

研究,是指为获取并理解新的科学或技术知识等进行的独创性的、有计划的调查。研究活动的典型例子包括:意在获取知识而有目的地进行的活动;研究成果或其他知识的应用研究、评估和最终选择;材料、设备、产品、工序、系统或服务替代品的研究,以及新的或经改进的材料、设备、产品、工序、系统或服务的可能替代品的配置、设计、评价和最终选择等。研究基本是探索性的,是为进一步的开发活动进行资料及相关方面的准备。

开发,是指在进行商业性生产或使用前,将研究成果或其他知识应用于某项计划

项目四
任务六

或设计,以生产出新的或具有实质性改进的材料、装置、产品等。开发活动的典型例子包括:产品生产前或使用前的原型和模型的设计、建造和测试;含新技术的工具、夹具、模具和冲模的设计;不具有商业性生产经营规模的试生产的设计、建造和运营;新的或经改造的材料、设备、产品、工序、系统或服务所选定的替代品的设计、建造和测试等。

一般生产企业研究与开发活动的业务流程如图 4-13 所示,主要涉及立项申请与审批、研究过程管理、研究成果验收、项目保密、研究成果开发与转化、研究成果保护及评估与改进等环节。

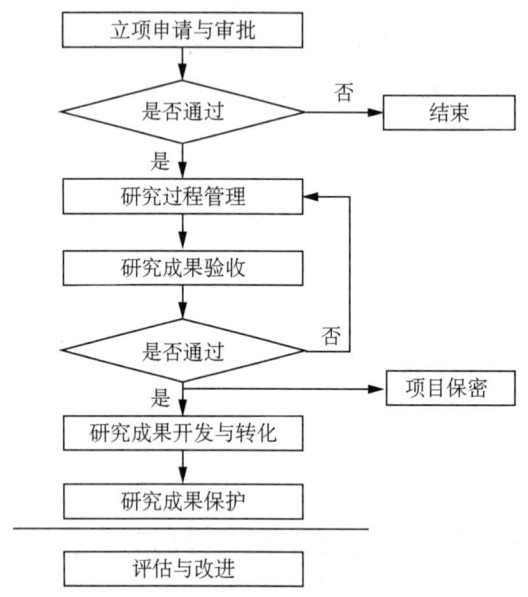

图 4-13 一般生产企业研究与开发活动的业务流程图

> **知识链接**
>
> 企业研发方式
>
> 企业研发可以采取自主研发和研发外包两种方式。自主研发是指企业依靠自身的人力、物力和财力,独立完成科研项目。研发外包根据外包程度不同,可以分为委托研发和合作研发。委托研发是指企业委托具有研发能力的企业或机构等开展研发工作,委托人全额承担研发经费、受托人交付研发成果的研发形式。合作研发是指企业联合其他企业或机构共同开展研发工作,合作方共同参与、共享效益、共担风险的研发形式。企业应遵循技术互补性原则、成本最低原则、诚信原则等甄选合作伙伴。

二、研究与开发业务的主要风险点

企业研究与开发业务的风险,是指企业对新产品开发的内外环境的不确定性估计不足,或无法适应新产品开发过程、难以有效控制开发过程而造成的研究与开发失败的可能性。

企业开展研究与开发活动至少应当关注下列风险:

(1) 研究项目未经科学论证或论证不充分,可能导致创新不足或资源浪费。

(2) 研究与开发人员配备不合理或研究与开发过程管理不善,可能导致研究与开发成本过高、舞弊或研究与开发失败。

(3) 研究成果转化应用不足、保护措施不力,可能导致企业利益受损。

三、研究与开发业务主要风险点的控制措施

研究与开发活动可以分为立项与研究阶段与开发与保护阶段。不同企业应当根据自身实际情况及相关信息,对研究阶段与开发阶段做出具体划分。为有效控制研发风险,提升企业自主创新能力,充分发挥科技的支撑引领作用,促进实现企业发展战略,《企业内部控制应用指引第10号——研究与开发》对企业的研究与开发业务管理做了相应指引。

(一)立项与研究

1. 立项申请和审批环节

研发项目的立项申请与可行性研究是企业确立开发项目的第一步。

该环节主要控制措施包括:①企业应当结合发展战略、实际需要及技术现状,制订研发计划,提出研究项目立项申请,开展可行性研究,编制可行性研究报告。②企业可以组织独立于申请及立项审批的专业机构和人员进行评估论证,出具评审意见。③企业可以按照重要性原则,对项目进行分类管理。重大研究项目应当报经董事会或类似权力机构集体审议决策。④项目审批应当重点关注研究项目促进企业发展的必要性、技术的先进性及成果转化的可行性。

2. 研究过程管理环节

研究过程管理包括人员的配备、项目的进展跟踪管理,以及合作方获得的法律程序。

该环节主要控制措施包括:①企业应当加强对研究过程的管理,合理配备专业人员,严格落实岗位责任制,确保研究过程高效、可控;②企业应当跟踪检查研究项目的进展情况,评估各阶段研究成果,提供足够的经费支持,确保项目按期、保质完成,有效规避研究失败风险;③企业研究项目委托外单位承担的,应当采用招标、协议等适当方式确定受托单位,签订书面外包合同,约定研究成果产权归属、研究进度和质量标准等相关内容;④企业与其他单位合作进行研究的,应当对合作单位进行尽职调查,签订书面合作研究合同,明确双方投资、分工、权利义务、研究成果产权归属等。

3. 研究成果验收环节

企业应当建立和完善研究成果验收制度。

该环节主要控制措施包括:①企业应该组织专业人员对研究成果进行独立评审和验收。②企业对于通过验收的研究成果,可以委托相关机构进行审查,确认是否申请专利或

作为非专利技术、商业秘密等进行管理。对于需要申请专利的研究成果,企业应当及时办理有关专利申请手续。

4. 项目保密环节

企业需防范掌握关键环节、关键技术、核心技术的研发人员被竞争对手挖墙脚、对外泄密或者恶意破坏等风险。

该环节主要控制措施包括:①企业应当建立严格的核心研发人员管理制度,明确界定核心研究人员的范围和名册清单,与核心研发人员签署国家有关法律法规要求的保密协议,从制度上约束核心研发人员可能出现的道德风险;②企业应实施合理、有效的研发绩效管理,如采取期权分享方式对研发人员进行持续激励,减少离职现象;③企业与核心研发人员签订劳动合同时,应当特别约定研究成果归属、离职条件、离职移交程序、离职后的保密义务、离职后的竞业限制年限及违约责任等内容。

(二)开发与保护

1. 研究成果开发与转化环节

研究成果开发是技术研究的目的,如果开发成功,企业就可以获取技术优势。企业研发活动的最终目的是将潜在的生产力转化为实实在在的经济效益。

该环节主要控制措施包括:①企业应该在科研、生产与市场之间建立有机联系,最终促进成果的转化;②企业应当加强研究成果的开发,形成科研、生产、市场三位一体的自主创新机制,促进研究成果转化;③企业应加强技术管理,攻克关键技术障碍;④企业对研究成果的开发应当分步推进。

2. 研究成果保护环节

企业应当建立研究成果保护制度。

该环节主要控制措施包括:①企业应当立项申请、评估和审批阶段都应详细检索专利信息,以防自主研发成果不能使用;②企业应当加强研发人员管理,签订保密协议,在劳动合同中明确离职后的保密义务等;③企业应当在合作研究合同中明确产权归属;④企业应当建立研究成果保护制度,加强对专利权、非专利技术、商业秘密及在研发过程中形成的各类涉密图纸、程序、资料的管理,严格按照制度规定借阅和使用程序,禁止无关人员接触研究成果,以及依靠法律保护合法权益。

3. 评估与改进环节

研发活动评估是指在研发项目通过验收的一定时间之后,对立项与研究、开发与保护等过程进行全面评估,衡量研发价值,总结经验,查清薄弱环节,以不断提高研发水平。

该环节主要控制措施包括:①企业应当建立研发活动评估制度,加强对立项与研究、开发与保护等过程的全面评估,认真总结研发管理经验,分析研发管理的薄弱环节,完善相关制度和办法,不断改进和提升研发活动的管理水平;②企业应当增强管理者对评估作用的认可;③企业应当在人员和经费方面给予保证;④企业应当根据不同类型的项目分别构建评估指标体系。

思政园地

企业是创新的主体,其增强竞争力的关键在于自主创新能力及拥有自主知识产权。市场经济的主体是企业,创新成果形成的知识产权也归属于企业,所以企业应该担负起自主创新的重任。国家的富强要依靠千千万万个企业的发展,而企业的发展依靠自主创新和对知识产权的拥有、运用、管理和保护。任何科技创新如果不经过企业运作,是不可能转化成规模产业的,也不可能真正成为第一生产力。因此,企业的生命力就在于创新,而其发展的动力就是不断把创新成果转化为社会生产力。

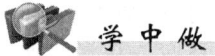

华为巨大成功的背后:研发投入功不可没

华为技术有限公司(以下简称华为)是中国知名企业,是一家生产和销售通信设备的民营通信科技公司。华为的产品主要涉及通信网络中的交换网络、传输网络、无线及有线固定接入网络、数据通信网络、无线终端产品。华为为世界各地通信运营商及专业网络拥有者提供硬件设备、软件、服务和解决方案。2016年8月25日,全国工商联发布"2016中国民营企业500强"榜单,华为以3 950.09亿元的年营业收入成为500强榜首。2017年第一季度,华为首次超越长期霸占核心路由器市场全球首位的思科,占据核心路由器市场的全球最大份额。2018年7月31日,华为在2018年第三十二届中国电子信息百强企业中排名第一。2019年1月24日,华为发布了迄今最强大的5G基带芯片Balong5000(巴龙5000)。

华为在德国、瑞典、美国、印度、俄罗斯、加拿大、土耳其等国家,以及中国的深圳、上海、北京、南京、西安、成都、杭州、重庆、武汉等地区设立了16个研究所。华为聚焦ICT领域的关键技术、架构、标准等方向,持续投入,致力于提供更宽、更智能、更高能效的零等待管道,为用户创造更好的体验。在未来5G通信、网络架构、计算和存储上持续创新,取得重要的创新成果。同时,华为和来自工业界、学术界、研究机构的伙伴紧密合作,引领未来网络从研究到创新实施。华为还与领先运营商成立了28个联合创新中心,把领先技术转化为竞争优势。工业和信息化部正式发放5G商用牌照,标志着中国正式进入5G时代。华为公司表态,将凭借端到端全面领先的5G能力全力支持中国运营商建好中国5G。

华为自2009年起着手5G研究,已累计投入20亿美元用于5G技术与产品研发。当前已具备从芯片、产品到系统组网全面领先的5G能力,也是目前全球唯一能够提供端到端5G商用解决方案的通信企业。其主导的极化码、上下行解耦、大规模天线和新型网络架构等关键技术已成为5G国际标准的重要组成部分。同时,华为已实现全系列业界领先自研芯片的规模商用,包括全球首款5G基站芯片组天罡、5G终端基带芯片巴龙及终端处理器芯片麒麟980。在全球5G的商用步伐上,华为也已位居前列。早在2018年2月世界移动通信大会期间,华为就已完成全球首个5G通话,并推出了全球首个 5G 终端。华为已在全球 30 个国家获得了 46 个 5G 商用合同,5G 基站发货量超过 10 万个,居全球首位。从 2018 年 4 月开始,华为已经在中国 40 多个城市与中国三大运营商开展了 5G 规模商用试验,包括城区、室内、高速公路、地铁等多场景实测,均已达到商用标准。

据国家统计局发布的数据,2018 年我国研究与试验发展(R&D)经费支出为 19 657 亿元,与 2017 年相比增长 11.6%。不得不说,能取得这样的成绩确实非常不容易。最近两年,国内的互联网企业及许多国产品牌不断创新,扛起了国内研发大旗。然而,对于中国企业研发来说,过去的 2018 年是冷暖交替的一年。这一年,中兴事件引发了国人对"缺芯少魂"的思考,华为进军美国失败等让人们十分担忧。但在后面的时间里,华为顶住以美国为首的西方国家的压力,成功拿下 30 多份 5G 订单,手机出货量连续两次超越苹果,让国人为之兴奋。总之,一件又一件事情都在向我们表明掌握核心技术才是最重要的。一份在 2019 年 1 月欧盟委员会发布的排名数据显示,2018 年华为一共拿出 113.34 亿欧元用于研发,全球排名第五,远超英特尔和苹果公司。华为销售额能够屡创新高,在很大程度上得益于华为对研发的大手笔投入。华为在 2018 年的研发投入高达 1 015 亿元,占销售收入的比重为 14.1%。华为近十年投入的研发费用总计超过 4 800 亿元。据联合国下属的世界知识产权组织公布的数据,2018 年华为向该机构提交了 5 405 份专利申请,在全球所有企业中排名第一。华为每年都会从销售收入中拿出 10% 投入研究与开发中。截至 2017 年,华为公司在全球拥有 36 个联合创新中心,从事研发的员工有 8 万名,是华为员工总人数的 45%。随着 5G 的落地、人工智能等领域的发展,相信华为还会加大研发投入来与其他厂商竞争。

资料来源:

[1] 叶薇.华为累计投入 20 亿美元专注研发 5G 自主研发芯片实现规模商用[EB/OL].[2019-06-06]. https://baijiahao.baidu.com/s?id=1635562010740023112&wfr=spider&for=pc.

[2] 赵鹏.华为去年研发投入上千亿元[EB/OL].[2019-03-30]. https://baijiahao.baidu.com/s?id=1629379729305737746&wfr=spider&for=pc.

问题与任务:

(1) 查阅相关资料,谈谈企业研究与开发的重要性。

(2) 企业研究与开发的内部控制主要分为哪些流程,分别有哪些控制手段?

(3) 你是如何理解企业创新精神和创新能力的?

任务七 企业工程项目内部控制

一、工程项目概述

工程项目也称建设项目,是指企业自行或者委托其他单位进行的建造、安装活

动,是企业增加固定资产的一种经济活动,包括企业自行建造房屋、建筑物、各种设施及进行大型机器设备的安装工程、固定资产建筑工程、安装工程、技术改造工程、大修理工程、信息化工程等。工程项目会形成新的固定资产或维护、提升既有固定资产的性能。

工程项目的流程包括工程立项、工程设计、工程招标、工程建设和工程验收五个阶段,如图 4-14 所示。

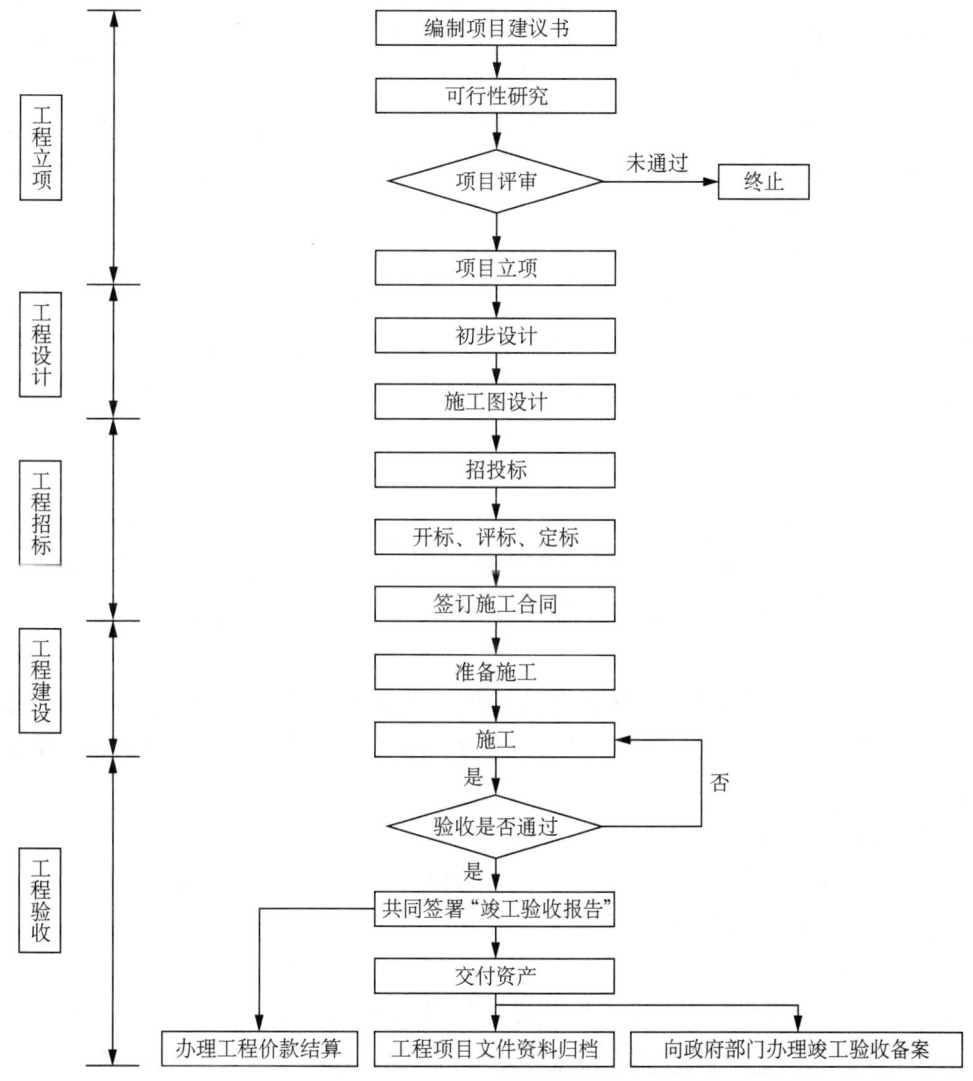

图 4-14 工程项目管理流程图

工程项目体现着企业发展战略,对企业提高生产能力、促进产业升级和技术进步有重要作用。其基本特点是规模大,耗用资金多;工期长,涉及面广;质量要求高,技术高度综合,工艺复杂等。

二、工程项目的主要风险点

由于工程项目一般投入大、周期长、涉及环节和部门单位多,出现问题的可能性也较大,因而对企业的发展影响重大。整个工程项目管理流程包括多个环节,如图 4-14 所示。企业应当加强工程项目管理,提高工程质量,保证工程进度,控制工程成本,防范商业贿赂等舞弊行为,从而助力企业战略目标的实现。

(一) 工程立项阶段

工程立项阶段主要包括编制项目建议书、可行性研究、项目评审和立项决策 4 个环节。

1. 编制项目建议书环节

项目建议书主要对拟建项目提出框架性总体设想。该环节的主要风险包括:工程项目与企业发展战略及国家产业政策不符;项目建议书内容不完整、不合规,如拟建规模不明确及投资估算、资金筹措与项目进度安排不协调等。

2. 可行性研究环节

可行性研究是指企业对建设项目在技术、财务、经济、政策支持、外部协作等方面进行全面分析,为立项决策提供依据。该环节的主要风险包括:缺乏可行性研究、可行性研究流于形式或深度不够等,这会导致可行性研究无法为立项决策提供充分、可靠的依据。

3. 项目评审环节

企业应当组织规划、工程、技术、财务、法律等部门的专家对项目建议书和可行性研究报告进行充分论证和评审,出具评审意见,并将评审意见作为项目决策的重要依据。该环节的主要风险包括:项目评审流于形式、评审不科学等,可能造成决策失误。

4. 项目立项环节

企业应当按照规定的权限和程序对工程项目进行决策,且决策过程应有完整的书面记录,并能够落实责任追究制度。该环节的主要风险是决策程序不规范,这会造成决策失误等。

(二) 工程设计阶段

工程立项后,企业要进行工程设计。设计阶段是影响工程投资最主要的阶段,一般可分为初步设计和施工图设计两个环节。

1. 初步设计环节

初步设计是整个设计构思基本形成的过程,主要明确建设技术的可行性和经济合理性,同时确定主要技术方案、工程总造价等。编制初步设计概算是初步设计阶段的一项重要工作,即计算从筹建到竣工验收、交付使用的预期造价。该环节的主要风险包括设计单位资质达不到项目要求;审计人员研究不透彻,设计出现较大疏漏;未进行多方案比选;设计深度不够,影响施工。

2. 施工图设计环节

施工图设计,是指通过图纸把设计者的意图和设计结果呈现出来,作为施工的依据。与施工图设计关联的是施工图预算。施工图预算是施工单位投标报价的重要参考依据。

该环节的主要风险包括:预算严重脱离实际,可能导致项目投资失控;设计深度不足、存在设计缺陷,造成施工组织、工期、工程质量、投资失控及生产运行成本过高;工程设计与后续施工衔接不当,导致技术方案不能得到有效落实。

(三)工程招标阶段

企业的工程项目一般应当采用公开招标的方式,择优选择具有相应资质的承包单位和监理单位。招标过程包括招标,投标和开标、评标、定标等主要环节。

1. 招标环节

招标工作包括招标前期准备、招标公告和资格预审公告的编制与发布等。该环节的主要风险包括:违背工程施工组织设计和招标设计计划,将工程肢解,投标资格不公平、不合理,违法违规泄露标底等。

2. 投标环节

投标阶段包括现场考察、投标预备会及投标文件的编制和送达。该环节的主要风险包括:招标人与投标人串通投标或投标人之间串通舞弊;投标人资质不符合要求、以他人名义投标等。

3. 开标、评标和定标环节

企业应当依法组建评标委员会。评标委员会应当按照招标文件确定的标准和方法对投标文件进行评审和比较,择优选择中标候选人,及时向中标人发出中标通知书。该环节的主要风险包括:评标委员会专业水平差,出现定标失误;评标委员会与投标人之间存在舞弊行为,损害建设单位利益。

(四)工程建设阶段

工程建设指的是工程建设实施,即施工阶段。工程质量、进度和成本主要取决于工程建设阶段。该环节的主要风险包括:忽视质量盲目赶进度、虚列费用、偷工减料、安全管理松懈、资金超支。

(五)工程验收阶段

企业收到承包单位的工程竣工报告后,要及时编制竣工决算,开展竣工决算审计,组织设计、施工、监理等有关单位进行竣工验收。该环节的主要风险包括:竣工验收不规范,竣工决算审核不严,如质量检验不严或者相关资料不齐全等;竣工决算失真,如虚报项目投资完成额、虚列建设成本等。

三、工程项目主要风险点的控制措施

《内部控制应用指引第 11 号——工程项目》指出,企业应当加强工程项目管理,按照国家相关法律法规及企业相关规定,加强工程项目内部控制与审计,防范工程项目管理中的差错与舞弊,提高资金使用效益,规范企业工程项目建设行为。

(一)工程立项阶段

1. 编制项目建议书环节

该环节主要控制措施包括企业应当指定专门机构归口管理工程项目,并根据发展战略和年度投资计划,结合国家产业政策,明确规定项目建议书的主要内容和编制要求,编制项目建议书,对项目建议书的内容充分地进行分析论证。

2. 可行性研究环节

该环节主要控制措施包括企业应当明确可行性研究报告的内容和编制要求,对项目可行性进行深入分析。可以委托具有相应资质的专业机构开展可行性研究,并按照有关要求形成可行性研究报告。

3. 项目评审环节

该环节主要控制措施包括:①企业应当组织规划、工程、技术、财会、法律等部门的专家对项目建议书和可行性研究报告进行充分论证和评审,出具评审意见,并将评审意见作为项目决策的重要依据;②企业在项目评审过程中,应当重点关注项目投资方案、投资规模、资金筹措、生产规模、投资效益、布局选址、技术、安全、设备、环境保护等方面,核实相关资料的来源和取得途径是否真实、可靠和完整;③企业可以委托具有相应资质的专业机构对可行性研究报告进行评审,并出具评审意见。需要注意的是,从事项目可行性研究的专业机构不得再从事可行性研究报告的评审。

4. 项目立项环节

重大工程项目的立项应当报经董事会或类似权力机构集体审议批准,任何个人不得单独决策或者擅自改变集体决策意见。该环节主要控制措施包括:企业应当在工程项目立项后、正式施工前,依法取得建设用地、城市规划、环境保护、安全、施工等方面的许可,并核实取得材料的合法合规性。

(二) 工程设计阶段

1. 初步设计环节

该环节主要控制措施包括:企业应选择有资质、有经验的设计单位,可以外聘设计单位。确定设计单位后,企业应当向招标确定的设计单位提供详细的设计要求和基础资料,进行有效的技术交流,并在此基础上,进行多方案对比;建立严格的初步设计审查和批准制度,确保评审质量。

2. 施工图设计环节

该环节主要控制措施包括:①企业应当建立严格的概预算编制与审核制度。应当组织工程、技术、财会等部门的相关专业人员或委托具有相应资质的中介机构对编制的概预算进行审核,重点审查编制依据、项目内容、工程量的计算等是否真实、完整和准确,确保概预算的科学合理。②企业应该建立严格的施工图设计管理制度和交底制度,且按项目要求的进度交付施工图设计深度及图纸,提高设计质量,防止设计深度不足或设计缺陷带来的问题。③建立设计变更管理制度。设计单位应当提供全面、及时的现场服务,避免设计与施工相脱节的现象发生。对因过失造成设计变更的人,应当进行责任追究。

(三) 工程招标阶段

1. 招标环节

该环节主要控制措施包括:①企业应当遵循公开、公正、平等竞争的原则,发布招标公告,提供包含招标工程的主要技术要求、主要合同条款、评标的标准和方法及开标、评标、定标的程序等内容的招标文件;②企业应当严格根据项目特点确定投标人的资格要求,不得违背工程施工组织设计和招标设计计划,将应由一个承包单位完成的工程肢解为若干部分发包给几个承包单位;③企业可以根据项目特点决定是否编制标底,需要编制标底的,标底的编制过程和标底应当严格保密。

2. 投标环节

该环节主要控制措施包括:①企业在确定中标人前,不得与投标人就投标价格、投标方案等实质性内容进行谈判;②企业应当对投标人的信息采取严格的保密措施,防止投标人之间串通舞弊;③企业应当按照招标公告或资格预审文件中的投标人资格条件对投标人进行严格审查,预防投标人凭借假资质中标或借资质串标。

3. 开标、评标和定标环节

该环节主要有以下几个控制措施。

(1) 企业应当依法组建评标委员会。评标委员会应当按照招标文件确定的标准和方法对投标文件进行评审和比较、择优选择中标候选人,及时向中标人发出中标通知书。

(2) 企业应当依法组织工程招标的开标、评标和定标,并接受有关部门的监督。评标委员会应由企业的代表和有关技术、经济方面的专家组成,应客观、公正地提出评审意见,并对评审意见承担责任;评标委员会成员和参与评标的有关工作人员不得透露投标文件的评审和比较情况、中标候选人的推荐情况以及与评标有关的其他情况,不得私下接触投标人,不得收受投标人的财物或者其他好处;企业应当在规定的期限内与中标人订立书面合同,明确双方的权利、义务和违约责任。

(四) 工程建设阶段

该阶段主要有以下几个控制措施。

(1) 企业应当加强对工程建设过程的监督,实行严格的概预算管理,切实做到及时备料,科学施工,保障资金,落实责任,确保工程项目达到设计要求。

(2) 按照合同约定,企业自行采购工程物资的,应当按照《内部控制应用指引第7号——采购业务》等相关指引的规定,组织工程物资采购、验收和付款;由承包单位采购工程物资的,企业应当加强监督,确保工程物资采购符合设计标准和合同要求。严禁将不合格工程物资投入工程项目建设。重大设备和大宗材料的采购应当根据有关招标采购的规定执行。

(3) 企业应当实行严格的工程监理制度,委托经过招标确定的监理单位进行监理。工程监理单位应当依照国家法律法规及相关技术标准、设计文件和工程承包合同,对承包单位在施工质量、工期、进度、安全和资金使用等方面实施监督。工程监理人员应当具备良好的职业操守,客观公正地执行监理任务,发现工程施工不符合设计要求、施工技术标准和合同约定的,应当要求承包单位改正;发现工程设计不符合建筑工程质量标准或者合同约定的质量要求的,应当报告企业,要求设计单位改正。

(4) 未经工程监理人员签字,企业不得在工程上使用或者安装工程物资,不得进行下一道工序施工,不得拨付工程价款,不得进行竣工验收。企业财会部门应当加强与承包单位的沟通,准确掌握工程进度,根据合同约定,按照规定的审批权限和程序办理工程价款结算,不得无故拖欠。

企业应当严格控制工程变更,确需变更的,应当按照规定的权限和程序进行审批。

(五) 工程验收阶段

该阶段主要有以下几个控制措施。

(1) 企业应当组织审核竣工决算,重点审查决算依据是否完备、相关文件资料是否齐全、竣工清理是否完成、决算编制是否正确。未实施竣工决算审计的工程项目,不得办理竣工验收手续;交付竣工验收的工程项目,应当符合规定的质量标准,有完整的工程技术经济资料,并具备国家规定的其他竣工条件。企业应当按照国家有关档案管理的规定,及时收集、整理工程建设各环节的文件资料,建立完整的工程项目档案。

(2) 企业应当建立完工项目后评估制度,在项目完成并运行一段时间后,对项目执行过程、效益等进行系统、客观的分析,重点评价工程项目预期目标的实现情况和项目投资效益等,并以此作为绩效考核和责任追究的依据。

思政园地

企业在进行工程项目内部控制时,特别是在招投标环节,应当坚持公平和公正的原则,发布招标公告、确定投标人的资格、标底的编制等过程严格保密。招标人不可以与投标人串通或舞弊,以确保招投标过程和结果的公平。

工程监理方要明确工程监理人员的岗位操守,从职业素质、个人品质、专业胜任能力等各方面加强自我要求,依法依规、客观公正地执行监理任务。

知识链接

工程项目方面的岗位分工与权责划分

1. 相关部门职责

(1) 基建部门。受理项目申请和项目建议;组织项目的可行性论证和评估;组织或委托招标;办理工程开工的前期工作;组织编制概预算;组建项目管理机构;监督工程质量进度;审核工程结算(工程量);组织项目后评价;其他职责。

(2) 财务部门。参与工程项目的可行性研究论证与评估、决算事项;工程项目核算;工程价款支付;参与工程概预算、结算审核;参与工程建设监督。

(3) 审计部门。工程审计;合同审计;参与工程项目的可行性研究论证与评估、决算事项;参与工程建设监督。

2. 不相容职务分离

企业应当建立工程项目业务的岗位责任制,明确相关部门和岗位的职责权限,确保办理工程项目业务的不相容职务分离、制约和监督。工程项目业务不相容职务一般包括:

(1) 项目建议、可行性研究与项目决策分离。

(2) 概预算编制与审核分离。

(3) 项目决策与项目实施分离。

(4) 项目实施与价款支付分离。

(5) 项目实施与项目验收分离。

(6) 竣工决算与竣工决算审计分离。

3. 人员素质要求

企业应根据工程项目的特点，配备合格的人员办理工程项目业务。办理工程项目业务的人员应具备良好的业务素质和职业道德，并符合公司规定的岗位规范要求。其中，配备的专门办理工程项目会计业务的人员尤其应熟悉国家法律法规及工程项目管理方面的专业知识。

学中做

北京联通室内覆盖工程项目管理研究

一、背景介绍

近年来，在联通北京北分网络建设部门的努力下，联通北京北分公司的基站建设取得了长足的进步，与竞争对手北京移动之间的网络覆盖差距在明显地减小，但这种差距的减小主要体现在室外覆盖的广度和深度上。随着北京城市建设的飞速发展，新建的大型楼宇、宾馆饭店，以及大型的住宅小区达到 2 000 栋，这些楼宇的网络覆盖已经成为联通无线网络覆盖的短板。随着市中心区（二环以内、中关村、亚运村）中楼宇越来越高、越来越多、越来越密集，移动通信的无线电信号的传输受到阻挡而衰减。另外，现代建筑多以钢筋混凝土为骨架，再加上全封闭式的外装修，它对无线电信号的屏蔽特别厉害。为解决室内网络覆盖问题，目前最有效的方法就是建设室内覆盖系统，将基站的信号通过有线方式直接引入室内的每一个区域，再通过小型天线将基站信号发送出去，从而达到消除室内覆盖盲区，抑制干扰，为室内的移动通信用户提供稳定、可靠的信号，使用户在室内也能享受高质量的个人通信服务。

为提高北京联通移动通信网络的性能，满足市场发展的需要，结合后勤工程的规划，本期项目首选解决现有的大部分具有一定经济效益、社会影响力较大的目标楼宇的网络覆盖问题，并解决新建设的重点楼宇的网络覆盖问题，同时，本项目适当兼顾容量发展的需要，补充完善一些相对重要性略低的楼宇的网络覆盖。本项目应重点对以下目标楼宇进行覆盖：各国家部委机关、会议场所；四星级以上的宾馆酒店；甲级写字楼；其他社会影响力极大的场所（如地铁、机场、国家重点建设项目等）；超大型、大型商场、购物中心、餐饮娱乐场所；交通枢纽；重要的写字楼及宾馆；三级以上医院；高档小区的高层楼宇，小区的电梯、地下车库及部分公共区域等。建设室内覆盖系统的各室内区域应达到以下覆盖效果：基本消除楼宇内用户经常到达的室内覆盖盲区，并保证良好的通信质量，位置通信概率高于 95%；吸收覆盖区内 90% 以上的话务量；覆盖区内呼叫正常、切换顺畅、掉话率低；合理选择信号源，确定其配置，满足容量发展需要。

二、工程项目的管理模式

北京联通有多个部门可以管理通信工程，传输工程、通信管道的建设由基础网络设施部管理,维护工程、技术改造升级由移动网络技术维护部管理,楼宇居房的建设由基建办公室管理,新业务的开发、市场营销类工程由技术综合应用部管理,移动网络的建设,包括室内覆盖系统及室外基站的建设由移动网络建设部管理。北京联通的建设工程主要分为两类,一类是交钥匙工程,即北京联通与设备厂家或集成商签订合同后,由设备厂家负责建设,相关的工程管理部门进行管理;另一类是自建工程,即由移动网络建设部等相关部门组织施工招标,通过公开投标,产生中标的施工单位,由设备厂家提供督导,施工单位完成设备的安装调试。这两类工程都需要聘请监理公司进行监理。

三、工程项目的管理流程

(一)项目的启动及项目计划

(1)项目提出:由移动网络技术维护部和计划财务部根据市场部门的用户预测及用户发展情况提出建设需求。

(2)可行性研究:由移动网络技术维护部及计划财务部组织设计院根据需求情况决定是否进行可行性研究。如需要,委托设计院进行研究,并完成可行性研究报告。

(3)将可行性研究报告提交联通总部审批。

(4)联通总部根据年度投资计划完成批复可行性研究报告,完成工程项目立项。由移动网络技术维护部及计划财务部委托设计院做出工程项目初步设计,形成初步设计文件。

(5)设计会审:由移动网络技术维护部、计划财务部、设计院及移动网络建设部等单位共同进行设计会审,并将会审结果报联通总部审批。

(二)项目的实施

(1)根据总部的设计批复文件,移动网络建设部及移动网络技术维护部进行工程项目的采购招标。其中,交换、基站等核心设备的采购招标由移动网络技术维护部进行,工程配套设备、施工监理单位的招标由移动网络建设部完成。

(2)开工报告由施工单位、监理单位提交,由移动网建部审核。

(3)施工管理和质量监督由网建部及监理单位派人随工监督。

(三)项目的完工初验

(1)完工编制交工文件:施工单位按规定期限完成施工任务并编制交工文件和工程初步结算。

(2)初验:由移动网络建设部组织,由移动网络技术维护部、监理单位进行初步验收。

(3)试运行:初验合格后,设备需要进行3个月的试运行。

(四)项目的竣工验收

(1)竣工验收:由运行监督部组织有关单位进行竣工验收,并完成相关的验收报告。

(2)竣工结算审计:由移动网络建设部将工程结算送审计部审计。审计部按有关规定进行审计。

(3)资产移交:移动网络建设部办理固定资产移交,将资产账目、设备明细、建账手续移交给移动网络技术维护部,同时将设备纳入正常的维护。计划财务部根据设备明细和资产账目进行价款决算。

(4) 各部门将工程档案移交规划建设部汇总竣工文件,并移交公司档案室存档。

四、工程项目风险管理

北京联通的室内覆盖项目存在的风险有技术、政策、法律等方面的风险。通过对室内覆盖项目的风险识别、评估和分析后就可以用管理的手段进行各项控制,具体有如下几点控制。

(1) 对室内覆盖项目的设计方案要严格把关,确保每个拟覆盖的楼宇要达到覆盖效果。

(2) 要严把信号覆盖的验收关,在验收过程中引入第三方网络优化测试公司进行测试验收。

(3) 认真履行合同,严防施工单位或设备厂家违约,及时支付应付的工程款项,以保证施工单位和设备厂家的正常运作。

(4) 施工安全风险。安全与质量在实质内容上是统一的,安全与质量同等重要,这需要工程项目的各参与方树立"安全第一"的思想意识,利用安全管理制度、各项安全措施来控制施工安全风险。

(5) 设备及材料供应的风险。在室内覆盖项目中,公司需要采购大量的电缆及馈线接头,为保证这些材料的质量,除了采取采购招标,公司还应定期从工地上抽取样品进行规格、质量的分析,对发现有质量问题的产品,给予重罚,以此保证设备及材料的质量。

五、工程项目的沟通管理

北京联通室内覆盖工程是一个时间要求紧迫的多点工程,整个工程涉及交换、传输、电源、基站等多个专业,且该项目涉及点多面广,为保证项目的进度和质量,这个项目设计了以下沟通模式。

(1) 从项目启动开始,整个项目组和施工单位、设备厂家共同召开一个项目启动沟通会。在会上,项目的建设方和施工单位、设备厂家互相协商,共同明确了项目目标、总体项目方案及时间规划。召开了项目沟通会后,项目组印发了会议纪要,并向公司领导作了专题汇报,同时将该会议纪要抄送相关单位。此举旨在使双方领导、职能部门经理及客户单位的上级领导了解整个项目的目标和规划,为整个项目后续的进展奠定必要的前提。

(2) 为了使整个项目组成员及时了解项目进展情况,及时协调项目进展过程中出现的问题,项目组每周定期编写"室内覆盖工程项目周报",该周报主要有以下内容:项目目前的计划进度和实际进度;本周工程中出现的主要问题、已解决的问题和待解决的问题;希望相关部门协调解决的问题及解决建议;下周工程计划进度;下周工程进度涉及的相关资源、人员准备到位情况等。该周报每周五下午以电子邮件的方式发送给所有项目组成员、施工单位、设备厂家,同时抄送公司领导和相关职能部门领导。

(3) 每周召开工程例会,对项目进行中出现的问题进行协调处理。室内覆盖项目需要多方相互配合,为避免在工程建设中各相关部门人员各自为战,互不沟通,互相推诿的现象,保证该项目在建设工程中所出现的问题能及时解决,项目组每周一定期召开例会,对上周项目建设作一个总结，对已出现但未能解决的问题提出协调解决方案，并对本周工作作出要求。每周一召开的工程例会，是在各项目组成员上周五已收到上周项目周报、已了解上周基本情况的基础上，为了更好地解决问题而进行的再沟通。该例会简短扼要，旨在处理问题，解决问题。

（4）和工程监理保持紧密联系，确保对工程进度和质量的实时控制。因整个室内覆盖涉及的站点多达上千栋楼宇，整个工程需要协调，将联通的室内覆盖设备安装到楼宇中，需要协调楼宇的物业及业主，协调设备安装的位置、电缆布放的路由、机房的用电等等，仅仅靠项目组的人员无法保证对每个站点进行质量和进度的实时控制，因此，在项目中，公司需要聘请工程监理对每个楼宇的室内覆盖工程进行工程质量和进度的控制。项目组的一名专职人员要和工程监理负责人保持紧密联络，听取监理对工程进度的反馈和意见，同一项目组的每个人每周至少要保证有一天时间和监理一起到工程现场检查施工工艺、工程进度，是否符合工程进度周报，施工单位有无虚报瞒报工程进度的现象。当发现有工程质量问题时，由监理单位对施工单位开出限期整改监理通知，并在整改完成后进行复查。

资料来源：

孙继泽.北京联通室内覆盖工程的项目管理研究[D].北京:北京邮电大学,2008.

问题与任务：

（1）北京联通工程项目的管理模式是怎样的？

（2）参考以上案例并结合工程项目的有关知识，从工程项目的管理流程、风险管理和沟通管理中任选角度，谈谈对工程项目管理的启示。

任务八　企业担保业务内部控制

一、担保业务概述

《企业内部控制应用指引第 12 号——担保业务》中所称"担保"是指企业作为担保人按照公平、自愿、互利的原则与债权人约定，当债务人不履行债务时，依照法律规定和合同协议承担相应法律责任的行为。

担保业务的基本流程包括受理申请、调查和评估、审批机构审批、签订担保合同、担保合同监控等，如图 4-15 所示。

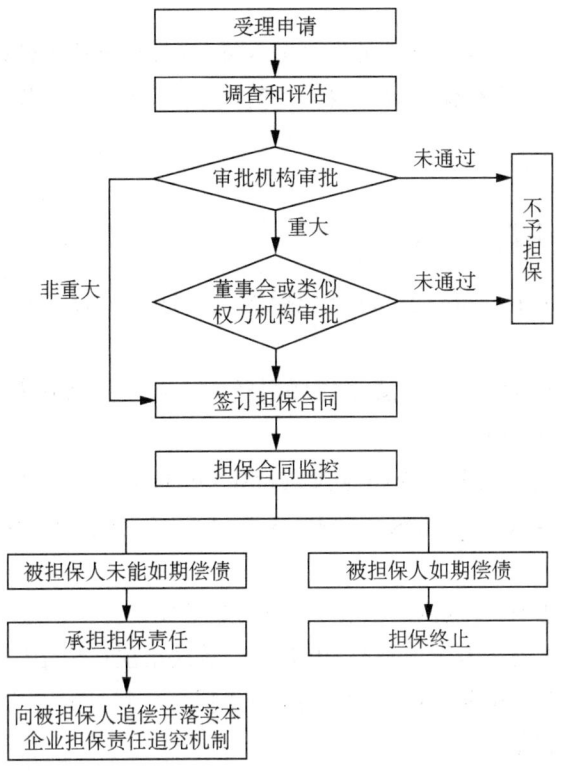

图 4-15 担保业务管理流程图

知识链接

担保的方式

1. 一般保证

当事人在保证合同中约定债务人不能履行债务时由保证人承担保证责任的,为一般保证。一般保证的保证人在主合同纠纷未经判决或者仲裁,并就债务人财产依法强制执行仍不能履行债务前,对债权人可以拒绝承担保证责任。

2. 连带责任保证

当事人在保证合同中约定保证人与债务人对债务承担连带责任的,为连带责任保证。连带责任保证的债务人在主合同规定的债务履行期届满没有履行债务的,债权人可以要求债务人履行债务,也可以要求保证人在其保证范围内承担保证责任。

3. 抵押

债务人或者第三人不转移对抵押财产的占有,将该财产作为债权担保,此类担保方式为抵押。债务人不履行债务时,债权人有权依法以抵押财产折价或者以拍卖、变卖该财产的价款优先受偿。

4. 质押

债务人或者第三人将其动产移交债权人占有,将该动产作为债权的担保,此类担保方式为质押。债务人不履行债务时,债权人有权依法以该动产折价或者以拍卖、变卖该动产的价款优先受偿。

二、担保业务的主要风险点

担保有利于债务人的融资,但是对外担保的风险是很大的。担保业务的主要风险有以下几点。

(1) 担保业务不符合国家有关法律的规定及本企业发展战略和经营需要,可能导致担保业务不具有可行性,风险过高。

(2) 担保业务未经适当审批或超越授权审批,可能会产生重大差错、舞弊或欺诈行为而使企业遭受损失,或因担保执行监控不当而导致企业经营效率低下或资产遭受损失。

(3) 担保评估不适当,可能因诉讼、代偿等而遭受损失。

(4) 风险评估报告的参考价值不高,可能会导致决策层作出错误的决策。

(5) 不能及时发现被担保企业经营中存在的问题,尤其是财务方面的问题,可能会导致企业承担不必要的代偿责任。

(6) 企业不能及时了解被担保企业担保项目的执行、资金使用情况、贷款的归还情况、财务运行及风险情况,可能会导致企业担保风险增加。

(7) 担保业务信息记录不完整、不及时,可能会导致会计报表、信息失真。

(8) 担保信息的披露不符合国家法律、法规的相关规定,企业可能遭受外部处罚、经济损失和信誉损失。

三、担保业务主要风险点的控制措施

加强企业担保业务管理,防范担保业务风险,对于维护企业利益和维持正常经营有重要的意义。

(一) 受理申请环节

受理申请是办理担保业务的第一步,是控制的起点。

该环节主要控制措施包括:企业应依法制定和完善担保业务政策及相关管理制度,明确担保的对象、范围、方式、条件、程序、担保限额和禁止担保等事项;受理人员应严格按照担保政策和相关管理制度对担保申请进行审查,如对与本企业有密切业务关系的企业、有潜在重要业务关系的企业、子公司等提出的申请可予受理;反之,则必须慎重处理。

(二) 调查和评估环节

该环节主要有以下几个控制措施。

(1) 企业应当指定相关部门负责办理担保业务,对担保申请人进行资信调查和风险评估。

(2)企业应当委派具备胜任能力的专业人员开展调查和评估,调查评估人员与担保业务审批人员应当分离,调查评估结果应出具书面报告。企业也可委托中介机构对担保业务进行资信调查和风险评估工作。

(3)企业在对担保申请人进行资信调查和风险评估时,应当重点关注如下几点:一是担保业务是否符合国家法律法规和本企业担保政策等相关要求;二是担保申请人的资信状况,一般包括基本情况、资产质量、经营情况、偿债能力、盈利水平、信用程度、行业前景等;三是担保申请人用于担保和第三方担保的资产状况及其权利归属;四是如果企业要求担保申请人提供反担保,还应当对与反担保有关的资产状况进行评估。

需要注意的是,对于以下几种情形不予担保:一是担保项目不符合国家法律法规和本企业担保政策;二是对方已进入重组、托管、兼并或破产清算程序;三是对方财务状况恶化、资不抵债、管理混乱、经营风险较大;四是对方与其他企业存在较大经济纠纷,面临法律诉讼且可能承担较大赔偿责任的;五是对方与本企业已经发生过担保纠纷且仍未妥善解决的,或不能及时足额交纳担保费用。

(三)审批机构审批环节

该环节主要控制措施包括:企业应当规定担保业务的授权批准方式、权限、程序、责任和相关控制措施,在授权范围内进行审批,不得超越权限审批;对审批人超越审批权限的担保业务,经办人员应当拒绝办理;对于重大担保业务,企业应当报经董事会或类似权力机构批准;企业为关联方提供担保的,与关联方存在经济利益或近亲属关系的有关人员在评估与审批环节应当回避;企业还应当加强对变更担保的管理;被担保人要求变更担保事项的,企业则应当重新履行调查评估与审批程序。

(四)签订担保合同环节

该环节主要有以下几个控制措施。

(1)企业应当根据审核批准的担保业务订立担保合同,担保合同应明确被担保人的权利、义务、违约责任等相关内容,并要求被担保人定期提供财务报告与有关资料,及时通报担保事项的实施情况;担保申请人同时向多方申请担保的,企业应当在担保合同中明确约定本企业的担保份额和相应的责任。

(2)企业应当实行担保合同会审联签,鼓励担保业务经办单位会同企业法律部门、财务部门、内审部门进行担保合同会审联签,以降低担保合同存在重大疏漏或欺诈的风险;企业应当加强对身份证明和印章的管理,杜绝身份证明和印章被盗用于对外担保,从而造成担保损失;企业应当规范担保合同记录、传递和保管过程,确保担保合同运转轨迹清晰完整、有案可查。

(五)担保合同监控环节

该环节主要有以下几个控制措施。

(1)企业应当加强担保合同的日常管理。企业要定期监测被担保人的经营情况和财务状况,对被担保人进行跟踪和监督,了解担保项目的执行、资金的使用、贷款的归还、财务运行及风险等情况,确保担保合同有效履行;及时报告和处理被担保人的异常情况。在担保合同的履行过程中,如果被担保人出现经营困难等异常情况,企业应当及时向有关管理人员报告,并妥善处理。

（2）企业应当加强会计系统控制,及时、足额收取担保费用,建立担保事项台账,详细记录担保对象、金额、期限、用于抵押和质押的物品或权利及其他有关事项。企业财务部门应当及时收集、分析被担保人担保期内经审计的财务报告等相关资料,持续关注被担保人的财务状况、经营成果、现金流量及担保合同的履行情况,积极配合担保经办部门防范担保业务风险;及时进行会计记录、会计处理及相关披露。对于被担保人出现财务状况恶化、资不抵债、破产清算等情形,企业应当根据国家统一的会计准则和制度规定,合理确认预计负债和损失。

（3）企业应当建立担保业务责任追究制度,对在担保中出现重大决策失误、未履行集体审批程序或不按规定管理担保业务的部门及人员,应当严格追究其责任。

思政园地

企业在担保业务管理中,一方面,要增强风险意识、强化底线思维,把主要风险点及其应对措施想得更周全一些,把各项工作做得更扎实一些。底线思维的根本要求就是防范风险。企业决策层要重点防范全局性风险。企业执行层主要防范重点领域的风险,做到守土负责。另一方面,企业开展业务要讲诚信,严格履行代偿义务,维护企业自身形象和美誉度。

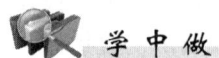

刚泰控股违规担保56亿 引上交所频频关注

因陷入违规担保旋涡,被称为"互联网珠宝第一股"的甘肃刚泰控股(集团)股份有限公司(以下简称*ST刚泰,600687.SH)最近"麻烦"不断。2020年4月10日,上海证券交易所(以下简称上交所)披露纪律处分决定,对*ST刚泰及时任公司董事长徐建刚、时任董事兼总经理赵瑞俊(代行董事会秘书职责)等多人公开谴责,并认定徐建刚5年内不适合担任上市公司董事、监事、高级管理人员;对公司时任董事会秘书李敏、时任财务总监张咸予以通报批评。

上述处罚事由与*ST刚泰的违规担保事宜相关。"虽然*ST刚泰所属区域为甘肃省,但是实际的办公地以及经营都在上海,这增加了我们的监管难度。"甘肃证监局人士向《中国经营报》记者表示,曾经有人举报该公司,甘肃证监局随后展开调查,发现的确是有违规担保等情形存在。

根据甘肃证监局《行政处罚决定书》(〔2019〕2号),*ST刚泰于2016年11月22日至2018年6月13日期间,为实际控制人徐建刚及其关联方违规累计提供21笔担保,担保金额合计约56.34亿元。

甘肃证监局人士告诉记者,对于*ST刚泰实际控制人徐建刚等人的纪律处分,将通报中国证监会和甘肃省人民政府,并记入上市公司诚信档案。

和大多数因违规担保被处罚的上市公司一样,*ST刚泰违规担保东窗事发源于其自查。2019年4月11日，*ST刚泰发布公告称，公司发现在部分借款纠纷案件中公司存在提供担保的嫌疑。经自查，发现相关担保均与公司控股股东及其一致行动人或实际控制人徐建刚相关，但均未经公司有决策权限的决策机构批准，属于违规为控股股东及其一致行动人提供担保。其中，涉及违规担保42亿元，目前尚未偿还的本息合计约34亿元，股东提供的质押担保物价值约51亿元。

然而，彼时徐建刚认为，上述借款的担保仅为名义担保，其额外提供的质押担保物价值约51亿元，能够足额覆盖借款本息，不会给*ST刚泰造成实质性损失。

随后，甘肃证监局查明，*ST刚泰违规担保涉及的金额比上述自查的数据还要多一些。2016年11月22日至2018年6月13日，*ST刚泰为其实际控制人、关联方及其他相关方的21笔借款违规提供担保，担保金额合计约56.34亿元，上述担保事项未经*ST刚泰董事会、股东（大）会决策程序，且未及时履行信息披露义务。

另外，因前述21笔借款中有多笔未按期偿还，部分出借人将*ST刚泰列为被告之一提起诉讼，涉诉金额合计不低于7.85亿元，已达到披露标准，但是*ST刚泰未及时对外披露。

"违规担保且虚假陈述，损害了投资人权益，肯定是要被处罚的。"甘肃证监局人士表示，已经向*ST刚泰下发了《行政处罚决定书》，并对相关责任人给予严惩，包括罚款、警示等措施。

除了"违规担保"外，*ST刚泰在资本市场上也"麻烦"不断。自2019年4月12日开盘起，*ST刚泰股价一路下跌，5月20日，*ST刚泰及相关当事人被证监会立案调查之后，股价再次出现"断崖式"下跌，连续出现4个跌停板。目前，*ST刚泰的股价已经跌破1元/股。截至2020年4月17日收盘，其每股价格为0.96元。在市值缩水之际，*ST刚泰或将面临众多投资者的维权索赔。因为*ST刚泰"虚假陈述"，已经有投资人打算通过法律诉讼进行索赔。

"上市公司违规为控股公司提供担保而受到处罚屡见不鲜，大多数都是拆东墙补西墙，总体来说就是缺钱。"一位证券投资顾问向记者表示，*ST刚泰实际控制人绕开公司董事会安排上市公司为自己提供担保，说明其内控管理失效。

*ST刚泰在公告中曾坦言，公司为实际控制人及其关联方提供担保，未经公司决策程序，公司未能及时发现，未及时披露对外担保，不符合公司章程的规定；公司部分用章登记未经审批，部分用章记录未在登记簿登记，公司在公章使用管理方面存在重大缺陷。

在2019年6月21日，*ST刚泰披露公告称，在公司实际控制人徐建刚直接安排下，公司于2018年4月3日向上海酷呷贸易有限公司（以下简称酷呷贸易）开具了5张商业承兑汇票，累计金额1 000万元。后酷呷贸易将上述商业承兑汇票背书转让给益安保理，在实际控制人安排下，由*ST刚泰向益安保理出具了《债务担保承诺函》。

根据年审会计师出具的*ST刚泰2018年度内部控制审计报告，*ST刚泰部分对外融资借款事项未执行内部审批流程和集体决策程序，不符合其章程及相关内部控制的规定，与之相关的财务报告内部控制运行失效。

某会计师事务所注册会计师张瑞（化名）向记者表示，对上市公司来说，财务规范是基本要求，必须按照《企业内部控制基本规范》保持有效的财务报告内部控制。同时，对印章的管理也必须规范,如若不然,就很难判断相关业务和信息的真实性,有时候甚至会引发诉讼风险。

资料来源:

刚泰控股违规担保 56 亿 引上交所频频关注 https://baijiahao.baidu.com/s?id=16642687684487695577&wfr=spider&for=pc.

问题与任务:

(1) 结合*ST 刚泰担保违规原因,分析担保业务管理主要风险点有哪些?

(2) 针对以上风险点,可以采取怎样的措施进行有效管控?

任务九　企业业务外包内部控制

一、业务外包概述

业务外包,是指企业利用专业化分工优势,将日常经营中的部分业务委托给本企业以外的专业服务机构或其他经济组织(以下简称承包方)完成的经营行为。外包业务通常包括:研发、资信调查、可行性研究、委托加工、物业管理、客户服务、IT 服务等。加强业务外包管理,对于规范业务外包行为和防范业务外包风险具有重要意义。业务外包内部控制的关键环节主要有制定业务外包实施方案、审核批准、选择承包方、签订业务外包合同、外包合同的执行与监控(组织实施业务外包、业务外包过程管理)、验收、付款与会计系统控制,如图 4-16 所示。

二、业务外包的主要风险点

(一) 制定业务外包实施方案环节

制定业务外包实施方案,是指根据年度生产经营计划和业务外包管理制度,结合确定的业务外包范围,拟订实施方案。该环节的主要风险包括:缺乏业务外包管理制度,无法指导业务外包实施方案的制定;外包范围不明确,将核心业务外包;实施方案不合理,可能导致业务外包失败风险。

(二) 审核批准环节

审核批准,是指企业应当按照规定的权限和程序审核批准业务外包方案。该环节的主要风险包括:审批制度不健全,审批程序不规范;审批不严,如未对业务外包的成本和风险进行深入权衡等,造成外包决策失误;未能对业务外包实施方案是否符合成本效益原则进行合理审核,做出恰当判断,导致业务外包不经济。

(三) 选择承包方环节

在外包业务中,厂商和承包方之间形成一种合作伙伴关系,承包方的表现在很大程度上影响制造商对市场的服务水平。企业基于成本效益原则,择优选择符合资质的外包业

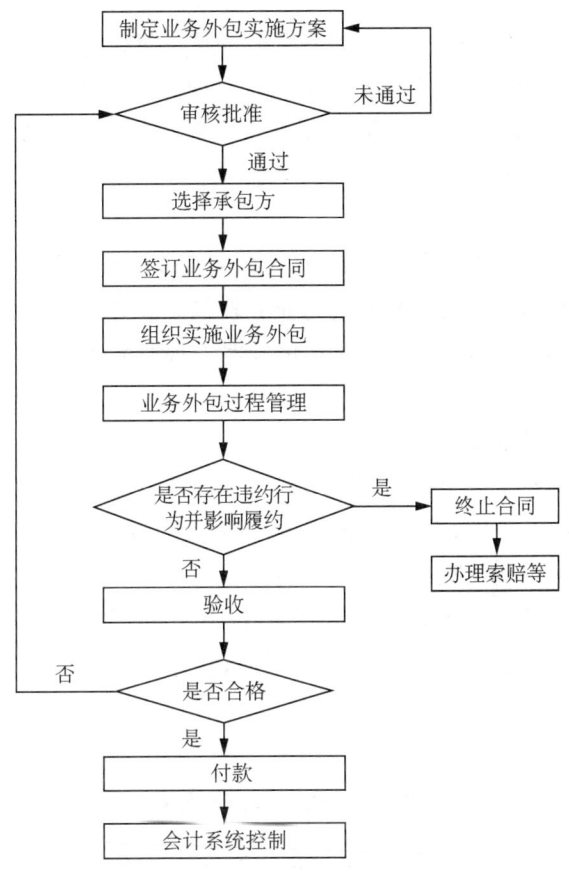

图 4-16 业务外包的管理流程图

务的承包方。该环节的主要风险包括:承包方不是合法设立的法人主体,缺乏应有的专业资质;从业人员也不具备应有的专业技术资格,缺乏从事相关项目的经验,导致企业遭受损失甚至陷入法律纠纷;外包价格不合理,业务外包成本过高导致难以发挥业务外包的优势;企业存在接受商业贿赂的舞弊行为,导致相关人员涉案。

(四)签订业务外包合同环节

确定承包方后,企业与承包方签订业务外包合同,该环节的主要风险包括:合同条款未能针对业务外包风险进行明确的界定,对承包方的违约责任界定不够清晰,导致企业陷入合同纠纷和诉讼;合同约定的业务外包价格不合理或成本费用过高,导致企业遭受损失。

(五)组织实施业务外包环节

组织实施业务外包,是指企业严格按照业务外包制度、工作流程和相关要求,组织业务外包过程中人、财、物等方面的资源分配,建立与承包方的合作机制,为下一环节的业务外包过程管理做好准备。该环节的主要风险包括:企业组织实施业务外包的工作不充分或未落实到位,影响下一环节业务外包过程管理的有效实施,导致难以实现业务外包目标。

(六)业务外包过程管理环节

业务外包过程管理主要涉及业务外包实施的管理、采用业务外包过程管理策略、与承包方沟通协调,持续评估承包方履约能力等。该环节的主要风险包括:承包方在合同期内因市场变化等原因不能保持履约能力,无法继续按照合同约定履行义务,导致业务外包失败和本企业生产经营活动中断;承包方出现未按照业务外包合同约定的质量要求持续提供合格的产品和服务等违约行为,导致企业难以发挥业务外包优势,甚至遭受损失;承包方管控不力,导致商业秘密泄露。

(七)验收环节

在业务外包合同执行完成后,企业应该组织相关部门或人员对完成的外包业务进行验收。该环节的主要风险包括:验收方式与业务外包成果交付方式不匹配,验收标准不明确,验收程序不规范,验收工作流于形式,不能及时发现业务外包质量低劣等情况,可能导致企业遭受损失。

(八)会计系统控制环节

会计系统控制,是指企业根据国家统一的会计准则制度,加强对外包业务的核算与监督,并做好外包费用结算工作。该环节的主要风险包括:缺乏有效的业务外包会计系统控制,未能全面真实地记录和反映企业业务外包各环节的资金流和实物流情况,可能导致企业资产流失或贬损;业务外包相关会计处理不当,可能导致财务报告信息失真;结算审核不严格、支付方式不恰当、金额控制不严,可能导致企业资金损失或信用受损。

> **知识链接**
>
> **业务外包派生的风险**
>
> (1)业务外包可能增加企业责任外移的可能性。承包方从事承包业务所产生的一切结果都直接影响发包方。如果承包方的服务未能达到服务标准,会给客户造成一定影响或损害。虽然发包方可以在承包协议中约定相应的责任由承包方承担,但如果发包方信誉受到一定影响,其未来业务的发展也可能受到一定影响。同时,业务外包有可能降低企业对业务的控制和对市场的洞察能力。
>
> (2)业务发包方与承包方在文化、理念上的差距太大,导致双方在沟通协作上产生障碍。由于承包方是独立的民事主体,在法律地位上与发包方是平等的、相互独立的,获取经济利益是双方的合作动力。一旦经济利益纽带断裂,或面临更大的经济利益,承包方极有可能成为发包方隐性的竞争对手,或者同时为发包方的竞争对手服务。
>
> (3)业务外包可能导致企业秘密及客户信息外泄。外包需要将企业的一些保密性数据、客户资料等交由第三方,而承包方及其雇员都有可能违反保密协议,泄露保密信息,导致法律、信誉方面的危机,引发客户的投诉。
>
> (4)外包业务范围的界定不准确,导致企业竞争力下降和业务流失。如果企业在操作中对范围界定不准确,将企业的核心业务外包,有可能使企业受制于承包方。企业的竞争优势可能失去,竞争力也可能下降。

三、业务外包主要风险的控制措施

加强业务外包管理,对于规范业务外包行为和防范业务外包风险具有重要意义。

(一)制订业务外包实施方案环节

该环节主要有以下几个控制措施。

(1)企业应当建立和完善业务外包管理制度,根据各类业务与核心业务的关联度、对外包业务的控制程度及外部市场成熟度等标准,合理确定业务外包的范围,并根据外包业务是否对企业生产经营有重大影响,对外包业务实施分类管理,以突出管控重点。

(2)企业应当规定业务外包的范围、方式、条件、程序和实施等相关内容,明确相关部门和岗位的职责权限。结合年度生产经营计划,拟订实施方案,对外包业务的成本和风险、外包方式等重要方面进行深入评估和复核,确保方案的可行性。

(3)企业应当认真听取外部专业人员对业务外包的意见,并根据其合理化建议完善实施方案。

(二)审核批准环节

该环节主要有以下几个控制措施。

(1)企业应当建立和完善业务外包的审核批准制度。企业要明确审核批准的权限、程序、相关控制措施等,规范审核批准工作。总会计师或分管会计工作的负责人应当参与重大业务外包的决策。重大业务外包方案应当提交董事会或类似权力机构审批。

(2)在对业务外包实施方案进行审查和评价时,企业应当着重对比分析该业务项目在自营与外包情况下的风险和收益,确定外包的合理性和可行性。

(三)选择承包方环节

该环节主要有以下几个控制措施。

(1)企业选择的承包方至少应当具备下列条件:①承包方是依法成立和合法经营的专业服务机构或其他经济组织,具有相应的经营范围和固定的办公场所;②承包方应当具备相应的专业资质,其从业人员符合岗位要求和任职条件,并具有相应的专业技术资格;③承包方的技术及经验水平符合本企业业务外包的要求。

(2)企业应当综合考虑内外部因素,合理确定外包价格,严格控制业务外包成本,切实做到符合成本效益原则。

(3)企业应当引入竞争机制,遵循公开、公平、公正的原则,采用适当的方式,择优选择符合资质的外包业务的承包方。

(4)建立严格的回避制度和监督处罚制度,避免企业及相关人员在选择承包方的过程中收受贿赂、回扣或者索取其他好处等行为。

(四)签订业务外包合同环节

该环节主要有以下几个控制措施。

(1)企业应当与承包方签订业务外包合同,明确外包业务的内容和范围、双方权利和义务、服务和质量标准、保密事项、费用结算标准和违约责任等事项。防范合同内容存在重大疏漏或欺诈的风险。

(2) 外包业务需要保密的，企业应当在业务外包合同或者另行签订的保密协议中明确规定承包方的保密义务和责任，要求承包方向其从业人员提示保密要求和应承担的责任。

(五) 组织实施业务外包环节

该环节主要有以下几个控制措施。

(1) 企业应建立业务外包实施制度，明确组织开展业务外包、过程管理和验收环节的职责分工和要求。在组织管理方面，明确人、财、物等资源分配；在过程管理方面，明确日常监督、应急机制、措施和责任；在验收方面，明确验收方式、程序、标准及责任。

(2) 企业应当按照业务外包制度、工作流程和相关要求，制定业务外包的全过程管控措施，包括落实与承包方之间的资产管理、信息资料管理、人力资源管理、安全保密管理等机制，确保承包方在履行外包业务合同时有章可循。

(3) 企业应当做好与承包方的对接工作，通过培训等方式确保承包方充分了解企业的工作流程和质量要求，从价值链的起点开始控制业务质量；与承包方建立并保持畅通的沟通协调机制，以便及时发现并有效解决业务外包过程存在的问题。

(4) 企业应当梳理有关工作流程，提出每个环节上的岗位职责分工、运营模式、管理机制、质量水平等方面的要求，并建立对应的即时监控机制，及时检查、收集和反馈业务外包实施过程的相关信息。

(六) 业务外包过程管理环节

该环节主要有以下几个控制措施。

(1) 在承包方提供服务或制造产品的过程中，企业应当密切关注重大业务外包承包方的履约能力，采取动态管理方式，对承包方开展日常绩效评价和定期考核，并对承包方的履约能力进行持续评估，包括承包方对该项目的投入是否能够支持其产品或服务质量达到企业预期目标，承包方自身的财务状况、生产能力、技术创新能力等综合能力是否满足该项目的要求。

(2) 企业应当建立即时监控机制，一旦发现偏离合同目标等情况，及时要求承包方调整改进。有确凿证据表明承包方存在重大违约行为，并导致业务外包合同无法履行的，企业应当及时终止合同，并指定有关部门按照法律程序向承包方索赔。

(3) 企业应当对重大业务外包的各种意外情况作出充分预计，建立相应的应急机制，制定临时替代方案，避免业务外包失败造成企业生产经营活动中断。

(4) 企业应当切实加强对业务外包过程中形成的商业信息资料的管理。

(七) 验收环节

该环节主要有以下几个控制措施。

(1) 业务外包合同执行完成后，企业应当组织相关部门或人员对完成的业务外包合同进行验收，并出具验收证明。

(2) 企业应当根据业务外包合同的约定，结合在日常绩效评价基础上对外包业务质量是否达到预期目标的基本评价，确定验收标准。

(3) 验收过程中发现异常情况的，企业应当立即报告，查明原因，及时处理。

(八)会计系统控制环节

该环节主要有以下几个控制措施。

(1) 企业应当根据国家统一的会计准则和制度,对外包业务及时地进行会计记录和处理;并严格按照合同约定,结算审核严格,做好业务外包费用的结算工作。

(2) 会计记录和处理应当及时、准确、全面、真实地反映业务外包环节的资金流和实物流情况,并在财务报告中进行必要、充分的披露。

> **思政园地**
>
> 企业应加强会计系统控制,提升业务信息的及时性、完整性和真实性。我们知道,如果会计记录和处理环节出现漏洞,不能真实地反映业务实际情况,将影响财务报告的真实有效。对内,不利于企业的经营管理与稳健经营;对外,影响利益相关者对于投资决策等的分析和判断。企业可以从提升岗位专业技能和培育良好职业素养两方面出发,要求相关岗位人员实事求是、求真务实、不做假账,按照业务要求,及时准确完成会计记录与处理工作。

选择错误的 IT 外包商而损失上亿美元

公司决定外包,这使他们能够获得资深专家的帮助。具体来说,就是那些能够为他们提供最佳解决方案的人,他们经验丰富,不仅提供技术知识,还提供商业知识。更重要的是,外包还有助于公司专注于核心业务。如果总是这样,那就太完美了。

最常报道的外包灾难的原因是项目未能达到预期。公司还经常抱怨隐藏的和不可预见的成本。在 IT 外包的历史上,有那么几次严重的失败。是什么错误导致了这些失败,后果有多严重?

剑桥大学 NHS 基金会和 Epic

剑桥大学 NHS 基金会聘请了美国软件开发公司 Epic 创建一个在线病人记录系统,它的目的是让员工在便携式设备上访问病人记录。最重要的是,该基金会希望改善业绩和信息流动。不幸的是,该系统似乎是一场灾难。该系统性能下降了 20%,产生了不准确的信息,给病人带来了无法获得适当护理的风险。更重要的是,信息得不到正确的更新,而且工作人员对如何使用该系统感到困惑。基金会声称低估了项目的规模及这些变化可能对病人健康产生的影响。

最初的交易价值 2 亿英镑,而系统的问题导致了高额的额外费用。因此,基金会需要采取一些特别措施来处理这个系统给基金会带来的额外财务问题。

印第安纳州政府和 IBM

印第安纳州政府希望将其福利处理系统的现代化工作外包出去。他们想对其进行改造,引入新的服务提供模式,以降低成本并解决违规问题。目标是让人们能够在线使用该系统。这笔交易的价值为 16 亿美元。不幸的是,创建的系统充满了错误。申请人抱怨在线申请的等待时间太长。虽然这个项目本身就存在着巨大的挑战,供应商需要甲方的无条件支持来建设它。而 IBM 没有得到应有的支持。由于 IBM 是一家业务繁杂的公司,这项任务使他们不堪重负。在印第安纳州的项目开始之前,德克萨斯州和佛罗里达州也有类似的项目,他们都失败了。这给印第安纳州政府带来了巨大的财政损失。

维珍航空和 Navitaire

Navitaire 以软件服务的形式为维珍航空提供互联网预订、预约、登记和登机系统。这些应用程序在 3 个月内崩溃了两次。根据协议,Navitaire 有义务在最短的时间内解决这种关键的系统故障。不幸的是,这一次他们无法快速完成,他们花了将近 24 小时。在此期间,维珍航空公司的所有航班都被停飞,超过 50 000 名乘客受到影响。这给维珍航空造成了巨大的经济损失。

这些失败的原因是什么

在这些案例中,供应商没有评估他们在这个特定项目中所需要的知识和能力。供应商方面对技能的不恰当评估与公司方面对项目规模的不恰当评估相遇。正因为如此,供应商交付出现了延迟,或者没有交付。

一些供应商并不可靠,没有遵守义务。在某些情况下,公司也没有足够仔细地保护他们的利益。在项目开始之前,公司应该采取预防措施,在供应商方面出现任何故障的情况下保护自己的业务。

项目管理不善和缺乏透明度导致了许多误解。在一些案例中,供应商没有得到所需的支持,而公司也没有被告知进度或供应商的需求。更重要的是,公司没有积极参与整个过程。沟通也不公开、不透明。

似乎在某些情况下,一些公司选择供应商过于草率。在为项目选择软件开发公司之前,公司应该进行仔细研究。不应该以最低价格或朋友推荐为由选择供应商。每个项目都是不同的,需要量身定做的专家。最重要的是,仔细选择是成功的关键。

外包是否安全

这些例子表明,公司应该谨慎地选择外包合作伙伴。尽管有研究表明,外包正在重新获得关注。公司似乎更愿意把一些工作交给外部供应商处理。根据研究,应用开发是最经常被外包的功能。那么,该如何看待外包呢?

有许多值得信赖的软件开发公司和许多技术高超的开发人员会尽可能提供最好的解决方案。关键是要找到合适的公司。我们不应该害怕外包,但我们应该明智地进行外包。信任和开放的沟通是在任何项目中取得成功的关键。

资料来源:
5家公司因选择错误的 IT 外包商而损失了上亿美元 https://baijiahao.baidu.com/s?id=17474801810061082196&wfr=spider&for=pc2.

问题与任务:

(1) 结合上述案例,探析企业外包业务中的常见风险有哪些。

(2) 通过小组讨论,谈谈有哪些外包业务的控制措施可以帮助企业提升管理经营成效。

 **项目回顾**

通过项目的学习,我们能够了解内部控制的九项业务活动,包括资金活动、采购业务、资产管理、销售业务、财务报告、研究与开发、工程项目、担保业务及业务外包;同时对各个业务活动的内部控制总体要求加以了解,熟悉各个业务活动的业务流程,掌握各个业务活动的关键风险点及控制措施。

 项目同步知识与技能训练

一、单项选择题

1. 企业筹资、投资和资金营运等活动的总称是(　　)。
   A. 资金活动　　　B. 资产管理　　　C. 担保业务　　　D. 工程项目
2. 下列选项中,不符合筹资业务内部会计控制要求的是(　　)。
   A. 筹资计划编制人与审批人相分离
   B. 会计核算人员与负责收付款的人员相分离
   C. 办理债券或股票分析的人员与会计核算岗位相分离
   D. 由同一部门或者个人办理筹资业务的全过程
3. 不属于投资活动的主要风险的是(　　)。
   A. 投资与筹资在资金数量、期限、成本与收益上不匹配的风险
   B. 投资活动忽略资产结构与流动性的风险
   C. 无法保证支付筹资成本导致的风险
   D. 缺乏严密的授权审批制度和不相容职务分离制度的风险
4. 企业(　　)负责资金活动的日常管理,参与投融资方案等可行性研究。
   A. 投资部门　　　B. 筹资部门　　　C. 经理　　　　D. 财务部门
5. 执行采购业务流程的终点是(　　)。
   A. 物料合格入库　B. 付款　　　　C. 采购业务后评估　D. 退货
6. 相关会计记录与相关采购记录、仓储记录不一致,属于采购业务的(　　)。
   A. 会计控制环节的主要风险　　　B. 请购环节的主要风险
   C. 确定采购价格环节的主要风险　D. 验收环节的主要风险
7. 供应商选择不当,导致采购的物资质次价高,甚至出现舞弊行为,属于采购业务的(　　)。
   A. 会计控制环节的主要风险　　　B. 选择供应商环节的主要风险
   C. 确定采购价格环节的主要风险　D. 验收环节的主要风险
8. 企业应建立固定资产清查制度,至少(　　)进行一次全面清查,保证固定资产账实相符、及时掌握资产盈利能力和市场价值。
   A. 3年　　　　　B. 2年　　　　　C. 每年　　　　　D. 半年

9. 存货、固定资产和无形资产业务中共有的风险控制点是( )。
   A. 出库　　　　　B. 维护　　　　　C. 投保　　　　　D. 验收

10. 《企业内部控制应用指引第8号——资产管理》指引所称资产,是指企业拥有或控制的存货、固定资产和( )。
    A. 产品　　　　　B. 存货　　　　　C. 固定资产　　　D. 无形资产

11. 企业应当建立逾期应收账款催收制度,应当负责应收账款催收的是( )。
    A. 销售部门　　　B. 会计部门　　　C. 仓库部门　　　D. 信用管理部门

12. 客户开发与信用管理,是要确定( )。
    A. 坏账风险　　　B. 客户　　　　　C. 客户资信状况　D. 售价

13. 企业委托具有研发能力的企业或机构等开展研发工作,由委托人全额承担研发经费,受托人交付研发成果的研发形式属于( )。
    A. 委托研发　　　B. 合作研发　　　C. 自主研发　　　D. 研发外包

14. 项目建议书的编制、可行性研究、项目评审和决策4个环节是工程项目阶段中的( )。
    A. 工程设计和造价阶段　　　　　　　B. 工程立项阶段
    C. 工程建设阶段　　　　　　　　　　D. 工程招标阶段

15. 关于担保业务控制,下列说法正确的是( )。
    A. 为了节省成本,调查评估人员可以由担保业务审批人员担任
    B. 调查评估是办理担保业务的第一步
    C. 规范担保合同记录、传递和保管,确保担保合同运转轨迹清晰完整、有据可查
    D. 担保合同的订立事关重大,应经总经理审批才可通过

16. 缺乏对担保合同的跟踪管理或对担保合同监控不力,无法对被担保人出现的异常情况进行及时报告和处理,给企业造成损失,这属于担保业务中( )环节的主要风险。
    A. 会计系统控制　B. 调查评估　　　C. 审批　　　　　D. 日常管理

17. 工程价款结算环节易出现的风险不包括( )项目。
    A. 资金使用管理混乱　　　　　　　　B. 现场控制不当
    C. 工程延迟　　　　　　　　　　　　D. 项目资金不落实

18. 下列各项中,不属于企业外包业务的是( )。
    A. 研发　　　　　B. 委托代销　　　C. 物业管理　　　D. 资信调查

19. 财务分析报告结果应当及时传递给( )。
    A. 董事会　　　　　　　　　　　　　B. 股东(大)会
    C. 财政部门　　　　　　　　　　　　D. 企业内部有关管理层级

20. 企业编制、对外提供和分析利用报告,应当关注的风险不包括( )。
    A. 编制报告违反会计法律法规和国家统一的会计准则制度
    B. 企业预算缺乏刚性、执行不力、考核不严
    C. 提供虚假报告,误导报告使用者
    D. 不能有效利用报告,难以及时发现企业经营管理中存在的问题

二、多项选择题

1. 筹资业务内部控制的要求有（　　　　）。
   A. 保证筹资业务会计核算资料准确可靠
   B. 保证筹资业务合规合法
   C. 保证筹资业务计算准确
   D. 注重筹资的安全性
   E. 确保企业战略发展目标对资金的需求

2. 筹资活动的内部控制对企业筹资的影响有（　　　　）。
   A. 决定企业能不能顺利筹资生产经营
   B. 决定企业以什么样的筹资资本筹集资金
   C. 决定企业以什么样的筹资风险筹集资金
   D. 决定企业筹集资金的多少
   E. 决定企业向谁筹资

3. 要以最优"性价比"采购到所需物资，需要采取的措施有（　　　　）。
   A. 健全采购定价机制
   B. 研究重要物资的市场构成，根据价格变动确定采购执行价格或参考价格
   C. 对有些物资采用招标、联合谈判等公开、竞争方式签订框架协议
   D. 建立采购价格数据库定期对重要物资进行分析
   E. 立即支付货款

4. 企业应当建立采购业务后评估制度，应当对（　　　　）方面进行评估、分析。
   A. 采购价格　　　B. 采购质量　　　C. 采购渠道　　　D. 采购成本
   E. 供应商管理

5. 固定资产内部控制的关键环节包括（　　　　）。
   A. 职责分工、权限范围和审批程序应当明确规范，机构设置和人员配备应当科学合理
   B. 固定资产取得依据应当充分适当，决策过程应当科学规范
   C. 固定资产取得、验收、使用、维护、处置和转移等环节的控制流程应当清晰严密
   D. 固定资产的确认、计量和报告应当符合国家统一的会计准则制度的规定
   E. 固定资产投保制度要健全，能有效防范资产损失风险

6. 以下各项中，属于客户开发与信用管理环节可能出现的风险有（　　　　）。
   A. 现有客户管理不足，可能导致客户丢失
   B. 潜在市场需求开发不够，可能导致客户丢失或市场拓展不利
   C. 客户档案不健全，可能导致客户选择不当
   D. 缺乏合理的资信评估，可能导致销售款项不能收回
   E. 消费者满意度不足

7. 采购价格环节的主要风险有（　　　　）。
   A. 采购定价机制不科学
   B. 采购定价方式选择不当

C. 缺乏对重要物资品种的价格跟踪监控,导致采购价格不合理

D. 采购合同中的价格低于采购计划价格

E. 以验收单替代入库单

8. 销售的业务流程包括(　　)。
   A. 销售计划管理
   B. 客户信用管理
   C. 确定定价机制和信用方式
   D. 销售谈判与订立销售合同
   E. 发货、收款、客户服务等

9. 财务报告的业务流程包括(　　)。
   A. 制订财务报告编制方案
   B. 确定重大事项会计处理方法
   C. 查实资产和负债
   D. 编制财务报告
   E. 对外提供以及分析利用等

10. 下列选项中,属于工程项目控制的总体要求的有(　　)。
    A. 规范各环节工作流程
    B. 强化监控
    C. 全面梳理工程项目工作流程
    D. 明确责任权限和不相容岗位分离
    E. 完善工程项目各项管理制度

11. 研发风险控制的总体要求包括(　　)。
    A. 重视研发　　B. 强化管理　　C. 制度宽松　　D. 制订计划
    E. 项目转化

12. 业务外包控制的总体要求有(　　)。
    A. 完善业务外包管理制度
    B. 强化监控
    C. 加强信息核对
    D. 避免核心业务外包
    E. 健全各环节的授权批准制度

13. 外包业务通常包括(　　)。
    A. IT服务　　B. 委托加工　　C. 客户服务　　D. 可行性研究
    E. 物业管理

14. 担保申请人出现下列情形之一的,不得提供担保(　　)。
    A. 担保项目不符合国家法律法规和本企业担保政策
    B. 担保申请人已经变更法定代表人
    C. 担保申请人已经进入重组、托管、兼并或破产清算程序
    D. 担保申请人与其他企业出现较大经济纠纷,面临法律诉讼且可能承担较大赔偿责任
    E. 担保申请人与本企业已经发生过担保纠纷且仍未妥善解决,或不能及时足额交纳担保费用

15. 担保业务流程包括(　　)。
    A. 担保申请
    B. 调查评估
    C. 审批
    D. 订立担保合同
    E. 担保合同执行与监控

三、判断题

1. 筹资决策失误,引发盲目扩张,可能导致资金链断裂。（　　）
2. 投资活动是指对企业日常生产经营中的各类资金进行组织和调度,保证资金正常运转的活动。（　　）
3. 投资方案无论金额大小都不需要进行可行性论证。（　　）
4. 企业办理资金收付业务,应当遵守现金和银行存款管理的有关规定,不得由一人办理货币资金全过程业务,严禁将办理资金支付业务的相关印章和票据集中由一人保管。（　　）
5. 办理支付业务的印章要与空白票据分管,财务专用章与企业法人章分管。（　　）
6. 管理供应过程中有可能遇到的风险有运输方式不合理、忽视运输过程中的保险风险,这些可能导致采购物资损失或无法保证供应等。（　　）
7. 请购是指企业生产经营部门根据采购计划和实际需要,提出采购申请。（　　）
8. 盘点清查环节的主要风险有:存货盘点清查制度不完善;计划不可行,可能导致工作流于形式、无法查清存货真实状况。（　　）
9. 公司应制定固定资产保险的有关制度,明确规定价值较大或风险较高的固定资产投保财产保险的相关政策和程序。（　　）
10. 对于重大的固定资产投资项目,企业可进行可行性研究与评价,并由企业实行集体决策和审批,防止出现决策失误而造成严重损失。（　　）
11. 企业代管、代销、暂存、受托加工的存货,不应纳入本企业的存货管理。（　　）
12. 规范销售行为、防范销售风险,可以促进企业扩大销售、拓宽销售渠道、提高市场占有率,对于增加收入、实现企业经营目标和发展战略有重要意义。（　　）
13. 未经授权发货、发货不符合合同约定或者发货程序不规范,可能造成货物损失或发货错误,引发销售争议,影响货款收回。（　　）
14. 企业在与客户谈判过程中,应以经批准的销售价格、信用政策、发货及收款方式作为谈判的底线。重大的销售业务谈判要吸收财会、法律等专业人员参加,征询会计、法律等专业人员的意见,谈判过程要有完整的书面记录。（　　）
15. 重大工程项目的立项,应当报经董事会或类似权力机构集体审议批准,总会计师或分管会计工作的负责人应当参与项目决策。（　　）
16. 担保合同应明确被担保人的权利、义务、违约责任等相关内容。（　　）
17. 业务外包是指企业利用专业化分工优势,将日常经营中的部分业务委托给本企业以外的专业服务机构或其他经济组织完成的经营行为。（　　）
18. 研发活动具有投入大、周期短、不确定性高的特点,因此研发活动的成败对企业生产经营影响较大。（　　）
19. 工程建设阶段的主要工作有工程物资采购、工程价款结算、工程监理、施工及施工组织、资金管理等。（　　）
20. 研究与开发的基本流程主要包括立项、研发过程管理、结题验收、研究成果开发、研究成果保护等。（　　）

四、案例分析题

1. 资金管理内部控制案例

华源集团成立于1992年,该集团在13年间总资产猛增到567亿元,资产增加404倍,旗下拥有8家上市公司,其业务涵盖纺织、农业机械、医药等领域。但是,2005年9月中旬,上海银行对华源集团的一笔1.8亿元的贷款到期,此笔贷款是当年华源集团为收购上药集团而贷。因年初财政部会计信息质量检查事件,加之银行信贷整体收紧,上海银行担心华源集团无力还贷,遂加紧催收贷款,从而引发了华源集团的信用危机。国资委指定的德勤会计师事务所的清产核资工作报告中显示,截至2005年9月20日,华源集团合并财务报表的净资产为25亿元,银行负债高达251.14亿元,旗下8家上市公司的应收账款、其他应收款、预付账款合计高达73.36亿元,也就是说,这些上市公司的净资产几乎被掏空。不仅如此,财政部在2005年会计信息质量检查公报中披露:华源集团财务管理混乱,内部控制薄弱,部分下属子公司为达到融资和完成考核指标等目的,大量采用虚计收入、少计费用、不良资产巨额挂账等手段蓄意进行会计造假,导致报表虚盈实亏,会计信息严重失真。

问题:

运用资金营运活动的关键风险点及控制措施的有关知识,分析该案例违背了哪些关键风险点。

2. 采购业务内部控制案例

国有企业采购环节中的职务犯罪案发数,一直居各个环节之首。2012年3月,上海宝山检察院接到举报:某工程公司采购科科长魏某在外购买高档房,与其收入明显不符。相关人员调查后发现魏某权力很大,每年公司的供应材料几乎由他一手操办。按内部规定,一次性采购款超过50万元的应由上级领导审批,但只要"把好尺度"不"上线",所有业务都由魏某一个人说了算。魏某上任后与采购科一名科员勾结,经常在购买设备等方面"做手脚",不到10个月就收受采购业务贿赂达17万元。相关人员调查后发现魏某利用职权采购过程中收取"红包""见面礼"等,然后优先购买不符合质量的材料或高价购买材料,致使企业因产品质量原因直接损失近2 000万元。

问题:

从采购业务各环节指出该企业内部控制存在的问题,并提出解决措施。

第三部分

企业内部控制评价篇

项目五　企业内部控制评价

学习目标

一、理论知识目标
1. 掌握内部控制评价的内容和程序。
2. 掌握内部控制评价的原则与方法。
3. 熟悉内部控制缺陷的认定。
4. 了解内部控制评价工作底稿与报告。

二、职业素养目标
1. 能够把握内部控制评价的五个原则,对企业内部控制作正确评价。
2. 能够结合内部控制缺陷的认定标准,运用确认和处理内部控制缺陷的方法。

关键概念

内部控制自我评价　　内部控制缺陷　　　运行缺陷　　　设计缺陷
内部控制评价工作底稿　内部控制评价报告

知识导览

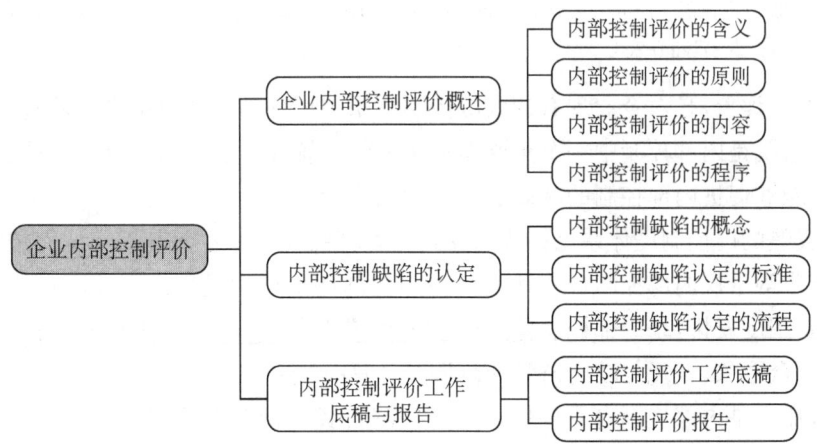

 **引例**　　**万科内部控制自我评价报告(节选)**

万科企业股份有限公司(以下简称万科)成立于1984年5月,总部设在深圳,是目前

■ 企业内部控制

中国最大的专业住宅开发企业。2012年,万科累计实现销售额1 412.3亿元,销售面积12 956万平方米,成为全国第一个年销售额超千亿元的房地产公司。此后,万科行业龙头地位逐步稳固,成为地产界"一哥"。2019年3月底,万科继续上交亮眼答卷,2018年度归属于母公司的净利润为337.7亿元,同比增长20.4%。日均盈利接近1亿元。房地产行业风雨30年,万科始终能够在规模化发展中踏准经营节奏,10多年来占据领先的位置不动摇,其相对成熟的内控制度体系已经成为支持万科持续发展的重要基础。

在董事会、监事会、管理层及全体员工的持续努力下,公司已经建立起一套比较完整且运行有效的内部控制体系,从公司层面到各业务流程层面均建立了系统的内部控制及必要的内部监督机制,为公司经营管理的合法合规,资产安全,财务报告及相关信息的真实、完整提供了合理保障。

公司坚持以风险导向为原则,进一步加强覆盖总部、各事业集团(事业单元)、一线公司的三级自我评估体系,持续组织总部各职能及各一线公司对内控设计及执行情况进行系统的自我评价。公司结合中国香港联交所《企业管治守则》的要求,设立了风险管理工作委员会,建立总部、事业集团(事业单元)、一线公司三级风险管理架构,发布风险管理手册,通过对总部、各事业集团(事业单元)及一线公司开展风险调研、走访,对来自外部环境和公司内部的主要风险进行识别和评估,持续监控风险管理体系的健全性、合理性和有效性,提升风险控制和防范能力。公司纳入评价范围的事项包括内部环境、风险评估、控制活动、信息与沟通、内部监督;纳入评价范围的主要业务包括销售、成本、资金、财务、采购、投资、关联方交易、对外担保、募集资金、信息披露。同时,通过风险检查、内部审计、监事巡查等方式对公司内部控制的设计及运行的效率、效果进行独立评价。2018年度的具体评价结果阐述如下:

……

资料来源:

万科企业股份有限公司 http://www.szse.cn/disclosure/listed/bulletinDetail/indexhtml? 3bf6ce96-0023-4474-9fa3-3437bdcfb2e6.

内部控制评价,是对企业现有的内部控制体系的设计和实施效果进行调查、测试和评价的活动,它既是内部控制中一个重要而且必要的系统性活动,又是评价、反馈、再评价的动态过程,能够促进内部控制的有效实施与持续改善。

相对成熟的内控制度体系已经成为支持万科持续发展的重要基础。从上述案例可以看到,万科非常重视内部控制自我评价。内部控制评价作为优化内部控制自我监督机制的一项重要制度安排,是内部控制体系的重要组成部分,它对于企业自我完善内控体系、提升企业公众形象、实现与政府监管的协调互动具有重要作用。

那么,什么是内部控制自我评价?内部控制自我评价有哪些原则?内部控制自我评价的内容有哪些?如何进行内部控制自我评价?

任务一　内部控制评价概述

对内部控制的建立、实施进行评价,是优化内部控制自我监督机制的一项重要制度安排,是内部控制的重要组成部分,与内部控制的建立、实施,共同构成有机循环。内部控制的评价来源于两个方面:一个是企业管理层的自评,这种评价应具有自觉性和持续性;另一个是中介机构的评价,这种评价更具有专业性和公正性。内外部评价结合在一起,更有助于企业发现并克服内部控制缺陷,寻找并改善内部控制的薄弱环节,促进企业健康发展。无论是内部控制的自我评价,还是外部的内部控制审计意见(在"项目六　企业内部控制审计"中介绍),都是对企业现行实施的内部控制的有效性发表意见。

一、内部控制评价的含义

《企业内部控制评价指引》第二条规定,内部控制评价是指由企业董事会或类似权力机构实施的,对企业内部控制有效性进行全面评价,形成评价结论,出具评价报告的过程。此定义可从以下三点理解。

(一)内部控制评价的主体

此定义明确了企业内部控制建设的责任主体,即董事会或类似的权力机构,是建立健全和实施内部控制评价的责任方。

(二)内部控制评价的对象

此定义明确了企业内部控制评价的对象为内部控制的有效性。所谓内部控制的有效性,是指企业建立与实施内部控制对实现控制目标提供合理保证的程度。企业应当根据国家有关法律法规和《企业内部控制基本规范》的要求,结合企业实际情况,对战略目标、经营管理的效率和效果目标、财务报告及相关信息真实完整目标、资产安全目标、合法合规目标等单个或整体控制目标的实现进行评价。

> **知识链接**
>
> **内部控制有效性**
>
> 内部控制有效性,是指企业建立与实施内部控制对实现控制目标提供合理保证的程度,包括内部控制设计的有效性和内部控制运行的有效性。其中,内部控制设计的有效性,是指为实现控制目标所必需的内部控制要素都存在并且设计恰当;内部控制运行的有效性,是指现有内部控制按照规定程序得到了正确执行。
>
> 企业评价内部控制设计的有效性,应充分考虑:①是否为防止、发现并纠正财务报告重大错报而设计了相应的控制;②是否为合理保障资产安全而设计了相应的控制;③相关控制的设计是否能够保证企业遵循适用的法律法规;④相关控制的设计是否有助于企业提高经营效率和效果,实现发展战略。

> 评价内部控制运行的有效性，应当着重考虑以下几个方面：①相关控制在评价期内是如何运行的；②相关控制是否得到了持续一致的运行；③实施控制的人员是否具备必要的权限和能力。
>
> 需要强调的是，即使同时满足设计有效性和运行有效性标准的内部控制，受内部控制固有局限影响，也只能为内部控制目标的实现提供合理保证，企业不应不切实际地期望内部控制能够绝对保证内部控制目标的实现，也不应以内部控制目标的最终实现情况和程度作为唯一依据直接判断内部控制设计和运行的有效性。

（三）内部控制评价是一个过程

此定义表明企业内部控制评价是一个过程，要按照一定的流程来进行。企业对内部控制有效性进行评价后，必须按照规定出具评价报告。

二、内部控制评价的原则

根据《企业内部控制评价指引》第四条，企业应当根据本评价指引，结合内部控制设计与运行的实际情况，制定具体的内部控制评价办法，规定评价的原则、内容、程序、方法和报告形式等，明确相关机构或岗位的职责权限，落实责任制，按照规定的办法、程序和要求，有序开展内部控制评价工作。

企业实施内部控制评价应当遵循下列原则。

（一）全面性原则

内部控制评价工作应当包括内部控制的设计与运行两个方面，涵盖企业及其所属单位的各种业务和事项。全面性原则是指在构建内部控制评价体系时，应该包括所有能反映企业整个内部控制系统重要内容的指标，这些指标的选取应尽量相互补充又不重复。全面性原则体现的是"全员""全业务""全流程"，没有一个业务单元或群体能脱离评价监督。

（二）重要性原则

内部控制评价工作应当在全面评价的基础上，坚持风险导向和突出重点的思路，关注重要业务单位、重大业务事项和高风险领域。企业在运用重要性原则时必须结合本单位具体情况才能确定重点。为合理和有效地实施内部控制，企业必须将控制应用在关键环节上，这也符合成本效益原则的要求。

（三）客观性原则

内部控制评价工作应当准确地揭示经营管理的风险状况，如实反映内部控制设计和运行的有效性。内部控制评价应以事实为基础，以法律法规和监管要求为准则，结合企业的经营实际，客观公正，实事求是，并应当有充分和适当的证据支持。

三、内部控制评价的内容

企业应当根据《企业内部控制基本规范》、相关应用指引及本企业的内部控制制度，围绕内部环境、风险评估、控制活动、信息与沟通、内部监督等五个要素，确定内部控制评价的具体内容，对内部控制设计与运行的有效性进行全面评价。内部控制评价的内容具有以下几方面。

（一）内部环境评价

《企业内部控制评价指引》第六条规定，企业组织开展内部环境评价，应当以组织架构、发展战略、人力资源、企业文化、社会责任等应用指引为依据，结合本企业的内部控制制度，对内部环境的设计及实际运行情况进行认定和评价。

内部环境评价应重点关注以下几方面：治理结构是否形同虚设；发展战略是否可行；机构设置是否重叠；权责分配是否明晰；不相容岗位是否分离；人力资源政策和激励约束机制是否科学合理；企业文化是否促进员工勤勉尽责；社会责任是否有效履行等。

（二）风险评估评价

《企业内部控制评价指引》第七条规定，企业组织开展风险评估机制评价，应当以《企业内部控制基本规范》有关风险评估的要求，以及各项应用指引中所列主要风险为依据，结合本企业的内部控制制度，对日常经营管理过程中的风险识别、风险分析、应对策略等进行认定和评价。

风险评估应重点关注以下几方面：一是企业是否有明确的目标，并且已经与员工沟通，给员工在风险评估和控制问题中提供了有效的方向；二是显著的经营风险、财务风险和其他风险是否已经被（持续）认定和评估；三是管理层和企业其他员工是否清楚地了解董事会可接受的风险。

（三）控制活动评价

《企业内部控制评价指引》第八条规定，企业组织开展控制活动评价，应当以《企业内部控制基本规范》和各项应用指引中的控制措施为依据，结合本企业的内部控制制度，对相关控制措施的设计和运行情况进行认定和评价。

控制活动评价应当以生产经营活动为重点，并关注以下几方面：一是资金的筹集、投放和营运过程是否存在资金链断裂；二是资产运行中是否存在效能低下或资产流失；三是采购与销售环节是否存在舞弊行为；四是研发项目是否经过科学论证；五是工程项目是否存在商业贿赂等。同时，企业还要兼顾分析控制手段是否有效，包括：全面预算是否具有约束力；合同履行是否存在纠纷；信息系统是否与内部控制有机结合；内部报告是否及时传递和有效沟通等。

（四）信息与沟通评价

《企业内部控制评价指引》第九条规定，企业组织开展信息与沟通评价，应当以内部信息传递、财务报告、信息系统等相关应用指引为依据，结合本企业的内部控制制度，对信息收集、处理和传递的及时性，反舞弊机制的健全性，财务报告的真实性，信息系统的安全性，以及利用信息系统实施内部控制的有效性等进行认定和评价。

信息与沟通评价应重点关注以下几方面：一是董事会和管理层能否及时准确地接收来自企业内外的关于违反企业目标的信息及其可能带来的风险；二是企业是否建立与经营管理相适应的信息系统，利用信息技术提高对业务事项的自动控制水平；三是周期报告包括半年报和年报的程序是否有效地传达企业的现状和前景；四是是否建立了个人报告内控制度漏洞或其他不合适之处的沟通渠道。

(五) 内部监督评价

《企业内部控制评价指引》第十条规定,企业组织开展内部监督评价,应当以《企业内部控制基本规范》有关内部监督的要求,以及各项应用指引中有关日常管控的规定为依据,结合本企业的内部控制制度,对内部监督机制的有效性进行认定和评价,重点关注监事会、审计委员会、内部审计机构等是否在内部控制设计和运行中有效发挥监督作用。

内部监督评价应关注以下几方面:一是企业是否制定了全面风险管理和内部控制的监督程序;二是监督程序是否具有监控企业重新评估风险及有效地调整控制以适应企业目标、业务和内部环境改变的能力;三是企业是否存在有效的后续程序保证内控体系的改变以适应风险的变化;四是与董事会(或董事会专门委员会)沟通风险和控制事件监控程序的有效性的方法是否合适;五是企业是否存在内控监督和向董事会报告重大风险的具体安排。

> **知识链接**
>
> 《企业内部控制评价指引》为企业开展内部控制自我评价提供了一个共同遵循的标准,能够适应我国社会主义市场经济发展的要求,为参与国际竞争的中国企业在内部控制建设方面提供了自律性要求。其目的一是促进企业全面评价内部控制的设计与运行情况,二是规范内部控制评价程序和评价报告,三是揭示和防范风险。

【想一想】企业应如何正确把握内部控制的组织实施工作?

答:企业在开始实施内部控制时,应当按照《企业内部控制基本规范》确定的内部控制目标、要素、原则和具体要求开展工作,强化组织领导,夯实内部控制基础。董事会是公司内部控制评价的最高决策机构和最终责任者,负责内部控制的建立健全和有效实施。监事会对董事会建立与实施内部控制进行监督,经理层负责组织领导企业内部控制的日常运行,全体员工广泛参与内部控制实施。企业的内部控制部门应结合实际,制定内部控制体系建设的分阶段目标,围绕内部控制的五个要素扎实开展工作,深入宣传、认真执行、严格监督、严肃考核,保证企业经营管理合法合规、资产安全、财务报告及相关信息真实完整,提高经营效率和效果,规避生产经营风险。随着实施工作的不断深入,企业应当加强内部控制全员、全面、全过程管理,进一步推动管理创新,不断提升管理水平,有效防控经营风险,保证实现价值目标,最终促进企业实现发展战略。

企业应当结合所在行业要求和自身特点,按照基本规范的要求,参照《企业内部控制配套指引》的规定开展内部控制实施工作。目前配套指引针对企业一般性的业务和重点环节制定了原则性的要求,未涵盖行业特点突出的具体业务。在实施过程中,企业应当全面执行基本规范,以配套指引为参考,结合行业管理要求,从自身经营管理的实际出发,识别和评估相关风险,加强对关键和重点业务的控制,保持信息沟通的顺畅,对实施效果作好监督评价,努力构建一套符合实际、业务规范、控制合理、管理有效的内部控制体系。

四、内部控制评价的程序

《企业内部控制评价指引》第十二条规定，企业应当按照内部控制评价办法规定的程序，有序开展内部控制评价工作。内部控制评价程序如图 5-1 所示，一般包括制定评价工作方案、组成评价工作组、调查并初步评价、实施现场测试、认定控制缺陷、汇总评价结果、编制评价报告等环节。企业可以授权内部审计部门或专门机构（内部控制评价部门）负责内部控制评价的具体组织实施工作。

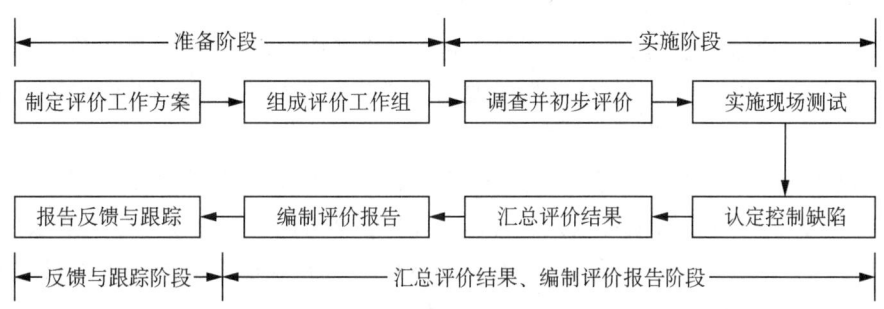

图 5-1　内部控制评价程序

（一）制定评价工作方案

内部控制评价部门应当根据企业整体控制目标，制定内部控制评价工作方案，明确评价目的、范围、组织、标准、方法、进度安排和费用预算等内容，报管理层和董事会审批。评价工作方案一般由评价项目、编制依据、评价目标、评价方式、评价范围和内容、具体的评价程序和方法、评价实施步骤及时间安排、评价组成员和具体评价事项的分工、其他有关要求等要素组成，其中最关键的是评价内容。

（二）组成评价工作组

评价工作组在内部控制评价机构领导下，具体承担内部控制检查评价任务。企业应根据自身条件，尽量建立长效的内部控制评价机制。内部控制评价部门根据经批准的评价方案，挑选具备独立性、业务胜任能力和职业道德素养的评价人员实施评价。评价工作组成员应当吸收熟悉企业内部相关机构情况、参与日常监控的负责人或业务骨干参加。评价工作组成员对本部门的内部控制评价工作应当实行回避制度。为企业提供内部控制审计服务的会计师事务所，不得同时为同一企业提供内部控制评价服务。

（三）调查并初步评价

内部控制评价工作组通过审阅相关的规章制度、现场询问有关人员、实地观察等，调查了解内部控制制度的建立和执行的详细情况，并作出初步评价。调查内容一般包括：企业所在行业情况，如经营特征、经营风险、外部环境等；企业内部情况如组织结构、生产规模、管理模式、资本构成、员工素质等；企业近期在经营和内部控制方面的变化情况；企业自我评价内部控制有效性的方法和证据；企业内部控制系统的整体情况以及拟评价的业务流程在内部控制系统中的位置等。

（四）实施现场测试

评价工作组在到企业实施现场检查与评价时，应根据评价方案的分工和要求，通过询问有关人员、检查内部控制相关的文件和记录、观察经营管理活动，发现评价线索，确定评价重点，实施内部控制测试。

《企业内部控制评价指引》第十五条规定，内部控制评价工作组应当对被评价单位进行现场测试，综合运用个别访谈、调查问卷、专题讨论、穿行测试、实地查验、抽样和比较分析等方法，充分收集被评价单位内部控制设计和运行是否有效的证据，按照评价的具体内容，如实填写评价工作底稿，研究分析内部控制缺陷。

（1）个别访谈法。个别访谈法，是指企业根据检查评价需要，对被查单位员工进行单独访谈，以获取有关信息。个别访谈法主要用于了解公司内部控制的现状，在企业层面评价及业务层面评价的了解阶段经常使用。

（2）调查问卷法。调查问卷法，是指企业设置问卷调查表，分别对不同层次的员工进行问卷调查，并根据调查结果对相关项目作出评价。调查问卷法主要用于企业层面评价。

（3）专题讨论法。专题讨论法，是指通过召集与业务流程相关的管理人员就业务流程的特定项或具体问题进行讨论及评估的一种方法。

（4）穿行测试法。穿行测试法，是指在内部控制流程中任意选取一笔交易作为样本，追踪该交易从最初起源直到最终在财务报表或其他经营管理报告中反映出来的过程，即该流程从起点到终点的全过程，以此了解控制措施设计的有效性，并识别出关键控制点。

（5）实地查验法。实地查验法，是指企业对财产进行盘点、清查，以及对存货出、入库等控制环节进行现场查验。

（6）抽样法。抽样法，是指企业针对具体的内部控制业务流程，按照业务发生频率及固有风险的高低，从确定的抽样总体中抽取一定比例的业务样本，对业务样本的符合性进行判断，进而对业务流程控制运行的有效性作出评价。

（7）比较分析法。比较分析法，是指通过分析、比较数据间的关系、趋势或比率来取得评价证据的方法。

（五）认定控制缺陷

企业在内部控制评价中，应当对内部控制缺陷进行分类分析。内部控制缺陷一般可分为设计缺陷和运行缺陷。企业对内部控制缺陷的认定，应当以日常监督和专项监督为基础，结合年度内部控制评价，由内部控制评价部门进行综合分析后提出认定意见，按照规定的权限和程序进行审核后予以最终认定。"内部控制缺陷认定"将在本项目任务二中详细介绍。

（六）汇总评价结果

评价工作组汇总评价人员的工作底稿，初步认定内部控制缺陷，形成现场评价报告。评价工作底稿应进行交叉复核签字，并由评价工作组负责人审核后签字确认。评价工作组将评价结果及现场评价报告向被评价单位进行通报，在被评价单位相关责任人签字确认后，提交给企业内部控制评价机构。

内部控制评价机构汇总各评价工作组的评价结果，对工作组现场初步认定的内部控制缺陷进行全面复核、分类汇总;对缺陷的成因、表现形式及风险程度进行定量或定性的综合分析,按照对控制目标的影响程度判定缺陷等级。

(七) 编制评价报告

内部控制评价机构以汇总的评价结果和认定的内部控制缺陷为基础,综合内部控制工作整体情况,客观、公正、完整地编制内部控制评价报告,并报送企业经理层、董事会和监事会,由董事会最终审定后对外披露。

(八) 报告反馈与跟踪

对于认定的内部控制缺陷,内部控制评价机构应当结合董事会和审计委员会要求,提出整改建议,要求责任单位及时整改,并跟踪其整改落实情况;已经造成损失或负面影响的,企业应当追究相关人员的责任。

> **思政园地**
>
> 坚持客观性原则和秉持公正精神是从事企业内部控制评价工作的基本职业素养。内部控制评价的原则之一就是客观性。从实际业务出发,以证据为支持,求真务实。公正是人类文明进步的重要标准,是人类社会秩序的价值规范。公正作为社会主义核心价值观是社会层面的价值取向之一,是社会主义社会的内在要求,是社会主义制度优越性的集中体现,是中国特色社会主义的核心价值追求。

经纬纺织机械股份有限公司 2×09 年度内部控制自我评价报告

经纬纺织机械股份有限公司
2×09 年度内部控制自我评价报告

经纬纺织机械股份有限公司(以下简称公司或本公司)自成立以来一直严格按照《公司法》《证券法》等法律法规的要求,不断完善法人治理结构,以提高上市公司规范化运作程度、促进其健康发展、增强盈利能力、保护投资者合法权益。2×09 年度,公司继续加强完善了相关内部控制制度,并对 2×09 年度公司内部控制的有效性进行了自我评价。

(一) 综述

1. 公司目前内控制度的组织架构

本公司股东(大)会、董事会、监事会和管理层架构完整,各自有着明确的职责和工作程序,符合公司经营管理需求,工作中体现出有章可循、讲求效率的特点。

1) 股东(大)会

股东(大)会是公司的最高权力机构,依法行使决定公司经营方针、投资计划、选举和更换董事、监事等《公司法》《公司章程》及《股东(大)会议事规则》所规定的权力。①股东与股东(大)会。公司能够确保所有股东,特别是中小股东享有平等地位,公司对法律、行政法规所规定的重大事项在中国香港和内地两地证券监管部门指定的报纸及网站上真实、准确、完整、及时、公平地披露信息,以保证广大股东的知情权和参与决策权;公司严格按照股东(大)会规范的要求,召集、召开股东(大)会。②控股股东与上市公司。控股股东严格按照法律规定行使出资人的权利,没有超越股东(大)会、直接或间接干预公司决策或经营活动;公司与控股股东在人员、财务机构、业务和资产等五方面做到"五分开",各自独立核算,独立承担责任和风险,公司具有独立完整的业务和自主经营能力;公司董事、监事的选举及高级管理人员的聘任及解聘均严格遵守法律、行政法规、公司章程规定的程序。

2) 董事会和董事

目前,本公司董事会成员共12名,其中4名为独立非执行董事,2名为公司及下属子公司管理层成员,6名来自本公司控股股东。

按照《公司章程》和《董事会议事规则》规定,董事会履行向股东(大)会负责、召集股东(大)会、向大会报告工作、执行股东(大)会的决议等《公司法》和《公司章程》规定的职权。公司董事由股东(大)会选举产生,任期三年。董事任期届满,可连选连任。各位董事能够以认真负责的态度出席董事会会议,了解作为董事的权利、义务和责任。董事会下设董事会秘书,负责处理董事会日常事务。

公司董事会下设审核委员会和人事提名及薪酬委员会两个专业委员会,对董事会负责。审核委员会由独立非执行董事组成,主要负责监察公司的财务汇报程序、公司内外部审计之间的沟通、内部监控及风险管理等工作。人事提名及薪酬委员会由公司执行董事及独立非执行董事共同构成。人事提名及薪酬委员会主要负责对公司董事和高级管理人员的人选、选择标准和程序进行选择并提出建议;负责制定公司董事及经理人员的考核标准并进行考核;负责制定、审查公司董事及经理人员的薪酬政策与方案等工作。

按照有关法律、法规、公司章程的要求,本公司独立非执行董事认真履行职责,参与公司董事会工作,讨论决策有关重大事项,以其专业知识和经验,就公司规范运作和有关经营工作提出意见;对关联交易的公平、公正性发表独立意见;并在各董事会专业委员会中发挥积极、重要的作用。独立非执行董事为维护公司整体利益、维护全体股东的合法权益、促进公司发展作出了积极贡献。

3) 监事会和监事

目前,本公司监事会共有7名监事,其中职工代表监事3名,股东代表监事4名。此外,监事会设监事会主席1名,副主席1名,由全体监事选举产生。

按照《公司章程》和《监事会议事规则》规定,监事会的权利包括:检查公司的财务情况,对董事、经理和其他高级管理人员执行公司职务时违反法律、法规或者章程的行为进行监督,当董事、经理和其他高级管理人员的行为损害公司的利益时要求其予以纠正,必要时向股东(大)会或国家有关主管机关报告等公司章程规定或股东(大)会授予的职权。

监事每届任期三年,可以连选连任。监事由股东代表和公司职工代表担任。股东代表监事由股东提出候选人名单,经股东(大)会出席会议的股东所持表决权的半数以上同意选举和罢免;职工代表监事由公司职工民主选举和罢免。公司职工代表担任的监事不得少于监事人数的1/3。

4) 高级管理人员及日常经营管理控制

根据《公司章程》和相关制度规定,本公司总经理负责主持公司的生产经营管理工作、组织实施董事会决议、公司年度计划和投资方案、拟定公司的内部管理机构设置方案、拟定公司的基本管理制度、制定公司的具体规章等。本公司经理层拥有充分的经营管理权，能够对公司日常生产经营实施有效控制；同时，公司董事会与监事会能够对公司经理层实施有效的监督和制约，不存在"内部人控制"的倾向。本公司高级管理人员一向能够忠实履行职务，维护公司和全体股东的最大利益。

本公司目前已经按照相关规范运作制度和内部管理制度的规定，设置了与经营管理相适应的各级管理部门和工作人员。技术管理、销售管理、采购管理、运营管理、人事管理、信息管理、财务管理和内部审计管理均有章可循，确保了公司经营的正常有序，防范了经营风险，体现了经营管理水平高、主业突出、核心竞争力强、行业领先优势明显等特点。

2. 公司内部控制制度建立健全情况

本公司自成立以来，一直高度重视内部控制制度的建设，并不断进行补充和完善，现已建成了较为完备和有效的内部控制制度，贯穿于公司经营管理活动的各个层面和环节，确保了公司各项工作都有章可循。

1) 有关法人治理结构

《公司章程》是公司规范运作的基础制度，本公司严格按照《公司法》《关于到境外上市公司章程必备条款》等法规的相关规定制定并不断完善《公司章程》，切实从制度上维护公司、股东和债权人的合法权益，规范公司的组织和行为。

根据《公司章程》及相关法规，本公司陆续制定和完善了一系列规范运作的规章制度，包括：《股东（大）会议事规则》《董事会议事规则》《监事会议事规则》《独立董事工作制度》《重大信息内部报告制度》《信息披露管理制度》《投资者关系管理制度》等文件。本公司将《股东（大）会议事规则》《董事会议事规则》《监事会议事规则》作为《公司章程》的附件。

股东（大）会是公司的最高权力机构，《股东（大）会议事规则》的制定和完善，维护了公司及股东的合法权益，明确了股东（大）会的职责权限，保证了股东（大）会依法规范地行使职权。公司能够确保所有股东，特别是中小股东享有平等地位，公司能够真实、准确、完整、及时、公平地将有关重大事项在监管部门指定的媒体或网站上进行披露，以保证广大股东的知情权和参与决策权；公司严格按照有关规定的要求，召集、召开股东（大）会。公司关联交易公平、合理，并对定价的依据予以了充分的披露。

董事会是公司经营管理的决策机构，承担着维护公司和全体股东的利益，负责决策公司发展目标和重大经营活动的任务。《董事会议事规则》的制定和完善，规范了公司董事会议事和决策程序，提高了董事会工作效率和科学决策水平，保证了公司经营、管理工作的顺利进行。公司董事会设有两个专门委员会：审核委员会、人事提名及薪酬委员会。

公司还制定了《董事会审核委员会章则》和《董事会人事提名及薪酬委员会实施细则》，以保障各委员会能够合理有效地运作、发挥积极重要的作用。

监事会是监督公司经营活动和监督公司董事和高级管理人员行为的监督机构。监事会对公司的重大投资、财产处置、收购兼并、关联交易、合并、分立、董事会、董事及其他高级管理人员的尽职情况等事项进行监督，必要时向股东（大）会提交专项报告。《监事会议事规则》的制定和完善，维护了公司股东及职工的正当权益，保证公司监事会规范有效行使职权,完善了公司内部监督机制。

根据中国证监会《关于在上市公司建立独立董事制度的指导意见》和《关于加强社会公众股股东权益保护的若干规定》,公司制定了《独立董事工作制度》,明确了独立董事履职条件和履职程序,并通过利用独立董事与公司之间的独立关系、其专业知识背景和社会影响及对公司事务能作出独立判断的特点,进一步强化了对公司董事会和管理层的监管职能,保护了中小投资者利益,同时也增强了决策的科学性。此外,本公司还制定和完善了其他一系列规范制度,对管理层工作规范、重大信息内部报告程序、信息披露管理、投资及重大经营事项决策程序、投资者关系管理、关联交易决策程序、募集资金管理、年报工作规程等方面进行了规范。

2) 有关日常经营管理、新产品研发管理

根据公司生产经营的需要,结合行业和企业自身特点,本公司根据相关法律法规建立健全了较为完善的管理制度,制定了《年度方针目标与企业资源计划管理规定》《安全生产、环境保护工作管理规定》《营销工作管理规定》《生产性大宗物资集中采购管理办法》《设备(工程)采购订货工作的有关规定以及操作程序》《新产品管理规定》《质量管理规定》《技术改造项目管理规定》等文件。

3) 有关财务管理及资金使用效率和安全管理

资金的安全和效率体现了公司经营管理水平,本公司目前制定了《财务总监管理规定》《财务会计报告制度》《资金集中支付管理规定》《资金管理项目内部控制制度》等制度,以尽可能降低资金风险,提高资金使用效率。

3. 公司内部审计管理的情况

本公司设有独立的审计部门,配置了专职内审人员,内控制度完备有效。

(1) 本公司构筑了严密的内部稽核、内部控制制度,已通过ISO9001质量体系认证。内部稽核、控制制度不仅贯穿于销售收款、采购付款等营运环节,而且贯穿于公司各项管理业务当中。对重要业务或直接接触客户的业务,严格履行复核及审批手续,使相关人员在进行业务操作时,能够明确自身权限和需要承担的责任,有效规避了由单人处理业务全过程所造成的信任风险。

(2) 本公司审计部门独立于业务部门及其他职能部门之外,能够通过常规审计等形式,对各部门业务流程设计、内控制度的落实情况进行检查、监督,以发现公司内部稽核、控制制度是否存在缺陷和实施中是否存在问题,并出具审计报告,提出整改意见并督促有关部门及时整改,对审计中发现的业务流程设计缺陷及时上报公司领导,予以修正,确保公司内控制度不断完善并有效运行。

4. 2×09年公司为建立和完善内部控制所进行的工作及成效

公司继续深入贯彻和落实中国证监会等监管机构文件的要求,完善公司各项内控制度,提高公司规范运作水平和法人治理结构,以使公司股东(大)会、董事会、监事会及公司经理层的作用能得到更有效的发挥,维护公司及广大股东的利益。

(1) 报告期内,公司严格按照有关规定的要求,积极组织董事、监事及高级管理人员参加监管机构组织的培训,并组织相关工作人员强化学习《公司法》《证券法》《深圳证券交易所上市规则》等法律法规,以加深其对上市公司规范运作、内控制度重要性的认识。

(2) 公司根据有关监管部门的要求、公司规范运作及业务发展的需要,于2×09年度对《公司章程》进行了两次修订,并制定了《债券持有人会议规则》,确保公司内控制度体系的完整。为了加大对年报信息披露责任人的问责力度,提高年报信息披露质量和透明度,规范外部信息使用人和内幕信息管理,公司制定了《年报信息披露重大差错责任追究制度》《外部信息使用人管理制度》和《内幕信息知情人管理制度》,并经董事会审议通过。

(二) 重点控制工作

公司根据《公司法》《上市公司内部控制指引》等法律法规的要求,制定和完善了一系列制度,形成了一套规范、有效的管理流程和方法,重点加强了对分子公司管理、关联交易、对外担保、募集资金使用、重大投资、信息披露方面的控制。

1. 对控股子公司的管理控制

本公司通过加强企业制度建设、积极开展内部审计工作、建立集中管理平台等方式实现对各分子公司的有效管理和控制,不存在失控风险。

(1) 为了规范对分子公司的管理工作,本公司制定了全面、有效的企业管理制度,并根据企业发展变化及时修订和完善相关制度。各项制度能够适应分子公司经营发展情况,对分子公司的经济运行、企业管理起到了很好的指导和约束作用。

(2) 公司设立了审计部门、配置了专职内审人员。审计人员根据年度审计计划及公司管理需要,不定期深入现场,对异地分子公司进行经营情况审计、专项审计和离任审计,审计领域涉及控制、管理、风险、绩效等多个方面,审计人员对被审计单位出具审计报告及整改建议,保证了各项制度的有效执行。

(3) 建立了财务集中管理系统、物资采购管理系统等集中管理平台,能够对分子公司经营情况进行实时监控。

2. 对关联交易的内部控制

本公司与控股股东及其关联单位有关联交易,主要是:与日常经营相关的关联交易,资产、股权转让发生的关联交易,与关联方共同投资发生的关联交易。就持续关联交易,本公司与控股股东签署了《综合服务合同》,并经股东(大)会批准。该合同项下的所有交易均按照公平磋商的正常商业条款订立,交易价格符合市场定价标准。就其他方式的关联交易,本公司按照深圳证券交易所上市规则及香港联合交易所有限公司上市规则的相关规定,分别经董事会或股东(大)会批准,而控股股东在相关表决中放弃了投票。有关关联交易已履行必要的决策程序,交易价格的确定符合市场标准,不存在利润转移等状况。

3. 对对外担保的内部控制

2×09年度,公司严格按照《公司法》《关于规范上市公司与关联方资金往来及上市公司对外担保若干问题的通知》(证监发〔2003〕56号文)、《公司章程》的有关规定,未发生违规担保的情况。对照深交所《内部控制指引》的有关规定,公司对对外担保的内部控制严格、充分、有效,未有违反《内部控制指引》的情形发生。

4. 对募集资金使用的内部控制

为规范对公司募集资金的管理和使用,维护股东的利益,公司制定了《募集资金使用管理制度》,对募集资金的存放、使用、管理、监督等方面进行了规定。2×09年度,公司没有新发生的募集资金。

5. 对重大投资的内部控制

本公司严格遵守有关法律、法规及《公司章程》的规定,在投资经营决策中保障股东(大)会、董事会、董事长、经理层各自的权限均能得到有效发挥,做到权责分明,保证公司运作效率。公司还制定了《新股认购管理办法》,以规范新股认购行为,降低运作风险,取得最大收益,保障股东利益。

6. 对信息披露的内部控制

公司根据《公司法》《深圳证券交易所股票上市规则》等法律法规的规定,制定了《信息披露制度》《投资者关系管理制度》及《重大事项内部报告制度》,规定了信息披露的原则、管理、工作程序、披露内容等,明确了信息披露的权责划分、资料保管、重大信息保密等制度,以规范公司信息披露工作,确保信息披露的真实、准确、完整、及时、公平,维护公司和投资者的合法权益。为加大对年报信息披露责任人的问责力度,提高年报信息披露质量和透明度,公司根据有关规定的要求,制定了《年报信息披露重大差错责任追究制度》,并将于近期提交董事会审议。

(三) 公司内部控制存在的问题及改进计划

本公司已根据有关监管机构的要求,完成了公司治理整改的相关工作。2×09年度,公司未出现尚未完成整改或新发现的公司治理问题。根据《公司法》《深圳证券交易所上市规则》《上市公司内控指引》等文件的要求,2×09年度公司对内部控制制度进行了进一步的检查和系统的提高。

2×10年度,公司将根据有关法律法规的要求对一系列尚需完善的内控制度进行修订或增补,使公司的内控制度更加完善与实用,保障公司治理水平不断优化与提高。

(四) 公司内部控制自我评价

2×09年度,公司进一步加强了内部控制制度健全及法人治理结构完善的工作。目前,公司机构独立、业务独立,与控股股东在人员、资产、财务方面全面分开;各权力机构、决策机构、监督机构与经理层之间权责分明、各司其职,具备有效制衡、协调运作的法人治理结构;公司董事会、监事会及股东(大)会机制健全,人员配置符合《公司法》《深圳证券交易所上市规则》及《公司章程》等文件的规定,全体董事、监事和高级管理人员勤勉尽责,能依法行使职权;监事会认真执行对董事会和经理层的监督作用;经理层具备很强的专业水准及敬业精神,严格执行股东(大)会和董事会的决定,不断致力于提高公司管理水平和经营业绩;公司财务制度健全,财务运行质量良好,内部监控严格;公司的重大决策程序与规则符合法律法规规定,具备完整性和有效性。

董事会认为:公司根据自身经营特点,建立起了一套较为完善的内部控制制度,符合国家相关法律、行政法规和部门规章的要求,契合公司发展的需要,内控制度具有全面性、合理性和有效性,在规范公司日常的运营与管理中发挥了积极的作用。

随着企业的发展,公司将继续认真学习并严格执行各项法律法规及有关部门规章制度,深入贯彻落实中国证监会《关于提高上市公司质量意见》等文件的要求,不断完善公司各项内控制度,进一步提高规范运作水平和改善法人治理结构,使公司股东(大)会、董事会、监事会及公司经理层的作用得到更有效的发挥,确保公司持续、健康稳定的发展,以维护公司及全体股东的利益。

问题与任务:
(1) 经纬纺织机械股份有限公司内部控制自我评价报告主要内容有哪些?
(2) 结合上述内部控制自我评价报告,谈谈你对内部控制评价的理解。

任务二 内部控制缺陷的认定

一、内部控制缺陷的概念

内部控制缺陷,是指内部控制设计存在漏洞,不能有效防范错误与舞弊,或者内部控制的运行存在弱点和偏差,不能及时发现并纠正错误与舞弊的情形。内部控制缺陷可以按照不同的标准分类。

(一) 按照内部控制缺陷的成因分类

按照内部控制缺陷的成因分类,内部控制缺陷可分为设计缺陷和运行缺陷。设计缺陷是指缺少为实现控制目标所必需的控制,或现存控制设计不适当,即使运行正常也难以实现控制目标。运行缺陷是指现存设计完好的控制没有按设计意图运行,或执行者没有获得必要授权或缺乏胜任能力而难以有效地实施控制。

(二) 按照内部控制缺陷的性质分类

按照内部控制缺陷的性质,即影响内部控制目标实现的严重程度分类,内部控制缺陷可分为重大缺陷、重要缺陷和一般缺陷。重大缺陷,是指一个或多个控制缺陷的组合,可能导致企业严重偏离控制目标。重要缺陷,是指一个或多个控制缺陷的组合,其严重程度低于重大缺陷,但仍有可能导致企业偏离控制目标。一般缺陷,是指除重大缺陷、重要缺陷以外的其他控制缺陷。

二、内部控制缺陷认定的标准

《企业内部控制评价指引》按照缺陷程度把内部控制划分为重大缺陷、重要缺陷和一般缺陷三种等级。对内部控制缺陷的认定是对内部控制缺陷的重要程度进行识别和确定的过程,即判定一项缺陷属于重大缺陷、重要缺陷还是一般缺陷的过程。

内部控制缺陷的重要性和影响程度是相对于内部控制目标而言的,按照对实现财务报告目标和其他内部控制目标的影响的具体表现形式,分为财务报告内部控制缺陷和非财务报告内部控制缺陷。

(一) 财务报告内部控制缺陷的认定标准

与财务报告内部控制有关的内部控制缺陷所采用的认定标准直接取决于该内部控

缺陷的存在可能导致的财务报告错报的重要程度。重要程度主要取决于以下几点。

（1）该缺陷是否具备合理可能性导致企业的内部控制不能及时防止或发现并纠正财务报告错误。

（2）该缺陷单独或连同其他缺陷可能导致的潜在错报金额的大小出现以下迹象之一的，通常表明财务报告内部控制可能存在重大缺陷：①董事、监事和高级管理人员舞弊；②企业更正已公布的财务报告；③注册会计师发现当期财务报告存在重大错报，而企业内部控制在运行过程中未能发现该错误；④企业审计委员会和内部审计机构对内部控制的监督无效。

（二）非财务报告内部控制缺陷的认定标准

非财务报告内部控制缺陷，是指除财务报告目标之外的与其他目标相关的内部控制缺陷，包括战略内部控制缺陷、经营内部控制缺陷、合规内部控制缺陷、资产内部控制缺陷。根据其对企业实现内部控制目标的影响程度可将其认定为一般缺陷、重要缺陷和重大缺陷。

非财务报告内部控制缺陷认定具有涉及面广、认定难度大的特点。企业可以根据自身情况，参照财务报告内部控制缺陷的认定标准，合理确定非财务报告内部控制缺陷的定量和定性的认定标准。其中，定量标准，即涉及金额大小，既可以根据其造成的直接财产损失绝对金额确定，也可以根据其直接损失占本企业资产、销售收入及利润等的比率确定；定性标准，即涉及业务性质的严重程度，可根据其直接或潜在负面影响的性质、影响的范围等因素确定。为避免企业操纵内部控制评价报告，非财务报告内部控制缺陷认定标准一经确定，必须在不同评价期间保持一致，不得随意变更。

以下迹象通常表明非财务报告内部控制可能存在重大缺陷：①国有企业缺乏民主决策程序；②企业决策程序不科学；③违反国家法律法规；④管理人员或技术人员纷纷流失；⑤媒体负面新闻频现；⑥内部控制评价的结果，特别是重大或重要缺陷未得到整改；⑦重要业务缺乏制度控制或制度系统性失效。

需要注意的是，没有任何瑕疵的内部控制是不存在的。内部控制缺陷的严重程度并不取决于是否实际发生了错报，而是取决于该控制及时防止或发现并纠正潜在缺陷的可能性。

【想一想】 企业如何进行内部控制缺陷的认定？

答：查找并纠正企业内部控制设计和运行中的缺陷，是开展企业内部控制评价的一项重要工作，是不断完善企业内部控制的重要手段。由于企业所处行业、经营规模、发展阶段、风险偏好等存在差异，《企业内部控制基本规范》及其配套指引没有对内部控制缺陷的认定标准进行统一规定。企业可以根据《企业内部控制基本规范》及其配套指引，结合企业规模、行业特征、风险水平等因素，研究确定适合本企业的内部控制重大缺陷、重要缺陷和一般缺陷的具体认定标准。企业确定内部控制缺陷标准应当从定性和定量的角度综合考虑，并保持其相对稳定。企业应通过不断地实践，总结经验，形成一套行之有效的内部控制缺陷认定方法。

企业在开展内部控制监督检查中,对发现的内部控制缺陷,应当及时分析缺陷性质和产生原因,并提出整改方案,采取适当形式向董事会、监事会或者管理层报告。对于重大缺陷,企业应当在内部控制评价报告中进行披露。

三、内部控制缺陷认定的流程

企业对内部控制缺陷的认定,应当以日常监督和专项监督为基础,结合年度内部控制评价,由内部控制评价部门进行综合分析后提出认定意见,按照规定的权限和程序进行审核后予以最终认定。内部控制缺陷的认定流程分为三阶段。

(一)评价工作组初步认定

企业在日常监督、专项监督和年度评价工作中,应当充分发挥内部控制评价工作组的作用。内部控制评价工作组应当根据现场测试获取的证据,对内部控制缺陷进行初步认定,并按影响程度将其分为重大缺陷、重要缺陷和一般缺陷。

(二)工作组负责人审核

企业内部控制评价工作组应当建立评价质量交叉复核制度,评价工作组负责人应当对评价工作底稿进行严格审核,对所认定的评价结果签字确认后,提交企业内部控制评价部门。

(三)内部控制评价部门综合分析全面复核

企业内部控制评价部门应当编制内部控制缺陷认定汇总表,结合日常监督和专项监督发现的内部控制缺陷及其持续改进情况,对内部控制缺陷及其成因、表现形式和影响程度进行综合分析和全面复核,提出认定意见,并以适当的形式向董事会、监事会或经理层报告。重大缺陷应当由董事会予以最终认定。

【想一想】企业应如何对待内部控制评价中发现的缺陷?

答:内部控制缺陷按照成因分为设计缺陷和运行缺陷。对于设计缺陷,企业应从内部的管理制度入手查找原因,对需要更新、调整、废止的制度要及时进行处理,并同时改进内部控制体系的设计,弥补设计缺陷的漏洞。对于运行缺陷,企业应分析出现的原因,查清责任人,并有针对性地进行整改。

内部控制缺陷按照影响程度分为重大缺陷、重要缺陷和一般缺陷。对于重大缺陷,应当由董事会予以最终认定,企业要及时采取应对策略,切实将风险控制在可承受度之内。对于重要缺陷和一般缺陷,企业应当及时采取措施,避免发生损失。企业应当编制内部控制缺陷认定汇总表,结合实际情况对内部控制缺陷的成因、表现形式和影响程度进行综合分析和全面复核,提出认定意见和改进建议,确保整改到位,并以适当形式向董事会、监事会或者经理层报告。

对于因内部控制缺陷造成的经济损失,企业应当查明原因,追究相关部门和人员的责任。

贵州茅台的内部控制缺陷认定标准

公司依据企业内部控制规范体系、《中央企业全面风险管理指引》(国资委)及公司制度汇编、企业内部控制手册、企业内部控制评价手册、质量管理体系等,组织开展内部控制评价工作。公司董事会根据企业内部控制规范体系对重大缺陷、重要缺陷和一般缺陷的认定要求,结合公司规模、行业特征、风险偏好和风险承受度等因素,区分财务报告内部控制和非财务报告内部控制,研究确定适用于本公司的内部控制缺陷具体认定标准,如下所述。

1. 财务报告内部控制缺陷认定标准

(1) 定量标准。公司确定的财务报告内部控制缺陷评价的定量标准如表5-1所示。

表5-1 财务报告内部控制缺陷评价的定量标准

指标名称	重大缺陷定量标准	重要缺陷定量标准	一般缺陷定量标准
营业收入潜在错报	营业收入的0.5%≤潜在错报	营业收入的0.2%≤潜在错报<营业收入的0.5%	潜在错报<营业收入的0.2%
利润总额潜在错报	利润总额的0.5%≤潜在错报	利润总额的0.2%≤潜在错报<利润总额的0.5%	潜在错报<利润总额的0.2%
所有者权益潜在错报	所有者权益的0.5%≤潜在错报	所有者权益的0.2%≤潜在错报<所有者权益的0.5%	潜在错报<所有者权益的0.2%
资产总额潜在错报	资产总额的0.5%≤潜在错报	资产总额的0.2%≤潜在错报<资产总额的0.5%	潜在错报<资产总额的0.2%

说明:将财务报告内部控制的缺陷划分为重大缺陷、重要缺陷和一般缺陷,所采用的认定标准直接取决于该内部控制缺陷的存在可能导致的财务报告潜在错报的重要程度。这种重要程度主要取决于两个方面的因素:①该缺陷是否具备合理可能性导致公司的内部控制不能及时防止或发现纠正财务报表潜在错报。②该缺陷单独或连同其他缺陷可能导致的潜在错报金额的大小。公司财务报告内部控制缺陷认定定量标准按照上述指标孰低原则进行确定。

(2) 定性标准。公司确定的财务报告内部控制缺陷评价的定性标准如表5-2所示。

表5-2 财务报告内部控制缺陷评价的定性标准

缺陷性质	定性标准
重大缺陷	① 发现董事、监事和高级管理人员的重大舞弊行为; ② 已分布的财务报告进行更正; ③ 注册会计师发现的却未被公司内部控制识别的当期财务报告中的重大错误; ④ 公司审计委员会和内部审计对内部控制的监督无效; ⑤ 一经发现并报告给管理层的管理的重大缺陷未在合理的期间得到改正; ⑥ 因会计差错导致的监管机构的处罚; ⑦ 其他可能影响报表使用者正确判断的缺陷
重要缺陷	① 未依照公认会计准则选择和应用会计政策; ② 未建立反舞弊程序和控制措施; ③ 重要缺陷未在合理的期间得到改正; ④ 对于期末财务报告过程的内部控制无效
一般缺陷	除上述重大缺陷、重要缺陷之外的其他控制缺陷

2. 非财务报告内部控制缺陷认定标准

（1）定量标准。公司确定的非财务报告内部控制缺陷评价的定量标准如表 5-3 所示。

表 5-3　非财务报告内部控制缺陷评价的定量标准

指标名称	重大缺陷定量标准	重要缺陷定量标准	一般缺陷定量标准
经济损失	5 000 万元≤潜在损失	2 000 万元≤潜在损失＜5 000 万元	潜在损失＜2 000 万元

说明：考虑补偿性控制措施和实际偏差率后，在参照财务报告内部控制缺陷认定的基础上，以涉及金额大小为标准，根据造成直接财产损失绝对金额制定。

（2）定性标准。公司确定的非财务报告内部控制缺陷评价的定性标准如表 5-4 所示。

表 5-4　非财务报告内部控制缺陷评价的定性标准

缺陷性质	定性标准
重大缺陷	① 对生产运营产生重大影响（如设施永久损害，造成生产线废弃、生产长时间关停）； ② 违反国家法律、法规，如环境污染；对周围环境造成严重污染或者需高额恢复成本，甚至无法恢复； ③ 导致一位以上职工或公民死亡； ④ 对于"三重一大"事项，缺乏集体决策程序； ⑤ 决策程序不科学，如决策失误，导致并购不成功； ⑥ 重要岗位的管理人员或关键岗位的技术人员纷纷流失； ⑦ 媒体负面新闻频现；负面消息在全国各地流传，政府或监管机构进行调查，引起公众关注，对企业声誉造成无法弥补的损害； ⑧ 内部控制评价的结果特别是重大或重要缺陷未得到整改； ⑨ 重要业务缺乏制度控制或制度系统性失效
重要缺陷	① 对生产运营产生中度影响（如生产故障造成停产）； ② 负面消息在某区域流传，对企业声誉造成中等损害； ③ 长期影响多位职工或公民健康； ④ 环境污染和破坏在可控范围内，没有造成永久的环境影响
一般缺陷	① 对生产运营产生一般影响（如生产线暂时无法生产，影响货物的交付）； ② 负面消息在公司内部或当地局部流传，对企业声誉造成轻微损害； ③ 长期影响一位职工或公民健康； ④ 无污染，没有产生永久的环境影响

资料来源：
贵州茅台 2018 年度内部控制自我评价报告。

问题与任务：

结合内部控制缺陷认定标准，讨论茅台是如何进行财务报告内部控制缺陷和非财务报告内部控制缺陷评价的。

任务三　内部控制评价工作底稿与报告

企业内部控制评价部门应根据监督工作，结合内部控制缺陷的认定与整改结果，形成一系列评价工作底稿,并编制内部控制评价报告。内部控制评价工作底稿是内部控制工作的载体,也是内部控制评价报告形成的基础;内部控制评价报告是内部控制评价的最终体现。

一、内部控制评价工作底稿

根据《企业内部控制评价指引》第十一条的规定,内部控制评价工作应当形成工作底稿,详细记录企业执行评价工作的内容,包括评价要素、主要风险点、采取的控制措施、有关证据资料及认定结果等。工作底稿应当设计合理、证据充分、简便易行、便于操作,企业可以通过一系列评价表格加以实现。企业尽量按照统一的格式编制内部控制评价工作底稿,以上市公司独立董事对公司内部控制评价的工作底稿为例,如表5-5所示。

表5-5 上市公司独立董事对公司内部控制评价的工作底稿

公司名称: 　　　　　　　　内部控制评价报告年度:20　年

序号	独立董事对公司财务报告内部控制评价勤勉尽责关注要点	是	否	说明
一	董事会审议本年度年报前,独立董事是否与财务总监、财务部门负责人及报表编制人员进行过沟通	是	否	
二	在与上述人员进行沟通的过程中,独立董事是否发现在编制年报时,公司存在对本年度内季报、半年报已披露内容进行调整的情况	是	否	
三	本年度独立董事是否就年报审计及财务报告内部控制审计与会计师事务所进行过沟通	是	否	
四	在与会计师事务所沟通的过程中,独立董事是否发现在编制年报时,公司存在对本年度内季报、半年报已披露内容进行调整或更正的情况	是	否	
五	在与会计师事务所沟通的过程中,独立董事知悉公司与财务报告相关的内部控制存在的问题有哪些	是	否	
六	本年度公司是否发生过对已披露财务信息进行更正或补充的情况。如有,请说明发生的次数和基本情况及其可能涉及的财务报告内部控制的缺陷(包括设计有效性和执行有效性)	是	否	
七	本年度公司是否存在对季报、半年报已披露内容进行调整的情况或发生过对已披露财务信息进行更正或补充的情况。如有,独立董事在内部控制方面提出解决措施有哪些	是	否	
八	如聘请过中介机构协助公司建立健全内部控制制度,在与该中介机构沟通的过程中,独立董事是否知悉公司内部控制存在的问题	是	否	
序号	独立董事对公司内部控制评价勤勉尽责关注要点	是	否	说明
一	内部控制制度建设情况			
1	公司是否已经建立财务报告内部控制制度并形成书面文件	是	否	
二	内部控制评价职能部门报告情况			

(续表)

序号	独立董事对公司内部控制评价勤勉尽责关注要点	是	否	说明
1	内部控制评价职能部门是否定期直接向董事会或其下设审计委员会等专业委员会报告内部控制检查、监督和评价工作情况	是	否	
2	本年度内部控制评价职能部门发现的问题有哪些			
3	内部控制评价职能部门对发现的问题是否提出过解决建议	是	否	
三	内控改进			
1	截至评价报告编报之日,公司对内部控制评价职能部门发现的问题已采取的更正或改进措施有哪些			
四	公司是否聘请过中介机构协助本公司建立健全内部控制制度	是	否	
五	董事会在自我评价过程中发现的问题			
1	本年度,是否发现公司财务报告或相关信息存在不真实、不准确或不完整的情况	是	否	
2	本年度是否发生被相关部门或监管机构(如工商、税务、环保部门等)处罚的情况	是	否	
3	本年度公司是否发生因内控缺失而造成的重大资产损失	是	否	
4	公司是否存在由于高管舞弊而导致内部控制失效的情况	是	否	
5	董事会是否了解监事会在审议年度监事会工作报告中对公司内部控制的意见或建议	是	否	
6	董事会在自我评价过程中发现的其他问题			
六	对公司财务报告相关内部控制的总体评价意见			
七	在评价过程中,发现公司的非财务报告内部控制缺陷有哪些			

独立董事签名: 　　　　　　　　　　　　　　　　　　　　　　日期： 　年　月　日

二、内部控制评价报告

内部控制评价报告是内部控制评价工作的主要组成部分,是董事会或类似权力机构提供给相关信息使用者记载评价意见的一种书面文件。

(一) 内部控制评价报告的内容

根据《企业内部控制评价指引》第二十一条和第二十二条的相关规定,内部控制评价对外报告一般包括以下内容。

(1) 董事会声明。此部分内容声明董事会及全体董事对报告内容的真实性、准确性、完整性承担个别及连带责任,保证报告内容不存在任何虚假记载、误导性陈述或重大遗漏。

(2) 内部控制评价工作的总体情况。此部分内容明确企业内部控制评价工作的组织、领导体制、进度安排,是否聘请会计师事务所对内部控制的有效性进行独立审计。

(3) 内部控制评价的依据。此部分内容说明企业开展内部控制评价工作所依据的法律、法规和规章制度。

(4) 内部控制评价的范围。此部分内容描述内部控制评价所涵盖的被评价单位,以及纳入评价范围的业务事项及重点关注的高风险领域。内部控制评价的范围有所遗漏的,应说明原因及其对内部控制评价报告真实完整性产生的重大影响等。

(5) 内部控制评价的程序和方法。此部分内容描述内部控制评价工作遵循的基本流程,以及在评价过程中采用的主要方法。

(6) 内部控制缺陷及其认定。此部分内容描述适用于本企业的内部控制缺陷具体认定标准,并声明与以前年度保持一致或作出的调整及相应的原因;根据内部控制缺陷认定标准,确定评价期末存在的重大缺陷、重要缺陷和一般缺陷。

(7) 内部控制缺陷的整改情况。此部分内容针对评价期间发现、期末已完成整改的重大缺陷,说明企业有足够的测试样本,显示与该重大缺陷相关的内部控制设计合理且运行有效。针对评价期末存在的内部控制缺陷,公司拟采取的整改措施及预期效果。

(8) 内部控制有效性的结论。此部分内容针对不存在重大缺陷的情形,出具评价期末内部控制有效的结论;针对存在重大缺陷的情形,在内部控制评价报告中作出内部控制无效的结论,并需描述该重大缺陷的性质及其对实现相关控制目标的影响程度,以及可能给公司未来生产经营带来的相关风险等。如果自内部控制评价报告基准日至内部控制评价报告发出日之间发生重大缺陷,企业须责成内部控制评价机构予以核实,并根据核查结果对评价结论进行相应的调整,说明董事会拟采取的措施。

(二) 内部控制评价报告的编制要求

内部控制评价报告可分为对外报告和对内报告,对外报告是为了满足外部信息使用者的需求而编制的,需要对外披露,在披露时间上具有强制性,披露内容和格式需要符合披露要求;对内报告主要是为了满足管理层或治理层改善管控水平的需要,不具有强制性,内容、格式和披露时间由企业自行决定。

企业外部环境和内部条件是发展变化的,因而内部控制系统是一个不断更新和自我完善的动态体系。因此企业需要对内部控制经常展开评价,在实际工作中可以采用定期与不定期相结合的方式。

(1) 对外报告。对外报告一般采用定期的方式,公司编制的年度内部控制评价报告经董事会审议通过,并按定期报告相关要求审核后,与年度报告一并对外披露。年度内部控制评价报告应当以12月31日为基准日。

(2) 内部报告。内部报告一般采用不定期的方式,即企业可以持续地开展内部控制的监督与评价,并根据结果的重要性随时向董事会(审计委员会)或经理层报送评价报告。从广义上讲,企业针对发现的重大缺陷等向董事会(审计委员会)或经理层报送的内部报告(内部控制缺陷报告)也属于非定期的报告。

(三) 内部控制评价报告的披露与报送

在我国,随着《企业内部控制基本规范》及其配套指引的陆续推出,内部控制信息披露已经逐渐步入强制性阶段。《企业内部控制评价指引》规定,企业编制的内部控制评价报告应当报经董事会或类似权力机构批准后对外披露或报送相关部门。企业应以每年的12月31日为年度内部控制评价报告的基准日,于基准日后4个月内报出内部控制评价报告。委托注册会计师对内部控制的有效性进行审计的公司应同时将内部控制审计报告对外披露或报送。对于自内部控制评价报告基准日至内部控制评价报告报出日发生的影响内部控制有效性的因素,内部控制评价部门应予以关注,并根据其性质和影响程度对评价结论进行相应调整。企业内部控制评价报告应按规定报送有关监管部门。例如,国有控股企业应将报告按要求报送国有资产监督管理部门和财政部门;金融企业应按规定将报告报送银行业监督管理部门和保险监督管理部门;公开发行证券的企业应按要求将报告报送证券监督管理部门。

学中做

××股份有限公司20××年度内部控制评价报告

××股份有限公司全体股东:

根据《企业内部控制基本规范》及其配套指引的规定和其他内部控制监管要求(以下简称企业内部控制规范体系),结合本公司(以下简称公司)内部控制制度和评价办法,在内部控制日常监督和专项监督的基础上,我们对公司20××年12月31日(内部控制评价报告基准日)的内部控制有效性进行了评价。

一、重要声明

按照企业内部控制规范体系的规定,建立健全和有效实施内部控制,评价其有效性,并如实披露内部控制评价报告是公司董事会的责任。监事会对董事会建立和实施内部控制进行监督。经理层负责组织领导企业内部控制的日常运行。公司董事会、监事会及董事、监事、高级管理人员保证本报告内容不存在任何虚假记载、误导性陈述或重大遗漏,并对报告内容的真实性、准确性和完整性承担个别及连带法律责任。

公司内部控制的目标是合理保证经营管理合法合规、资产安全、财务报告及相关信息真实完整,提高经营效率和效果,促进实现发展战略。由于内部控制存在的固有局限性,故仅能为实现上述目标提供合理保证。此外,由于情况的变化可能导致内部控制变得不恰当,或对控制政策和程序遵循的程度降低,根据内部控制评价结果推测未来内部控制的有效性具有一定的风险。

二、内部控制评价结论

根据公司财务报告内部控制重大缺陷的认定情况,于内部控制评价报告基准日,不存在财务报告内部控制重大缺陷〔由于存在财务报告内部控制重大缺陷〕,董事会认为,公司已按照企业内部控制规范体系和相关规定的要求在所有重大方面保持了有效的财务报告内部控制〔公司未能按照企业内部控制规范体系和相关规定的要求在所有重大方面保持有效的财务报告内部控制〕。

根据公司非财务报告内部控制重大缺陷认定情况,于内部控制评价报告基准日,公司未发现〔发现　个〕非财务报告内部控制重大缺陷。

自内部控制评价报告基准日至内部控制评价报告发出日之间未发生影响内部控制有效性评价结论的因素〔若发生影响内部控制有效性评价结论的因素，则需描述相关因素的性质对评价结论的影响及董事会拟采取的应对措施〕。

三、内部控制评价工作情况

（一）内部控制评价范围

公司按照风险导向原则确定纳入评价范围的主要单位、业务和事项及高风险领域。纳入评价范围的主要单位包括：〔若单位或级次众多，可以考虑按照层级、业务分部、板块等形式披露〕，纳入评价范围单位资产总额占公司合并财务报表资产总额的　％，营业收入合计占公司合并财务报表营业收入总额的　％；纳入评价范围的主要业务和事项包括：〔具体描述纳入评价范围的主要业务和事项〕；重点关注的高风险领域主要包括〔具体描述重点关注的高风险领域〕。

上述纳入评价范围的单位、业务和事项以及高风险领域涵盖了公司经营管理的主要方面，不存在重大遗漏。〔如存在重大遗漏〕公司本年度由于〔原因〕未能对构成内部控制重要方面〔具体描述应纳入而未纳入评价范围的主要单位/业务/事项/高风险领域的名称〕进行内部控制评价，由于上述评价范围的重大遗漏，〔描述对内部控制评价范围完整性及对评价结论的影响〕。〔如存在法定豁免〕本年度，公司根据〔法律法规的相关豁免规定〕，未将〔具体描述未纳入评价范围的缘由及涉及单位/业务/事项/高风险领域的名称〕纳入内部控制评价范围。

（二）内部控制评价工作依据及内部控制缺陷认定标准

公司依据企业内部控制规范体系及〔具体描述除企业内部控制规范体系之外的其他内部控制评价的依据〕组织开展内部控制评价工作。

公司董事会根据企业内部控制规范体系对重大缺陷、重要缺陷和一般缺陷的认定要求，结合公司规模、行业特征、风险偏好和风险承受度等因素，区分财务报告内部控制和非财务报告内部控制，研究确定了适用于本公司的内部控制缺陷具体认定标准，并与以前年度保持一致〔作出调整的，应描述调整原因，具体调整情况，以及调整后标准〕。公司确定的内部控制缺陷认定标准如下：

1. 财务报告内部控制缺陷认定标准

公司确定的财务报告内部控制缺陷评价的定量标准如下：

〔按照重大缺陷、重要缺陷和一般缺陷分别描述公司财务报告内部控制缺陷的定量标准，若定量标准包括多个量化指标，需指出具体如何应用这些指标，如孰低原则或分别情形适用〕

公司确定的财务报告内部控制缺陷评价的定性标准如下：

〔按照重大缺陷、重要缺陷和一般缺陷分别描述公司财务报告内部控制缺陷的定性标准〕

2. 非财务报告内部控制缺陷认定标准

公司确定的非财务报告内部控制缺陷评价的定量标准如下：

〔按照重大缺陷、重要缺陷和一般缺陷分别描述公司非财务报告内部控制缺陷的定量标准,若定量标准包括多个量化指标,需指出具体如何应用这些指标,如孰低原则或分别情形适用〕

公司确定的非财务报告内部控制缺陷评价的定性标准如下:

〔按照重大缺陷、重要缺陷和一般缺陷分别描述公司非财务报告内部控制缺陷的定性标准〕

(三) 内部控制缺陷认定及整改情况

1. 财务报告内部控制缺陷认定及整改情况

根据上述财务报告内部控制缺陷的认定标准,报告期内公司存在〔不存在〕财务报告内部控制重大缺陷〔数量　个〕、重要缺陷〔数量　个〕〔若适用〕(含上年度末未完成整改的财务报告内部控制重大缺陷、重要缺陷)。

具体的重大缺陷和重要缺陷分别为〔若适用,重大缺陷与重要缺陷分别披露〕:

缺陷1:

1) 缺陷性质及影响

〔具体描述重大缺陷的具体内容,缺陷分类(设计缺陷/运行缺陷),发生时间、产生原因及对实现控制目标的影响〕

2) 缺陷整改情况

〔整改开始时间、已采取的整改措施、整改后运行时间、整改后运行有效性的评价结论〕

3) 整改计划(适用于内部控制评价报告基准日未完成整改的情况)

〔拟采取的具体整改计划、整改责任人、预计完成时间〕

经过上述整改,于内部控制评价报告基准日,公司发现〔未发现〕未完成整改的财务报告内部控制重大缺陷〔数量　个〕、重要缺陷〔数量　个〕。

2. 非财务报告内部控制缺陷认定及整改情况

根据上述非财务报告内部控制缺陷的认定标准,报告期内发现〔未发现〕公司非财务报告内部控制重大缺陷〔数量　个〕、重要缺陷〔数量　个〕〔若适用〕(含上年度末未完成整改的非财务报告内部控制重大缺陷、重要缺陷)。

具体的重大缺陷和重要缺陷分别为〔若适用,重大缺陷与重要缺陷分别披露〕:

缺陷1:

1) 缺陷性质及影响

〔具体描述重大缺陷的具体内容,缺陷分类(设计缺陷/运行缺陷),发生时间、产生原因及对实现控制目标的影响〕

2) 缺陷整改情况

〔整改开始时间、已采取的整改措施、整改后运行时间、整改后运行有效性的评价结论〕

3) 整改计划(适用于内部控制评价报告基准日未完成整改的情况)

〔拟采取的具体整改计划、整改责任人、预计完成时间〕

经过上述整改,于内部控制评价报告基准日,公司存在〔不存在〕未完成整改的非财务报告内部控制重大缺陷〔数量　个〕、重要缺陷〔数量　个〕。

四、其他内部控制相关重大事项说明

〔若适用,需披露可能对投资者理解内部控制评价报告、评价内部控制情况或进行投资决策产生重大影响的其他内部控制信息。与内部控制无关的重大事项不需要在此披露〕

董事长(已经董事会授权):〔签名〕

〔公司签章〕

××股份有限公司

20××年××月××日

资料来源：

2014年1月3日,证监会和财政部联合发布的《公开发行证券的公司信息披露编报规则第21号——年度内部控制评价报告的一般规定》。

问题与任务：

(1) 详细阅读上述内部控制评价报告,总结内部控制评价报告的主要构成部分。

(2) 在上述内部控制评价报告中,内部控制缺陷认定部分是如何确定的?

通过完成本项目任务,掌握企业内部控制评价的作用、原则及程序；了解内部控制缺陷的认定方法和认定程序；明确内部控制评价的主体及对象；熟悉内部控制评价的内容、方法与程序；掌握内部控制评价报告的主要内容和编制要求。

一、单项选择题

1. 企业内部控制评价的主体是(　　)。
   A. 政府机关　　　　　　　　　B. 会计师事务所
   C. 董事会或类似权力机构　　　D. 财务部门

2. 企业内部控制评价的对象是(　　)。
   A. 内部控制规章制度　　　　　B. 内部控制有效性
   C. 财务报告的公允性　　　　　D. 内部控制环境

3. 对内部控制评价承担最终责任的内部控制评价责任主体是(　　)。
   A. 董事会　　　　　　　　　　B. 经理层
   C. 监事会　　　　　　　　　　D. 审计委员会

4. 企业内部控制评价工作的起点是(　　)。
   A. 明确内部控制目标　　　　　B. 制定内部控制评价方案
   C. 组成评价工作组　　　　　　D. 确定评价方法

5. 内部控制评价工作的最终表现为(　　)。
   A. 财务报告   B. 审计报告
   C. 内部控制评价工作底稿   D. 内部控制评价报告
6. 企业年度内部控制评价报告报出的时限是基准日后(　　)个月。
   A. 1   B. 2   C. 3   D. 4
7. 审议内部控制评价报告,对董事会建立与实施内部控制进行监督的机构是(　　)。
   A. 经理层   B. 各专业部门人
   C. 监事会   D. 企业所属单位
8. 一般而言,如果一项内部控制缺陷单独或连同其他缺陷具备合理可能性导致不能及时防止或发现并纠正财务报告中的重大错报,就应将该缺陷认定为(　　)。
   A. 重大缺陷   B. 重要缺陷   C. 一般缺陷   D. 严重缺陷
9. 通过数据分析,识别评价关注点的内部控制评价方法是(　　)。
   A. 个别访问法 C. 比较分析法 B. 穿行测试法 D. 实地查验法
10. 下列有关内部控制评价的说法中,错误的是(　　)。
    A. 内部控制评价应紧紧围绕内部环境、风险评估、控制活动、信息与沟通、内部监督五要素进行
    B. 内部控制的有效性是指企业建立与实施内部控制对实现控制目标提供合理保证的程度
    C. 企业实施内部控制评价,仅包括对内部控制设计有效性的评价,不包括对运行有效性的评价
    D. 董事会可以通过审计委员会来承担对内部控制评价的组织、领导、监督职责

二、多项选择题

1. 从控制目标的角度看,内部控制的有效性可分为(　　)。
   A. 合规目标内部控制的有效性   B. 资产目标内部控制的有效性
   C. 报告目标内部控制的有效性   D. 经营目标内部控制的有效性
   E. 战略目标内部控制的有效性
2. 考察内部控制运行的有效性,应考虑的因素包括(　　)。
   A. 相关控制在评价期内是如何运行的
   B. 相关控制是否覆盖了所有关键的业务与环节
   C. 相关控制是否得到了持续一致的运行
   D. 实施控制的人员是否具备必要的权限和能力
   E. 相关控制是否与企业自身的经营特点、业务模式及风险管理要求相匹配
3. 内部控制评价的内容主要包括(　　)。
   A. 内部环境评价   B. 风险评估评价
   C. 控制活动评价   D. 信息与沟通评价
   E. 内部监督评价
4. 企业内部控制评价应当遵循的原则包括(　　)。

A. 全面性原则　　　B. 重要性原则　　　C. 客观性原则　　　D. 有效性原则
E. 时效性原则

5. 内部控制评价工作应当形成工作底稿,详细记录企业执行评价工作的内容,包括(　　)。
   A. 评价要素　　　　　　　　　　　B. 企业经营目标
   C. 主要风险点　　　　　　　　　　D. 采取的控制措施
   E. 企业发展目标

6. 作为内部控制体系的重要组成部分,内部控制评价对企业意义重大,其主要作用包括(　　)。
   A. 有助于提升企业财务报告的质量
   B. 有助于企业自我完善内控体系
   C. 有助于提升企业市场形象和公众认可度
   D. 有助于实现与政府监管的协调互动
   E. 有助于保护利益相关者的合法权益

7. 按照内部控制缺陷的成因分类,内部控制缺陷分为(　　)。
   A. 设计缺陷　　　B. 运行缺陷　　　C. 重大缺陷　　　D. 重要缺陷
   E. 一般缺陷

8. 按照内部控制缺陷的性质分类,内部控制缺陷分为(　　)。
   A. 设计缺陷　　　B. 运行缺陷　　　C. 重大缺陷　　　D. 重要缺陷
   E. 一般缺陷

9. 下列各项中,可认定为内部控制存在运行缺陷的情况有(　　)。
   A. 由不恰当的人执行　　　　　　　B. 未按设计的方式运行
   C. 运行的时间或频率不当　　　　　D. 没有得到一贯有效运行
   E. 制度设计存在漏洞

10. 下列属于内部控制评价报告内容的有(　　)。
    A. 董事会声明　　　　　　　　　　B. 内部控制评价工作的总体情况
    C. 内部控制评价的依据　　　　　　D. 内部控制评价的范围
    E. 内部控制评价的程序和方法

三、判断题

1. 董事会可以聘请会计师事务所对其内部控制的有效性进行审计,但其承担的责任不能因此减轻或消除。　　　　　　　　　　　　　　　　　　　　　　(　　)
2. 内部控制评价能为内部控制目标的实现提供合理保证。　　　　　　(　　)
3. 内部控制的设计应覆盖所有关键的业务与环节,但是对董事会、监事会、经理层和员工不具有普遍的约束力。　　　　　　　　　　　　　　　　　　　　(　　)
4. 为节省成本,为企业提供内部控制审计的会计师事务所,可以同时为同一家企业提供内部控制评价服务。　　　　　　　　　　　　　　　　　　　　　(　　)
5. 在内部控制建立与实施初期,企业应更多地采用重点评价或专项评价,以提高内部控

制评价的效率和效果。( )
6. 内部控制缺陷一经认定为重大缺陷,内部控制评价报告将会作出内部控制无效的结论。
( )
7. 如果某企业更正已公布的财务报告,通常表明该企业内部控制可能存在一般缺陷。
( )
8. 内部控制缺陷的严重程度并不取决于该控制不能及时防止或发现并纠正潜在缺陷的可能性,而是取决于是否实际发生了错报。( )
9. 内部控制自我评价是对内部控制的整体评价,包括财务报告内部控制和非财务报告内部控制。( )
10. 内部控制评价报告可分为对内报告和对外报告,对外报告一般采用定期的方式,对内报告一般采用不定期的方式。( )

四、案例分析题

万福生科(湖南)农业开发股份有限公司内部控制评价报告

中国证券监督管理委员会湖南监管局:

我们接受委托对万福生科(湖南)农业开发股份有限公司(以下简称万福生科或公司)2012年度的财务报表进行审计,根据贵局《关于做好2012年年报工作的通知》的规定,对该公司与财务报表编制相关的内部控制予以必要关注。我们并未与万福生科签订协议针对内部控制发表鉴证意见,而是在开展财务报表审计工作过程中,实施了了解、测试和评价相关内部控制设计的合理性和执行的有效性等我们认为必要的审计程序。内部控制评价虽然参照《中国注册会计师其他鉴证业务准则第3101号》等相关规定执行,但其提供的保证程度低于内部控制鉴证。在审计中我们发现:2012年中报存在虚假记载和重大遗漏,初步自查显示,公司在2012年半年报中虚增营业收入187 590 816.61元,虚增营业成本145 558 495.31元,虚增利润40 231 595.41元。2013年3月2日,万福生科披露《关于重大披露及股票复牌公告》,公司经过自查发现2008年至2011年累计虚增收入7.4亿元左右,虚增营业利润1.8亿元左右,虚增净利润1.6亿元左右,其中2011年虚增营业收入2.8亿元,虚增营业利润6 541.36万,虚增归属于上市公司股东净利润5 912.69万元。该等情形表明万福生科未能按照《企业内部控制基本规范》和相关规定保持有效的财务报告内部控制。

中磊会计师事务所有限责任公司 　　　　　中国注册会计师:邹宏文
　　　中国·北京 　　　　　　　　　　　中国注册会计师:王越
　　　　　　　　　　　　　　　　　　　　二〇一三年四月二十五日

要求:

(1)说明万福生科内部控制缺陷属于哪种类型,并阐述该类型内部控制缺陷的认定标准和处理方法。

(2)简述内部控制评价报告的内容。

项目六　企业内部控制审计

学习目标

一、理论知识目标
1. 掌握内部控制审计报告的类型。
2. 掌握内部控制审计报告的内容。
3. 熟悉内部控制审计的组织实施。
4. 了解内部控制审计与财务报告审计的关系。

二、职业素养目标
1. 能够就实际案例,判定应出具内部控制审计报告的类型。
2. 能够把握完成内部控制审计工作阶段的工作要点。

关键概念

内部控制审计　　财务报告审计　　内部控制审计报告
设计有效性　　运行有效性
带强调事项段的无保留意见内部控制审计报告
无法表示意见内部控制审计报告
否定意见内部控制审计报告

知识导览

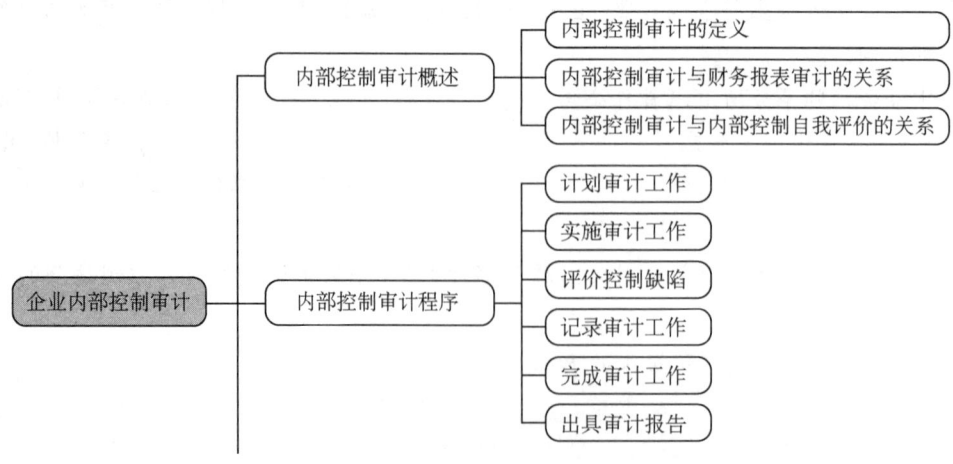

项目六　企业内部控制审计

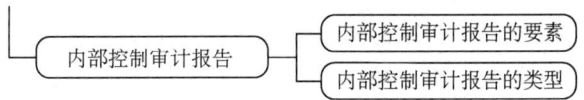

 **引例**　新华制药 2011 年度内部控制审计报告

（XYZH/2011A1052）

山东新华制药股份有限公司全体股东：

按照《企业内部控制审计指引》及《中国注册会计师执业准则》的相关要求，我们审计了山东新华制药股份有限公司（以下简称新华制药）2011 年 12 月 31 日财务报告内部控制的有效性。

一、企业对内部控制的责任

按照《企业内部控制基本规范》《企业内部控制应用指引》《企业内部控制评价指引》的规定，建立健全和有效实施内部控制，并评价其有效性是新华制药董事会的责任。

二、注册会计师的责任

我们的责任是在实施审计工作的基础上，对财务报告内部控制的有效性发表审计意见，并对注意到的非财务报告内部控制的重大缺陷进行披露。

三、内部控制的固有局限性

内部控制具有固有局限性，存在不能防止和发现错报的可能性。此外，由于情况的变化可能导致内部控制变得不恰当，或对控制政策和程序遵循的程度降低，根据内部控制审计结果推测未来内部控制的有效性具有一定风险。

四、导致否定意见的事项

重大缺陷是内部控制中存在的、可能导致不能及时防止或发现并纠正财务报表出现重大错报的一项控制缺陷或多项控制缺陷的组合。

新华制药内部控制存在如下重大缺陷：

（1）新华制药下属子公司山东新华医药贸易有限公司（以下简称医贸公司）内部控制制度对多头授信无明确规定，在实际执行中，医贸公司的鲁中分公司、工业销售部门、商业销售部门三个部门分别向同一客户授信，使得授信额度过大。

（2）新华制药下属子公司医贸公司内部控制制度规定对客户授信额度不大于客户注册资本，但医贸公司在实际执行中，对部分客户超出客户注册资本授信，使得授信额度过大，同时医贸公司也存在未授信的发货情况。

上述重大缺陷使得新华制药对山东欣康祺医药有限公司（以下简称欣康祺医药）及与其存在担保关系方形成大额应收款项 60 731 千元，同时，因欣康祺医药经营出现异常，资金链断裂，可能使新华制药遭受较大的经济损失。2011 年度，新华制药对应收欣康祺医药及与其存在担保关系方货款计提了 48 585 千元坏账准备。

有效的内部控制能够为财务报告及相关信息的真实完整提供合理保证，而上述重大缺陷使新华制药内部控制失去这一功能。

新华制药管理层已识别出上述重大缺陷,并将其包含在企业内部控制评价报告中,上述缺陷在所有重大方面得到公允反映。在新华制药2011年财务报表审计中,我们已经考虑了上述重大缺陷对审计程序的性质、时间安排和范围的影响。本报告并未对我们在2012年3月23日对新华制药2011年财务报表出具的审计报告产生影响。

五、财务报告内部控制审计意见

我们认为,由于存在上述重大缺陷及其对实现控制目标的影响,新华制药于2011年12月31日未能按照《企业内部控制基本规范》和相关规定在所有重大方面保持有效的财务报告内部控制。

信永中和会计师事务所有限责任公司　　　　　中国注册会计师:唐炫
　　　中国·北京　　　　　　　　　　　　　中国注册会计师:薛更磊
　　　　　　　　　　　　　　　　　　　　　二〇一二年三月二十三日

资料来源:
https://wenku.so.com/d/4562d6f390b31ffc69e00af54650c998?src=ob_zz_juhe360wenku

新华制药的内部控制审计报告审计意见为否定意见,这是我国第一份内部控制否定意见,曾引起国内外的广泛关注。那么,什么是内部控制审计报告?内部控制审计报告的有哪些类型?如何完成内部控制审计工作?以上问题,将在本项目中得到解答。

任务一　内部控制审计概述

项目六
任务一

一、内部控制审计的定义

《企业内部控制审计指引》对内部控制审计有如下表述:"内部控制审计,是指会计师事务所接受委托,对特定基准日内部控制设计与运行的有效性进行审计。"

建立健全和有效实施内部控制,评价内部控制的有效性是企业董事会的责任。依据《基本规范》和《企业内部控制审计指引》,我国的内部控制审计,是在实施审计工作的基础上对内部控制的有效性发表审计意见,是注册会计师针对被审计单位的内部控制实施合理保证(高水平保证)的鉴证业务。

二、内部控制审计与财务报表审计的关系

注册会计师执行内部控制审计工作,应当获取充分、适当的证据,为发表内部控制审计意见提供合理保证。注册会计师应当对财务报告内部控制的有效性发表审计意见,并对内部控制审计过程中注意到的非财务报告内部控制的重大缺陷,在内部控制审计报告中增加"非财务报告内部控制重大缺陷描述段"予以披露。注册会计师可以单独进行内部控制审计,也可将内部控制审计与财务报表审计整合进行(以下简称整合审计)。在整合审计中,注册会计师应当对内部控制设计与运行的有效性进行测试,获取充分、适当的证

据,以支持其在内部控制审计中对内部控制有效性发表的意见和支持其在财务报表审计中对控制风险的评估结果。

(一)内部控制审计与财务报表审计的联系

对企业内部控制的了解和测试,及有效性评估是注册会计师制定财务报表审计策略、实施进一步审计程序的基础和前提。因此,内部控制审计和财务报表审计存在着多方面联系,主要体现在以下5个方面。

(1)两者的最终目的一致,虽然两者各有侧重,但最终目的均为提高财务信息质量,提高财务报告的可靠性,为利益相关者提供高质量的信息。

(2)两者都采取风险导向审计模式,注册会计师首先实施风险评估程序,识别和评估重大缺陷(或错报)风险。在此基础上,有针对性地采取应对措施,实施相应的审计程序。

(3)两者都要了解和测试内部控制,并且对内部控制有效性的定义和评价方法相同。两者都可能用到询问、检查、观察、穿行测试、重新执行等方法和程序。

(4)两者均要识别重点账户、重要交易类别等重点审计领域。注册会计师在财务报表审计中,需要评价这些重点账户和重要交易类别是否存在重大错报;在内部控制审计中,需要评价这些重点账户和重要交易是否被内部控制所覆盖。

(5)两者确定的重要性水平相同。注册会计师在财务报表审计中确定重要性水平,旨在检查财务报告中是否存在重大错报;在财务报告内部控制审计中确定重要性水平,旨在检查财务报告内部控制是否存在重大缺陷。由于审计对象、判断标准相同,因此,两者在审计中确定的重要性水平亦相同。

(二)内部控制审计与财务报表审计的区别

内部控制审计与财务报表审计存在多方面的联系,但它们之间也有明显的区别,具体如表6-1所示。

表6-1 内部控制审计与财务报表审计的区别

比较项目	内部控制审计	财务报表审计
审计目标	对财务报告内部控制的有效性发表审计意见,并对内部控制审计过程中注意到的非财务报告内部控制的重大缺陷,在内部控制审计报告中增加"非财务报告内部控制重大缺陷描述"段予以披露	对财务报表是否符合企业会计准则,是否公允反映被审计单位的财务状况和经营成果发表意见
了解和测试内部控制的目的	内部控制审计了解和测试内部控制的直接目的是对内部控制设计和运行的有效性发表意见	财务报表审计按风险导向审计模式进行,了解内部控制是为了评估重大错报风险,测试内部控制是为了进一步指明了解内部控制时得出的初步结论,财务报表审计了解和测试内部控制的最终目的是服务于对财务报表发表审计意见

(续表)

比较项目	内部控制审计	财务报表审计
测试范围	对所有重要账户、各类交易和列报的相关认定,都要了解和测试相关的内部控制	在财务报表审计过程中,只有在以下两种情况下才强制要求对内部控制进行测试。 ①在评估认定存在重大错报风险时,预期控制的运行是有效的(在确定实质性程序的性质、时间安排和范围时,注册会计师拟信赖控制运行的有效性); ②仅实施实质性程序并不能够提供认定存在充分适当的审计依据其他情况下,注册会计师可以不测试内部控制
测试时间	对特定基准日内部控制的有效性发表意见,不需要测试整个会计期间,但要测试足够长的期间	一旦确定需要测试,则需要测试内部控制在整个审计期间的运行有效性
测试样本量	对结论可靠性的要求高,测试的样本量相对大	对结论可靠性的要求取决于计划从控制测试中得到的保证程度(或减少实质性程序工作量的程度),测试样本量相对小
报告结果	需要对外披露的同时还需要以正面、积极的方式对内部控制是否有效发表审计意见	通常不对外披露内部控制情况,除非内部控制影响对财务报表发表的审计意见,财务报表审计结果可以以管理建议书的方式向管理层或治理层报告财务报表注册会计师在审计过程中发现的内部控制重大缺陷,但注册会计师没有义务专门实施审计程序,以发现和报告内部控制重大缺陷

三、内部控制审计与内部控制自我评价的关系

内部控制审计与内部控制的自我评价,是不同主体对内部控制的有效性发表的不同意见。

内部控制审计,是指会计师事务所接受委托,对特定基准日企业内部控制设计和运行的有效性进行审计。内部控制的自我评价,是指企业董事会或类似权力机构对内部控制有效性进行全面评价、形成评价结论、出具评价报告的过程。

因是来自内外不同的意见,故而两者有着本质区别。主要体现在以下几方面。

(1) 责任主体的不同。建立健全和有效实施内部控制,评价内部控制的有效性是董事会的责任;在实施审计工作的基础上对内部控制的有效性发表审计意见,是注册会计师的责任。

(2) 评价范围不同。内部控制审计是注册会计师对财务报告内部控制实施的审计评价;内部控制自我评价是对内部控制整体评价,包括财务报告内部控制和非财务报告内部控制。

(3) 评价结论不同。企业董事会对内部控制整体有效性发表意见,并在内部控制评价报告中出具内部控制有效性结论;注册会计师仅对财务报告内部控制的有效性发表意

见,对内部控制审计过程中注意到的非财务报告内部控制的重大缺陷,在内部控制审计报告中增加"非财务报告内部控制重大缺陷描述"段予以披露。

虽然内部控制审计与内部控制评价具有上述区别,但两者往往依赖于同样的证据、遵循同样的测试方法、使用同一基准日,因此,也必然存在一些内在的联系。在内部控制审计过程中,注册会计师可以根据实际情况对企业内部控制评价工作进行评估,判断是否利用企业内部审计人员、内部控制评价人员和其他相关人员的工作及可利用程度,从而相应减少本应由注册会计师执行的工作。

知识链接

人工智能在内部控制审计中的应用

将人工智能技术在企业内部控制管理体系中加以应用,能够提高企业管理水平,保障评判结果的公正客观。在企业内部审计工作中,最大的难点就是客观公正性的提升,人工智能技术能利用计算机对数据进行分析处理,在海量的数据支撑下,保证审计的正确性和科学性。同时,机器不会掺杂人类的情感,不会出现疲惫或工作状态不佳,因此在企业内部控制审计中能减少思想因素导致的控制结果偏差和工作失误。人工智能技术能借助机器的"大脑"尽可能保证输出结果的公正、客观和准确,非常适合诸如企业审计、财务等需要高度数据准确性的工作。

任务二 内部控制审计程序

注册会计师的内部控制审计程序主要包括计划审计工作、实施审计工作、评价控制缺陷、记录审计工作、完成审计工作和出具审计报告,如图6-1所示。

项目六
任务二

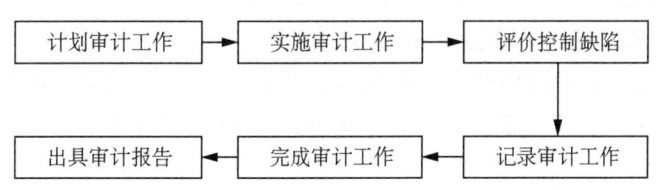

图6-1 注册会计师对内部控制的审计程序

一、计划审计工作

我国《企业内部控制审计指引》指出,计划审计工作的内容主要包括注册会计师如何评估舞弊风险、调整审计工作、应对舞弊风险、利用其他相关人员的工作、确定重要性水平和对利用服务机构的考虑。注册会计师应当恰当地计划内部控制审计工作,配备具有专业胜任能力的项目组,并对助理人员进行适当的督导。

（一）调查内部控制基本情况

在制订审计计划时，注册会计师应当评价下列事项对企业财务报表和内部控制是否具有重要影响，以及对审计程序的影响。

（1）与企业相关的风险。

（2）相关法律法规和行业概况。

（3）企业组织结构、经营特点和资本结构等相关重要事项。

（4）企业内部控制最近发生变化的程度。

（5）与企业沟通过的内部控制缺陷。

（6）重要性、风险等与确定内部控制重大缺陷相关的因素。

（7）对内部控制有效性的初步判断。

（8）可获取的、与内部控制有效性相关的证据的类型和范围。

（二）评估内部控制风险

风险评估的理念及思路应当贯穿于审计过程的始终。注册会计师应当充分认识风险评估在内部控制审计中的作用，在调查内部控制基本情况的基础上，应当初步评估内部控制风险，根据风险评估结果，确定重要的账户、列报和相关认定，选择拟进行测试的控制，以及确定针对特定控制所需收集的证据。在评价特定内部控制风险时，注册会计师应当考虑以下因素。

（1）交易数量和性质是否发生变化，以致对特定内部控制的设计和执行产生不利影响。

（2）内部控制是否发生变化。

（3）特定内部控制对其他内部控制有效性的依赖程度。

（4）执行或监控内部控制的关键人员是否发生变动。

（5）特定内部控制的执行是依赖人工还是电子设备。

（6）特定内部控制的复杂程度。

（7）特定内部控制目标的实现是否依赖于多项内部控制。

（三）计划内部控制测试的性质、时间和范围

注册会计师根据初步评估的内部控制风险结果，计划安排内部控制测试的性质、时间和范围。内部控制测试的性质是指内部控制内容，包括以下几个方面。

（1）了解内部控制设计。

（2）测试内部控制设计有效性。

（3）测试内部控制运行有效性。

注册会计师对以上三方面内容的工作量及其比例关系作出计划安排。内部控制测试的时间是在期末（接近基准日）还是期中（内部控制运行过程中），由注册会计师结合内部控制风险和自身具体情况作出安排。内部控制测试的范围是指内部控制测试的样本量，内部控制风险越大，选择的样本量越大；内部控制重要程度越高，选择的样本量越多。

（四）对其他工作人员的利用

《企业内部控制审计指引》第九条规定："注册会计师应当对企业内部控制自我评价

工作进行评估,判断是否利用企业内部审计人员、内部控制评价人员和其他相关人员的工作以及可利用的程度,相应减少可能本应由注册会计师执行的工作。注册会计师利用企业内部审计人员、内部控制评价人员和其他相关人员的工作,应当对其专业胜任能力和客观性进行充分评价。与某项控制相关的风险越高,可利用程度就越低,注册会计师应当更多地对该项控制亲自进行测试。注册会计师应当对发表的审计意见独立承担责任,其责任不因为利用企业内部审计人员、内部控制评价人员和其他相关人员的工作而减轻。"

二、实施审计工作

注册会计师应当按照自上而下的方法实施审计工作,这是注册会计师识别风险、选择拟测试控制的基本思路。

(一) 企业内部控制有效性测试

对企业内部控制有效性的测试可分为企业层面控制测试和业务层面控制测试。注册会计师在实施审计工作时,可以将企业层面控制和业务层面控制的测试结合进行,根据审计计划,测试内部控制设计和运行的有效性。注册会计师在测试企业层面控制和业务层面控制时,应当评价内部控制是否足以应对舞弊风险。

1. 企业层面控制测试

注册会计师测试企业层面控制,应当把握重要性原则,并关注以下几点。

(1) 与内部环境相关的控制。

(2) 针对董事会、经理层凌驾于控制之上的风险而设计的控制。

(3) 企业的风险评估过程。

(4) 对内部信息传递和财务报告流程的控制有效性的内部监督和自我评价。

2. 业务层面控制测试

业务层面控制的测试表现为识别采购业务、销售业务、研究与开发、工程项目、担保业务等内部控制活动相关的重大账户、列报及相关认定。注册会计师测试业务层面控制,应当把握重要性原则,结合企业实际情况,根据企业内部控制各项应用指引的要求和企业层面控制的测试情况,重点对企业生产经营活动中的重要业务与事项的控制进行测试。注册会计师可根据在特定的重大账户或列报中错报发生的领域和原因,确定潜在错报的可能来源。当一家企业有多个经营场所或经营单位时,注册会计师应当在合并财务报表的基础上识别重要的账户、列报及相关认定。

(二) 内部控制设计与运行测试

注册会计师应当测试内部控制设计与运行的有效性。如果某项控制由拥有必要授权和专业胜任能力的人员按照规定的程序与要求执行,能够实现控制目标,表明该项控制的设计是有效的。如果某项控制正在按照设计运行,执行人员拥有必要授权和专业胜任能力,能够实现控制目标,表明该项控制的运行是有效的。

(三) 实施审计程序

注册会计师应当根据与内部控制相关的风险,确定拟实施审计程序的性质、时间安排和范围,获取充分、适当的证据。与内部控制相关的风险越高,注册会计师需要获取的证据应越多。

注册会计师在确定测试的时间安排时,应当在下列两个因素之间作出平衡,以获取充分、适当的证据:一是尽量在接近企业内部控制自我评价基准日实施测试。二是实施的测试需要涵盖足够长的期间。

另外,注册会计师在测试控制设计与运行的有效性时,应当综合运用询问适当人员、观察经营活动、检查相关文件、穿行测试和重新执行等方法。

(四)控制偏离

注册会计师对于内部控制运行偏离设计的情况(即控制偏差),应当确定该偏差对相关风险评估、需要获取的证据及控制运行有效性结论的影响。在运行有效性测试中发现偏差,要评价和确定在实施运行有效性测试中记录下来的偏差是否代表一个控制缺陷。所有的控制偏差都要进行定量和定性评价。

(五)考虑以前年度执行的内部控制审计

在连续审计中,注册会计师在确定测试的性质、时间安排和范围时,应当考虑以前年度执行内部控制审计时了解的情况。对于连续年度的审计,审计人员可以结合以前年度审计获取的信息,确定必要的测试范围、时间和性质,来执行财务呈报内部控制审计。

三、评价控制缺陷

如果某项控制的设计、实施或运行不能及时防止或发现并纠正财务报表错报,则表明内部控制存在缺陷。如果企业缺少用以及时防止或发现并纠正财务报表错报的必要控制,同样表明存在内部控制缺陷。

(一)内部控制缺陷的认定

《企业内部控制审计指引》第二十条指出,内部控制缺陷按其成因分为设计缺陷和运行缺陷,按其影响程度分为重大缺陷、重要缺陷和一般缺陷。关于设计缺陷与运行缺陷、重大缺陷、重要缺陷与一般缺陷的定义,本书在"项目五 企业内部控制评价"中已有介绍,本节不再赘述。

注册会计师应当评价其识别的各项内部控制缺陷的严重程度,以确定这些缺陷单独或组合起来,是否构成重大缺陷。而在计划和实施审计工作时,不要求注册会计师寻找单独或组合起来不构成重大缺陷的控制缺陷。

一方面,控制缺陷的严重程度与账户余额或列报是否发生错报无必然对应关系,而取决于控制缺陷是否可能导致错报。在评价控制缺陷时,注册会计师需要根据财务报表审计中确定的重要性水平,支持对财务报告内部控制缺陷重要性的评价。注册会计师需要运用职业判断,考虑并衡量定量和定性因素。同时要对整个思考判断过程进行记录,尤其是详细记录关键判断和得出结论的理由。而且,对于"可能性"和"重大错报"的判断,在评价控制缺陷严重性的记录中,注册会计师需要给予明确考量和陈述。

另一方面,注册会计师不仅要评价财务报告内部控制的有效性并发表意见,还要关注在内部控制审计过程中发现的非财务报告内部控制重大缺陷,在内部控制审计报告中增加"非财务报告内部控制重大缺陷描述"段予以披露。

(二)内部控制缺陷的处理

1. 财务报告内部控制缺陷的处理

注册会计师在已执行的有限程序中发现财务报告内部控制存在重大缺陷时,应当在内部控制审计报告中对重大缺陷作出详细说明。

2. 非财务报告内部控制缺陷的处理

注册会计师对在审计过程中注意到的非财务报告内部控制缺陷,应当区别不同情况予以处理。

(1)注册会计师认为非财务报告内部控制缺陷为一般缺陷的,应当与企业进行沟通,提醒企业加以改进,但无需在内部控制审计报告中说明。

(2)注册会计师认为非财务报告内部控制缺陷为重要缺陷的,应当以书面形式与企业董事会和经理层沟通,提醒企业加以改进,但无需在内部控制审计报告中说明。

(3)注册会计师认为非财务报告内部控制缺陷为重大缺陷时,应当以书面形式与企业董事会和经理层沟通,提醒企业加以改进。同时,应当在内部控制审计报告中增加"非财务报告内部控制重大缺陷描述"段,对重大缺陷的性质及其对实现相关控制目标的影响程度进行披露,提示内部控制审计报告使用者注意相关风险。

四、记录审计工作

内部控制审计工作底稿,是注册会计师对制订的审计计划、实施的审计程序、获取的相关审计证据,以及得出的审计结论进行的记录。注册会计师编制审计工作底稿可以为审计工作提供充分、适当的记录,并将其作为出具审计报告的基础;同时,这些记录也为注册会计师证明其按照指引的规定执行了审计工作提供证据。注册会计师应当就下列内容形成审计工作记录。

(1)内部控制审计计划及重大修改情况。

(2)相关风险评估和选择拟测试的内部控制的主要过程及结果。

(3)测试内部控制设计与运行有效性的程序及结果。

(4)对识别的控制缺陷的评价。

(5)对识别的重大事项的处理。

(6)形成的审计结论和意见。

(7)其他重要事项。

五、完成审计工作

在完成审计工作阶段,注册会计师的主要工作包括对内部控制形成意见、获取管理层书面声明、书面沟通等。

(一)形成审计意见

注册会计师需要评价从各种渠道获取的证据,包括对控制的测试结果、财务报表审计中发现的错报以及已识别的所有控制缺陷。注册会计师应当对获取的证据进行评价,以形成对内部控制有效性的意见。在评价证据时,注册会计师需要查阅本年度与内部控制相关的内部审计报告或类似报告,并评价这些报告中提到的控制缺陷。只有在审计范围没有受到限制时,注册会计师才能对内部控制的有效性形成意见。如果审计范围受到限制,注册会计师可解除业务约定或出具无法表示意见的内部控制审计报告。

(二)获取管理层书面声明

《企业内部控制审计指引》第二十三条规定:"注册会计师完成审计工作后,应当取得经企业签署的书面声明。"书面声明应当包括下列内容。

(1)企业董事会认可其对建立健全和有效实施内部控制负责。

(2)企业已对内部控制的有效性作出自我评价,并说明评价时采用的标准以及得出的结论。

(3)企业没有利用注册会计师执行的审计程序及其结果作为自我评价的基础。

(4)企业已向注册会计师披露识别出的所有内部控制缺陷,并单独披露其中的重大缺陷和重要缺陷。

(5)企业对于注册会计师在以前年度审计中识别的重大缺陷和重要缺陷,是否已经采取措施予以解决。

(6)企业在内部控制自我评价基准日后,内部控制是否发生重大变化,或者存在对内部控制具有重要影响的其他因素。

企业如果拒绝提供或以其他不当理由回避书面声明,注册会计师应当将其视为审计范围受到限制,从而解除业务约定或出具无法表示意见的内部控制审计报告。

(三)书面沟通

注册会计师应当与企业沟通审计过程中识别的所有控制缺陷。对于其中的重大缺陷和重要缺陷,应当以书面形式与董事会和经理层沟通。注册会计师认为审计委员会和内部审计机构对内部控制的监督无效的,应当就此以书面形式直接与董事会和经理层沟通。书面沟通应当在注册会计师出具内部控制审计报告之前进行。

六、出具审计报告

注册会计师在整合完成内部控制审计和财务报表审计后,需要分别对内部控制和财务报表出具审计报告。注册会计师需要评价根据审计证据得出的结论,在审计报告中清楚地表达对内部控制有效性的意见,并对出具的审计报告负责。内部控制审计报告要素和类型等内容在下一节"任务三 内部控制审计报告"中详细介绍。

任务三 内部控制审计报告

一、内部控制审计报告的要素

《企业内部控制审计指引》第二十七条规定:"注册会计师在完成内部控制审计工作

后,应当出具内部控制审计报告。"标准内部控制审计报告应当包括以下要素。

(1) 标题。内部控制审计报告的标题统一规范为"内部控制审计报告"。

(2) 收件人。内部控制审计报告的收件人是指注册会计师按照业务约定书的要求致送内部控制审计报告的对象,一般是指审计业务的委托人。内部控制审计报告需要载明收件人的名称。

(3) 引言段。内部控制审计报告的引言段说明企业名称和内部控制已经过审计。

(4) 企业对内部控制的责任段。企业对内部控制的责任段说明,按照《基本规范》《企业内部控制应用指引》《企业内部控制评价指引》的规定,建立健全和有效实施内部控制,并评价其有效性是企业董事会的责任。

(5) 注册会计师的责任段。注册会计师的责任段说明,在实施审计工作的基础上,对财务报告内部控制的有效性发表审计意见,并对注意到的非财务报告内部控制的重大缺陷进行披露是注册会计师的责任。

(6) 内部控制固有局限性的说明段。内部控制无论如何有效,都只能为企业实现控制目标提供合理保证。内部控制实现目标的可能性受其固有限制的影响,包括在决策时人为判断可能出现错误和因人为失误而导致内部控制失效;控制的运行也可能无效;控制可能由于两个或更多人员进行串通舞弊或管理层不当地凌驾于内部控制之上而被规避等。因此,注册会计师需要在内部控制固有局限性的说明段中说明,内部控制具有固有局限性,存在不能防止和发现错报的可能性。此外,由于情况的变化可能导致内部控制变得不恰当,或对控制政策和程序遵循的程度降低,根据内部控制审计结果推测未来内部控制的有效性具有一定风险。

(7) 财务报告内部控制审计意见段。如果符合下列所有条件,注册会计师应当对财务报告内部控制出具无保留意见的内部控制审计报告:一是企业按照《基本规范》《企业内部控制应用指引》《企业内部控制评价指引》及企业自身内部控制制度的要求,在所有重大方面保持了有效的内部控制。二是注册会计师已经按照《企业内部控制审计指引》的要求计划和实施审计工作,在审计过程中未受到限制。

(8) 非财务报告内部控制重大缺陷描述段。对于在审计过程中注意到的非财务报告内部控制缺陷,如果发现某项或某些控制对企业发展战略、法律遵循、经营的效率效果等控制目标的实现有重大不利影响,确定该项非财务报告内部控制缺陷为重大缺陷的,应当以书面形式与企业董事会和经理层沟通,提醒企业加以改进。同时,在内部控制审计报告中增加非财务报告内部控制重大缺陷描述段,对重大缺陷的性质及其对实现相关控制目标的影响程度进行披露,提示内部控制审计报告使用者注意相关风险,但无须对其发表审计意见。

(9) 注册会计师的签名和盖章。

(10) 会计师事务所的名称、地址及盖章。

(11) 报告日期。如果内部控制审计和财务报表审计整合进行,注册会计师对内部控制审计报告和财务报表审计报告需要签署相同的日期。

二、内部控制审计报告的类型

注册会计师根据已获取的证据认定内部控制缺陷,以此表达对财务报告内部控制有效性的意见。内部控制审计有无保留意见、带强调事项说明段的无保留意见、否定意见、无法表示意见四种意见类型。

(一)标准无保留意见的内部控制审计报告

如果符合下列所有条件,注册会计师应当出具无保留意见的审计报告。

(1)企业于特定日期按照适当的控制标准的要求,在所有重大方面保持了有效的内部控制(不存在重大缺陷)。

(2)注册会计师已经按照《企业内部控制审计指引》的规定计划和实施审计工作,在工作过程中审计范围未受到限制。

在出具无保留意见的审计报告时,注册会计师应当以"我们认为"作为意见段的开头并使用"在所有重大方面""保持了有效的内部控制"等术语。

无保留意见的内部控制审计报告参考格式如下。

内部控制审计报告

××股份有限公司全体股东:

按照《企业内部控制审计指引》及《中国注册会计师执业准则》的相关要求,我们审计了××股份有限公司(以下简称××公司)××年×月×日的财务报告内部控制的有效性。

按照《企业内部控制基本规范》《企业内部控制应用指引》《企业内部控制评价指引》的规定,建立健全和有效实施内部控制,并评价其有效性是企业董事会的责任。【企业对内部控制的责任】

我们的责任是在实施审计工作的基础上,对财务报告内部控制的有效性发表审计意见,并对注意到的非财务报告内部控制的重大缺陷进行披露。【注册会计师的责任】

内部控制具有固有局限性,存在不能防止和发现错报的可能性。此外,由于情况的变化可能导致内部控制变得不恰当,或对控制政策和程序遵循的程度降低,根据内部控制审计结果推测未来内部控制的有效性具有一定风险。【内部控制的固有局限性】

我们认为,××公司按照《企业内部控制基本规范》和相关规定在所有重大方面保持了有效的财务报告内部控制。【财务报告内部控制审计意见】

在内部控制审计过程中,我们注意到××公司的非财务报告内部控制存在重大缺陷[描述该缺陷的性质及其对实现相关控制目标的影响程度]。由于存在上述重大缺陷,我们提醒本报告使用者注意相关风险。需要指出的是,我们并不对××公司的非财务报告内部控制发表意见或提供保证。本段内容不影响对财务报告内部控制有效性发表的审计意见。【非财务报告内部控制的重大缺陷】

××会计师事务所　　　　　　　　　　中国注册会计师:×××(签名并盖章)
(盖章)　　　　　　　　　　　　　　中国注册会计师:×××(签名并盖章)
中国××市　　　　　　　　　　　　　　　　　　　　　　　××年×月×日

(二) 带强调事项说明段的无保留意见内部控制审计报告

注册会计师认为,财务报告内部控制虽不存在重大缺陷,审计范围也未受到限制,但仍有一项或者多项重大事项需要提请内部控制审计报告使用人注意的,注册会计师则需要在内部控制无保留意见审计报告中增加强调事项段予以说明。

注册会计师需要在强调事项段中指明,该段内容仅用于提醒内部控制审计报告使用者关注,并不影响对财务报告内部控制发表的审计意见。

带强调事项说明段的无保留意见内部控制审计报告参考格式如下。

内部控制审计报告

××股份有限公司全体股东:

按照《企业内部控制审计指引》及《中国注册会计师执业准则》的相关要求,我们审计了××股份有限公司(以下简称××公司)××年×月×日的财务报告内部控制的有效性。

["一、企业对内部控制的责任"至"五、非财务报告内部控制的重大缺陷"参见标准内部控制审计报告相关段落表述。]

我们提醒内部控制审计报告使用者关注(描述强调事项的性质及其对内部控制的重大影响)。本段内容不影响已对财务报告内部控制发表的审计意见。【强调事项】

××会计师事务所	中国注册会计师:×××(签名并盖章)
(盖章)	中国注册会计师:×××(签名并盖章)
中国××市	××年×月×日

(三) 否定意见内部控制审计报告

注册会计师认为,财务报告内部控制存在一项或多项重大缺陷,除非审计范围受限需要对财务报告内部控制发表否定意见。注册会计师出具否定意见的内部控制审计报告,还需要包括重大缺陷的定义、重大缺陷的性质及其对财务报告内部控制的影响程度。

否定意见内部控制审计报告参考格式如下。

内部控制审计报告

××股份有限公司全体股东:

按照《企业内部控制审计指引》及《中国注册会计师执业准则》的相关要求,我们审计了××股份有限公司(以下简称××公司)××年×月×日的财务报告内部控制的有效性。

["一、企业对内部控制的责任"至"三、内部控制的固有局限性"参见标准内部控制审计报告相关段落表述。]

重大缺陷,是指一个或多个控制缺陷的组合,可能导致企业严重偏离控制目标。

[指出注册会计师已识别出的重大缺陷,并说明重大缺陷的性质及其对财务报告内部控制的影响程度。]

有效的内部控制能够为财务报告及相关信息的真实完整提供合理保证,而上述重大缺陷使××公司内部控制失去这一功能。【导致否定意见的事项】

我们认为,由于存在上述重大缺陷及其对实现控制目标的影响,××公司未能按照《企业内部控制基本规范》和相关规定在所有重大方面保持有效的财务报告内部控制。【财务报告内部控制审计意见】

[参见标准内部控制审计报告相关段落表述。]【非财务报告内部控制的重大缺陷】

××会计师事务所　　　　　　　　　　中国注册会计师:×××(签名并盖章)
(盖章)　　　　　　　　　　　　　　　中国注册会计师:×××(签名并盖章)
中国××市　　　　　　　　　　　　　　　　　　　　　　××年×月×日

(四) 无法表示意见内部控制审计报告

当因审计范围受到限制而无法表示意见时,注册会计师应当在审计报告中说明工作范围不足以为发表意见提供保证,并用单独的一段或几段说明无法表示意见的实质性理由。注册会计师不应指明所执行的程序,也不应描述内部控制审计的特征,否则可能造成审计报告使用者对无法表示意见的误解。注册会计师在已执行的有限程序中发现财务报告内部控制存在重大缺陷的,需要在内部控制审计报告中对重大缺陷作出详细说明。

注册会计师只有实施了必要的审计程序,才能对内部控制的有效性发表意见。注册会计师审计范围受到限制的,需要解除业务约定或出具无法表示意见的内部控制审计报告,并就审计范围受到限制的情况,以书面形式与董事会进行沟通。

无法表示意见内部控制审计报告参考格式如下。

内部控制审计报告

××股份有限公司全体股东:

我们接受委托,对××股份有限公司(以下简称××公司)××年×月×日的财务报告内部控制进行审计。

[删除注册会计师的责任段,"一、企业对内部控制的责任"和"二、内部控制的固有局限性"参见标准内部控制审计报告相关段落表述。]

[描述审计范围受到限制的具体情况。]【导致无法表示意见的事项】

由于审计范围受到上述限制,我们未能实施必要的审计程序以获取发表意见所需的充分、适当证据,因此,我们无法对××公司财务报告内部控制的有效性发表意见。【财务报告内部控制审计意见】

重大缺陷,是指一个或多个控制缺陷的组合,可能导致企业严重偏离控制目标。尽管我们无法对××公司财务报告内部控制的有效性发表意见,但在我们实施的有限程序的过程中,发现了以下重大缺陷:

[指出注册会计师已识别出的重大缺陷,并说明重大缺陷的性质及其对财务报告内部控制的影响程度。]

有效的内部控制能够为财务报告及相关信息的真实完整提供合理保证,而上述重大缺陷使××公司内部控制失去这一功能。【识别的财务报告内部控制重大缺陷(如在审计范围受到限制前,执行有限程序未能识别出重大缺陷,则应删除本段)】

[参见标准内部控制审计报告相关段落表述。]【非财务报告内部控制的重大缺陷】

××会计师事务所　　　　　　　　　　中国注册会计师：×××（签名并盖章）

（盖章）　　　　　　　　　　　　　　中国注册会计师：×××（签名并盖章）

中国××市　　　　　　　　　　　　　　　　　　　　　××年×月×日

结合以上四种内部控制审计报告，比较并指出不同类型的报告有哪些特点。

企业内部控制审计是专业性较强、要求较高的工作。从业人员是以一种独立、公正的"裁判"身份出现，需要自觉维护其自身职业道德和树立职业形象，这是维护内部控制审计工作的权威性、顺利开展内部控制审计活动的关键。需要指出的是，内部控制审计人员应当从职业素质、个人品质、专业胜任能力等各方面自我要求。不得从事损害国家利益、组织利益和内部审计职业荣誉的活动。在履行职责时，应当做到独立、客观、正直和勤勉；应当时刻保持廉洁；应当保持应有的职业谨慎，并合理使用职业判断；应当诚实地为组织服务，不做任何违反诚信原则的事情；应当具有较强的人际交往技能，妥善处理好与组织内外相关机构和人士的关系；还应当接受后续相关岗位技能教育，不断提高服务质量。

 项目回顾

通过本项目的学习，了解内部控制审计的定义，了解财务报告内部控制，了解内部控制审计范围的界定；理解内部控制审计的目标，理解内部控制审计中注册会计师的责任，理解内部控制审计与财务报告审计的关系等知识。

同步知识与技能训练

一、单项选择题

1. 内部控制审计的对象是（　　）。
   A. 特定基准日财务报告内部控制设计与运行的有效性
   B. 整个期间财务报告内部控制设计与运行的有效性
   C. 被审计单位编制的内部控制评价报告
   D. 被审计单位的财务报告

2. 在内部控制审计中，注册会计师应当以（　　）为基础。
   A. 计划审计　　　　　　　　　　B. 风险评估
   C. 评价控制缺陷　　　　　　　　D. 了解内部控制环境

3. 注册会计师对在审计过程中注意到的非财务报告内部控制缺陷。如果是(　　)，应当以书面形式与企业董事会和经理层沟通，提醒企业加以改进，但无须在内部控制审计报告中说明。
   A. 重要缺陷　　　　B. 重大缺陷　　　　C. 设计缺陷　　　　D. 运行缺陷
4. 企业年度内部控制评价报告的基准日是(　　)。
   A. 1月1日　　　　B. 12月31日　　　C. 3月31日　　　　D. 6月30日
5. 如果审计范围受到限制，注册会计师需要出具(　　)内部控制审计报告。
   A. 标准意见　　　　　　　　　　　B. 带强调事项段的无保留意见
   C. 否定意见　　　　　　　　　　　D. 无法表示意见
6. 下列选项中，属于内部控制审计根本目的的是(　　)。
   A. 保证报表的可靠性　　　　　　　B. 保证报表的相关性
   C. 保证报表的独立性　　　　　　　D. 保证报表的主观性
7. 审计报告中需要删除注册会计师责任段的是(　　)内部控制审计报告。
   A. 标准意见　　　　　　　　　　　B. 带强调事项段的无保留意见
   C. 否定意见　　　　　　　　　　　D. 无法表示意见
8. 注册会计师应采用(　　)方法选择拟测试的控制。
   A. 自上而下　　　　B. 自下而上　　　C. 自左向右　　　　D. 自右向左
9. 内部控制审计报告和财务报告审计报告存在差异的方面不包括(　　)。
   A. 两者确定的重要性水平不同
   B. 内部控制测试范围存在区别
   C. 两者对内部控制缺陷的评价不同
   D. 内部控制测试结果所要达到的可靠程度不完全相同
10. 按照审计意见类型，内部控制审计报告不包括(　　)。
    A. 保留意见　　　　　　　　　　　B. 带强调事项段的无保留意见
    C. 否定意见　　　　　　　　　　　D. 无法表示意见

二、多项选择题

1. 内部控制审计报告意见类型包括(　　)。
   A. 标准意见内部控制审计报告
   B. 带强调事项段的无保留意见内部控制审计报告
   C. 保留意见内部控制审计报告
   D. 否定意见内部控制审计报告
   E. 无法表示意见内部控制审计报告
2. 注册会计师需要与企业沟通审计过程中识别的所有控制缺陷，对于其中的(　　)需要以书面形式与董事会和经理层沟通。
   A. 一般缺陷　　　B. 设计缺陷　　　C. 重大缺陷　　　D. 重要缺陷
   E. 运行缺陷
3. 关于内部控制缺陷，下列说法中，错误的有(　　)。

A. 内部控制缺陷按其成因或来源分为设计缺陷和运行缺陷

B. 注册会计师只要评价财务内部控制的有效性并发表意见,不需要关注在内部控制审计过程中发现的非财务报告内部控制重大缺陷

C. 内部控制缺陷按其严重程度分为财务报告缺陷和非财务报告缺陷

D. 内部控制的缺陷可能导致企业偏离控制目标

E. 按照内部控制缺陷的性质,内部控制缺陷分为重大缺陷、重要缺陷和一般缺陷

4. 内部控制审计报告的基本内容包括(　　　　)。

A. 引言段

B. 企业对内部控制的责任段

C. 注册会计师的责任段

D. 内部控制固有局限性的说明段

E. 财务报告内部控制的审计意见段

5. 针对内部控制审计业务,下列有关企业层面控制的说法中,正确的有(　　　　)。

A. 如果一项企业层面控制足以应对已评估的错报风险,注册会计师就不必测试与该风险相关的其他控制

B. 对某项业务层面的控制而言,与该项控制相关的风险受企业层面的控制影响

C. 注册会计师在评价内部控制时,通常应当首先评价业务层面控制,然后评价企业层面控制

D. 注册会计师应当识别、了解和测试对内部控制有重要影响的企业层面控制

E. 企业层面控制的评价可以替代业务层面控制的评价

三、判断题

1. 企业内部控制一般缺陷、重要缺陷、重大缺陷,应当由董事会最终予以认定。(　　)

2. 自上而下的审计方法描述了注册会计师在识别风险以及拟测试的控制时的连续思维过程,但并不一定是注册会计师执行审计程序的顺序。(　　)

3. 《企业内部控制审计指引》采取了将内部控制审计工作底稿并入财务报表审计工作底稿,形成一套工作底稿的做法。(　　)

4. 企业实施整合审计时,可以不在同一时间同时公布审计报告和内部控制审计报告。(　　)

5. 内部控制不能防止或发现并纠正由于错误导致的错报风险,通常高于其不能防止或发现并纠正舞弊导致的错报风险。(　　)

6. 内部控制审计是指会计师事务所接受委托,对特定基准日内部控制设计与运行的有效性进行审计。(　　)

7. 财务报告内部控制是指企业为了合理保证财务报告及相关信息真实完整而设计和执行的内部控制,以及用于保护资产安全的内部控制中与财务报告可靠性目标相关的控制。(　　)

8. 内部控制审计的范围主要指注册会计师对企业所有内部控制进行审计。(　　)

9. 财务报告内部控制审计的目标是对公司财务报告内部控制的有效性发表意见。(　　)

10. 对于某一被审计单位,会计师事务所既从事财务报表审计业务,又从事内部控制审计业务,会计师事务所应当与被审计单位签订单独的内部控制审计业务约定书。（ ）

四、案例分析题

A 股份有限公司是 ABC 集团公司的下属公司,经营石油业务。注册会计师甲经过内部控制审计得知:A 公司总裁陈某在获知 A 公司在 2015 年第一季度出现 580 万美元的账面亏损后,决定不按照内部风险控制的规则进行斩仓止损,也不对市场作任何信息披露,而是继续扩大仓位。为了避免实际亏损,他将交割日延后至 2016 年,并不断加大仓位,但对风险未作必要的对冲处理,也没有对交易设立上限,而是孤注一掷,赌油价回落。但到 2015 年 10 月,A 公司亏损累计达到 18 000 万美元,A 公司流动资产耗尽。于是,陈某向 ABC 集团公司汇报亏损并请求救助。而 ABC 集团公司竟没有阻止 A 公司的违规行为,未对风险进行评估就以私募方式卖出部分股份来挽救 A 公司。

问题：

针对这一情况,注册会计师应出具何种意见内部控制审计报告?

参考文献

[1] 方红星,池国华.内部控制[M].4版.大连:东北财经大学出版社,2019.
[2] 企业内部控制编审委员会.企业内部控制:主要风险点、关键控制点与案例解析(2020年版)[M].上海:立信会计出版社,2020.
[3] 聂新军.企业内部控制同步综合练习[M].北京:科学出版社,2014.
[4] 池国华,樊子君.内部控制习题与案例[M].3版.大连:东北财经大学出版社,2017.
[5] 宋蔚蔚.内部控制理论与实务[M].4版.北京:清华大学出版社,北京交通大学出版社,2020.
[6] 徐礼礼,谢富生,胡煜中.基于大数据的内部控制[M].上海:立信会计出版社,2021.
[7] 孙继泽.北京联通室内覆盖工程的项目管理研究[D].北京:北京邮电大学,2008.